討議と人権

ハーバーマスの討議理論における正統性の問題

内村博信

未來社

討議と人権——ハーバーマスの討議理論における正統性の問題　目次

◆略記表

ハーバーマスの著作からの引用および参照箇所（Vgl.）は、略記号とページ数、邦訳がある場合には訳書のページ数によってしめした。なお訳文は邦訳を参照したが、必要に応じて手をくわえている。

＊RhM　Zur Rekonstruktion des historischen Materialismus, Frankfurt a. M. 1976.（清水多吉監訳『史的唯物論の再構成』法政大学出版局、二〇〇〇年）

＊TkH　Theorie des kommunikativen Handelns. Handlungsrationalität und gesellschaftliche Rationalisierung, Frankfurt am Main 1981.（河上倫逸、藤沢賢一郎、丸山高司他訳『コミュニケイション的行為の理論』未來社、上巻一九八五年、中巻一九八六年、下巻一九八七年）

＊MkH　Moralbewußtsein und kommunikatives Handeln, Frankfurt a. M. 1991 (Erste Auflage 1983).（三島憲一、中野敏男、木前利秋訳『道徳意識とコミュニケーション行為』岩波書店、一九九一年）

＊EzD　Erläuterungen zur Diskursethik, Frankfurt a. M. 1991.（清水多吉、朝倉輝一訳『討議倫理』法政大学出版局、二〇〇五年）

＊FG　Faktizität und Geltung. Beiträge zur Diskurstheorie des Rechts und des demokratischen Rechtsstaats, Frankfurt a. M. (Suhrkamp) 1992.（河上倫逸・耳野健二訳『事実性と妥当性』未來社、上巻二〇〇二年、下巻二〇〇五年）

＊EA　Die Einbeziehung des Anderen. Studien zur politischen Theorie, Frankfurt a. M. (Suhrkamp) 1996.（高野昌行訳『他者の受容』法政大学出版局、二〇〇四年）

＊PK　Die postnationale Konstellation Theorie, Frankfurt a. M. (Suhrkamp), 1998.

＊ZmN　Die Zukunft der menschlichen Natur. Auf dem Weg zu einer liberalen Eugenik? Frankfurt a. M. (Suhrkamp) 2001.

＊GW　Der gespaltene Westen, Frankfurt a. M. 2004.（大貫敦子、木前利秋、鈴木直、三島憲一訳『引き裂かれた西洋』法政大学出版局、二〇〇九年）

＊NR　Zwischen Naturalismus und Religion. Philosophische Aufsätze, Frankfurt a. M. 2005.

討議と人権——ハーバーマスの討議理論における正統性の問題

装幀——岸顯樹郎

序

戦後ドイツの政治文化のなかで、人権はもっぱらホロコーストの歴史といかに向きあうかというテーマのなかで議論されてきた。冷戦終結後、人権をめぐる議論は、ヨーロッパの政治状況の変化にともない新たな展開をむかえることになる。その背景には、東西の壁の崩壊によって、市場の解放、グローバル化が急速に展開されるなかで、とりわけ東欧の民主化と同時に勃発する民族紛争とそこで繰り広げられる残虐行為にどのように対処していくべきか、また東西ドイツが統合され、ヨーロッパ共同体の加盟諸国の統合が進むなかで、行政的、経済的レヴェルだけでなく、政治的な民主化のプロセスをどのように進め、国民国家を超えたヨーロッパ「市民」のあり方をいかに構築していけばよいか、さらにヨーロッパへの大量の移民、難民の流入というポストコロニアル的状況において、彼らの権利を確保しつつ、いかに共生のための秩序を形成すればよいか、といった問題があったと考えられる。[1]さらにまた人権というテーマは、ヨーロッパの政治状況ばかりでなく、堕胎や遺伝子工学といった生命倫理との関係でも「人間の尊厳」の問題として論じられる。とりわけ、ドイツ政府がゲノム研究をいっそう強力に推進することを決定したことを受けて、個人のゲノムを読み解くことの是非をめぐって、さらに遺伝子診断や遺伝子治療が倫理的な問題をいかにクリアできるかなどをめぐってさかんに議論がなされている。こうした一連の議論のなかで、はたして人権は、どのような役割をになわされようとしているのだろうか。グローバル化する国際社会のなかで、人権はどのようなものとして構想され、いかなる性格をもつものとして理解されようとしているのだろうか。

そもそも人権は、戦後、武力行使の禁止の原理とともに、国際社会の平和構築のための新たな原理としてとなえられてきた。人権は、悲惨な大戦への反省から、ニュルンベルク裁判、東京裁判以来、世界人権宣言、国際人権規約をへて、ジェノサイド条約、人種差別撤廃条約、アパルトヘイト条約等の諸条約をつうじて、国際社会が新たな規範的秩序を再構築するための理念としての役割をになってきた。他方でまた、冷戦下において、ソ連を中心とした東側諸国がNATOに対抗し、ヨーロッパにおける領土的、政治的に有利な状況をつくりだすために、欧州安全保障にかんする国際会議（欧州安全保障協力会議CSCE）を開催することを提案したのに対して、西側諸国がそれと引き換えに、情報や思想に対する検閲の撤廃、文化・科学・技術分野における人的交流、外国書籍・定期刊行物・新聞の自由な販売といったかたちで、情報の遮断によって強固な体制を維持してきた共産主義勢力に揺さぶりをかけようという、政治的目的からもとりあげられてきた。(2) ベルリンの壁崩壊後、人権は、冷戦の時代から内戦の時代へといたり、ますます迫害されつつある者たちをどのように救済すればよいかという課題のもとに議論されつつ、他方で、より以上に安全保障の枠組みのなかで政治的な目的のもとに議論されるようになる。つまり冷戦下では、移動の自由、情報の自由という資本主義的な市場の理念にもとづいて、西側諸国によって政治的に有利な状況をつくりだすという目的でとりあげられてきたとすれば、壁崩壊後は、さらに国際秩序・市場経済の安定化という目的で提起されるのである。欧州安全保障協力機構（ＯＳＣＥ）は、たとえばコソヴォへの軍事介入は、アルバニア系住民の人権を守ることを目的とするものであるかぎり、権力政治ではなく、安全保障を民主主義や人権問題にまでさかのぼって構築しようとするヨーロッパ独自の安全保障の論理にもとづくものなのだと主張する。人権の問題が、安全保障の枠組みのなかで議論されている状況を、はたしてどのように理解すればよいのだろうか。

生命倫理の問題にしても、これまで研究の自律性が自由主義的な「法治国家」の視点から守られてきたのは、技術的に自然を制御しうる領域が拡大すれば、それだけ経済的に生産性の向上や豊かな暮らしが約束されるだけでなく、政治的に個人に「自己決定」の自由がゆだねられる領域が拡大すると考えられてきたからである。[3] しかし、とりわけドイツにおける遺伝子工学をめぐる問題が、遺伝子診断によって胎児の遺伝的障害の有無を調べたり、ある特定の機能を増進させる目的で遺伝子を操作することが、かつての優生学を想起させるという点にあるとすれば、「自己決定」の自由は遺伝子工学においても、ちょうど国際秩序・市場経済においてその不安定要因を除去し、政治的・経済的な自由を再生産するというのと同様の目的のもとに提起されているのである。そもそも、遺伝子工学によって喚起される危機は、人間の遺伝子への介入によって、われわれの種の倫理的な自己理解が変化し、道徳の普遍的な了解が脅かされることにある。人間のゲノムに関する新たな可能性によって、生まれながらにしてそなわった権利という観念が脅かされようとしているとすれば、はたして「人間の尊厳」は、どのようなものとして理解することができるだろうか。

ヨーロッパの政治状況にせよ、生命倫理にせよ、ここで問われているのは、人権の普遍的な了解とその社会的な役割の問題にほかならない。そもそも個人の自律にもとづく自由と平等の保障は、資本主義的な経済関係が発展していくなかで、政治的・経済的な束縛を排除し個人の自由な活動領域を確保するために要請されてきたものであるにもかかわらず、いまや自由そのものの排除に結びついてはいないか、人権とは生得の権利であるという観念、人間が共通ににないその基盤となるものであるという観念が新たな科学技術の可能性によって危ういものとなっているとすれば、それでも道徳の普遍的な了解は可能なのか、また可能だとすれば、グローバル化にともないさまざまな文化圏が交錯するなかで、文化的境界を超えてどのようなものとして可能なのか、といった問題であると考えられる。

一九九九年七月にバイエルン州のエルマウ城で開催された哲学者会議でペーター・スローターダイクによって読みあげられた講演原稿をめぐってドイツで展開される、いわゆる「スローターダイク論争[4]」もまた、ハーバーマスを中心とするフランクフルト学派と、フランスの新しい思想に影響を受けた若い世代の知識人たちとのヘゲモニー争いという様相を呈してはいるが、むしろそのような文脈のなかで出現してきた議論であると考えるべきであるように思われる。スローターダイクのテクストは、そもそも「人文主義《ヒューマニズム》 Humanismus」批判をテーマとするものだったが、論争は講演で言及される遺伝子工学をめぐって展開される。論争のきっかけは、九月はじめ、ラインハルト・モーアが「シュピーゲル」誌に掲載した、口火を切るにはあまりにもお粗末な論説[5]によるものだったが、その後、さらにトーマス・アスホイアーが「ツァイト」紙でスローターダイクを批判したの[6]に対して、スローターダイクが反論の矛先をアスホイアーからさらにハーバーマス、批判理論全般に向けたこと[7]から、エルンスト・トゥーゲントハット[8]、マンフレート・フランク[9]などを巻き込んで議論が展開されることになる。

　スローターダイクへの批判は、おもに遺伝子工学について言及された個所に向けられる。モーアの批判は、意図的にスキャンダルを引き起こそうとしたものとしか考えられないが、アスホイアーもまた、あまり客観的とは言えないやり方で、スローターダイクは人類の遺伝子工学的な改良を要求しているのだと、「ツァラトゥストラ・プロジェクト」と揶揄しつつ、つぎのように要約する。スローターダイクは、遺伝子工学によって哲学と自然科学とのあいだの敵対関係は終焉し、知と精神、哲学と自然科学はたがいに和解するにいたったと宣言している。人類の問題は、民主主義から解放された哲学者と遺伝子工学の研究者からなる研究グループによって、もはや道徳的に議論されることなく、「選別 Selektion」と「育種 Züchtung」によってプラクティカルに処理されるのである。スローターダイクがテクストのなかでハイデガーとニーチェを参照するのは、ハイデガーが人類全般にわたる政治的「決断＝決定 Entscheidung」の時代の到来を告げたとすれば、ニーチェはすでに「超人」というツァラトゥストラのファンタジーのうちに「選別」と「育種」の時代の到来を予言していたからである。またプラトンの『ポリティコス』に言及するのは、遺伝子工学をバイオポリティクスへと転換するためのモデルをそこに見いだすことができるからである。いまや「啓蒙の教説 Lektion」は、遺伝子工学による「選別の教説 Se-Lektion」によってとってかわられねばならない。それが偶然や失敗に終わらないために、「精神的エリート」による「誕生時の運命論」から「選択的誕生」、「誕生前の選別」への転換が必要なのである。スローターダイクは、パンドラの箱が開けられてしまっていることを、遺伝子工学的な人間の「育種」がもはやサイエンスフィクションではないことを知っている。いまや、ファウスト的な科学への嫌疑は終焉する。というのも、「存在史」的に見れば、遺伝子研究は幸運をもたらすはずのものなのだから。科学の「明るみ Lichtung」のもとで、地上の住人は、「エリート」によって操作された「育種」をつうじて、近代によって抑圧されていた太古の「存在＝本質 Wesen」へと突然変異するのである。

このような要約に対して、スローターダイクは、あたかも「種族の包括的でエリート的な新たな育種」を支持しているかのように、彼のテクストが「途方もなく悪魔的なものにされてしまっている」と、アスホイアーへの公開書簡というかたちで異議をとなえるが[10]、さらに、このような言説を生みだす土壌はハーバーマスを中心とした知識人サークルとジャーナリズムとの関係にあると、批判の矛先をハーバーマスとその批判理論全般に、さらにそのメディアとの関係に向けるのである。その背景には、そもそもドイツではニーチェを引用するだけで、一部の知識人サークルからヒステリックな反応が起こり、それをメディアが利用するという状況があった[11]。とくに一九九〇年代には、ボート・シュトラウス、ハイナー・ミュラー、アンゼルム・キーファー、ペーター・ハントケなどが、ハーバーマスから「青年保守主義的 jüngkonservativ」とレッテルを貼られ、「リベラル左派」を自認する知識人たちとメディアの槍玉にあがっている。スローターダイクによって、「批判理論は死んだ」とする挑発的な反批判が、ハーバーマスに対する公開書簡というかたちで「ツァイト」紙に掲載されると[12]、それを受けてトゥーゲントハットやフランクが論争にくわわり、そもそもスローターダイクのテクストは明確なテーゼも、はっきりとした論拠にもとづく議論もなく、ニーチェやプラトンのいかがわしい「優生学的な育種ファンタジー」とたわむれているだけで、議論するに値しないと断じつつ、それぞれつぎのように議論を展開している。

フランクは、スローターダイクが言及する「人間工学 Anthropotechnik」は、自然淘汰から学びとられた技術であり、伝統的な教育とは関係なく、むしろ盲目的に生活空間の最適化法則にしたがおうとするものであると批判しつつ、そうした考え方がドイツで蔓延するのは、フランス思想の受容にその原因があるというかねてからの主張を繰り返している。たしかにスローターダイクがハーバーマスへの公開書簡のなかで、ナチの父親たちをもつ「ハイパー・モラリストの息子たち」の時代は過ぎ去った、新たな世代はもはや彼らの懐疑と、ひとに罪を被せようとする文化から自由に思考すべきだ、と主張するのは、挑発に乗って言い過ぎているにしてもたしかに危ういところはある。しかしフランクが、そうした傾向をしめす要因を現代のフランス思想の影響にもとめ、問題なのは、新しいフランスの思想家たちがニーチェやハイデガーを好んで参照することにあるのではなく、その影響下にかつての「非合理主義」が、フランス人たちの手によって浄化され、ふたたびドイツで信奉されようとしている点にあるのだと断ってはいるが、フーコー、ドゥルーズ、デリダの思想がナチズムと結びついているというかねてからの主張をあらためて証明しようと躍起になっているのはいささか滑稽でもある。[13] フランクによるなら、スローターダイクが「ナチズムのトラウマによって麻痺させられていた世代をその古臭い罪責感から解放する成熟した男」へと脱皮しようとしているのは、フーコーの助言にしたがって「悦ばしき実証主義者」になろうとしているからであり、デリダやドゥルーズといったフランスの流行哲学に影響されている者たちは、かつての「非合理主義」的な思想に傾倒し、ハーバーマスの批判理論を邪魔もの扱いしているのだと主張するのである。「ポスト構造主義者たちは、無限の差異化（呪文は〈差延 différance〉だった）という思想的に刺激的なカルトを形成しはじめた。気づかぬうちに批判理論の遺産とは一線を画しながら、それに依存する者たちは、デリダやドゥルーズへの新たな依存関係によって魔法をかけられることになる」。フランクは、フランクフルト学派の若い世代にも苦言を呈しながら、彼らが八〇年代以降、直接的にアドルノをフーコーによって補完しはじめたのに対して、それはそもそもアドルノの理論が、内的矛盾を内包していて、精神に対して敵対的な、グノーシス的な性格をもっていたからであると断じている。「今日われわれは、アドルノの思想がシュペングラーやクラーゲス、ハイデガーの反合理主義といかに深い親縁性（それはハーバーマスとホネットによって八〇年代に暴かれた）をもっているかを、われわれが七〇年代の終りに成し遂げた以上によりはっきりと認識している。まさにこのことは、いまやポスト構造主義の著作家たちの読解によって、われわれのうちに蔓延している精神的雰囲気にもあてはまる。デリダは、意識的にか、あるいは思い違いをしているのか、初期の脱構築主義的な著作のスローガンであった〈ロゴス中心主義〉をクラーゲスから受容している。気づかぬうちに、しかしその力を殺がれることなく、精神に敵対的である精神が今日も生きつづけているのである」。

また、トゥーゲントハットは、スローターダイクのテクストをつぎのように要約する。ハイデガーは、ヒューマニズムが今日終焉したとするのは正しいが、それが存在への「追憶 Andenken」のためと考えているのはまちがっている、むしろ、ヒューマニズムの機能は、人間の「野蛮さ」を「飼い馴らす」ことにあったことを認識しなければならない、したがって、課題はいまや、遺伝子的な「育種」のプログラムについてきちんと認識しなければならないということにある。しかし、トゥーゲントハットによるなら、スローターダイクは「育種」のプログラムについて言及するが、「育種」について「野蛮性の飼い馴らしの新しい形態」を期待しているのか、「飼い馴らしと野蛮との両者の対立的な要素のあいだの正しい〈ホメオスタシス〉」を期待しているのかわからないが、いずれにしてもその方法について語られることはなく、それは「育種」に委ねられたままなのである。倫理の問題は第一に、野蛮の飼い馴らしにあるということは、はたして明らかなのだろうか。人間の倫理的な自己理解が遺伝子的に決定されていることが、そもそもどこまで考えられうるべきなのか。飼い馴らされているか野蛮かという区別が問題だとするなら、そのような特徴がどのようにして遺伝子的に条件づけられているのか。トゥーゲントハットは、むしろ道徳は「規範的なもの」として考えられるべきであり、「諸規範のセットとしての道徳は、文化的なもの、学習され根拠づけられなければならないものである」という観点から、そのように問いかけるのである。そのうえで、スローターダイクがなぜ「選別 Selektion」といったことばを使うのか、このことばが否が応でも、ヒトラーの優生学的な「選別」や、ユダヤの星をつけられアウシュヴィッツへと送られるユダヤ人のことを思い起こさせることを考慮しているのかと問うのである。

トゥーゲントハットの批判や指摘は議論するに値するものであり、とりわけ「規範」と「道徳」との関係はスローターダイクにとっても問題となるはずなのだが、結局、論争は実りのある議論がなされぬままに終息してしまう。(14) いずれにせよ、「人文主義」批判のテクストが、遺伝子工学の生命倫理をめぐる議論へと転換されることによって、論争は一面においてドイツの特殊な政治文化を露呈させることになるが――そしてそれこそがスローターダイクの隠された本来の意図であったとも言えるかもしれないが――、しかし同時に、当時の政治状況のなかで、そこに顕在化しているテーマを否認する装置としても機能するのである。そもそもスローターダイクの講演のテーマは、「人文主義Humanismus」あるいは「人間性Humanität」と「野獣性Bestialität」との関係にあった。すでに原稿は三年前にできあがっていたとも言われているが、ハーバーマスがその数ヶ月前に、「ツァイト」誌に掲載した、コソヴォへの空爆を肯定した論考のタイトルが「残虐性Bestialität と人間性Humanität」であったことは、けっして偶然ではないように思われる。(15) すでに九〇年代、ハーバーマスはしばしば「人権Menschenrecht」について論じ、カール・シュミットの「人類Menschlichkeitを口にする者は、ひとを欺こうとするものである」というテーゼをとりあげ、「人間性」には、「野獣化」あるいは「野獣性」がどこまでもつきまとっているというシュミットの主張を執拗に論駁しようとしている。ハーバーマスの議論は、シュミットの死後、一九九一年に出版されたその戦後日記『注釈集』(16)のなかで、シュミットが「人間性、野獣性」ということばを記しながら、戦後もまた「人権」批判を繰り返していることに端を発するものであった。シュミットが「人間性」には、「野獣性」がどこまでもつきまとっているとして「人権政治」を批判するのに対して、ハーバーマスは、「人権」に対する尊重への義務こそが、国際政治と国際法によって解決することのできない問題に対処するための「世界市民」的なパースペクティヴをひらいてくれるものであり、NATO軍のセルビア人への攻撃は、そのような方向で正当な行為であると理解するのである。ハーバーマスにしたがうなら、これまで「民主主義的な立憲国家」は、「政治権力の法制度的な飼い馴らしZähmung」を「主権国家」

という基盤のもとに成し遂げてきたが、社民党と緑の党の連合政権が標榜する「法平和主義 legal pacifism（Rechtspazifismus）」には、「諸国家間の自然状態を人権的に手なづける（家畜化する）Domestizierung という理念[17]」のもとに、「国際法」を「世界市民的法」へと転換させる契機が認められるというのである。「法平和主義」は、「主権諸国家間に潜む戦争状態を国際法的に囲い込む einhegen だけでなく、一貫して法制化されたコスモポリタン的秩序のもとに乗り越えようとする」ものなのである。ドイツ政府はそのような機会をはじめてまじめにとらえようとしている。

ランブイエの交渉決裂後、合衆国とEU加盟国は、ユーゴスラヴィアに対して警告していたとおり軍事的制裁にでるが、その目的は、セルビア内部におけるコソヴォ自治のためにリベラルなルールづくりを貫徹することにあると表明していた。古典的な国際法の枠組みでは、これは主権国家への内政干渉であると、介入禁止の侵害であると見なされたであろう。人権政治という前提では、この介入はたとえ武装されているとはいえ、（国連の委任もないとはいえ）国際共同体によって権威づけられた平和構築のためのミッションであると理解されるべきなのである。このような西側の解釈によるなら、コソヴォ紛争は、諸国家間の古典的な国際法から世界市民社会のコスモポリタン的な法－権利への途上における跳躍を意味しうることになるだろう[18]。

ハーバーマスは、人類への攻撃や犯罪に対してなんらかの処罰によって威嚇することを、全体主義やホロコーストを経験したわれわれにとって必然的で正しい対応であると見なす。しかし、シュミットに対して「人権政治Menschenrechtspolitik」を擁護しようとするハーバーマスの議論が、コソヴォ空爆の肯定へとつながるとすれば、「人権」とはどのように理解すればよいのだろうか。「コスモポリタン的な秩序」を形成するための「人権政治」とはいったい何を意味するのだろうか。スローターダイクのテクストには、たしかにさまざまな問題があるとしても、その議論は暗にそうしたハーバーマスの「人権政治」という考え方に向けられているのではないだろうか[19]。

『「人間園」の規則』のなかでスローターダイクが問題にするのは、「人文主義《ヒューマニズム》」あるいは「人間性」と「野獣性」との関係である。まずスローターダイクは、ハイデガーが戦後、教授活動を制限されていた時期に、のちにフランスのハイデガー研究の権威となるジャン・ボーフレに宛てて書かれた『ヒューマニズムについて』といういわくつきのテクストを、「人文主義」のテーマがもっぱら人間の「脱野生化Entwilderung」、「飼い馴らしZähmung」であったという観点からとりあげ、その人文主義批判を批判的に検討する。ハイデガーによるなら、「人文主義」はこれまで人間を「理性的動物animal rationale」と定義してきたが、それは誤りである。動物と人間とのあいだのあらゆる「存在論的共同性ontologische Gemeinschaft」という議論は禁じられなければならない。人間と動物とのあいだの差異は「特殊的な、種的な」ものではなく、「存在論的」なものとして理解されなければならない。ハイデガーは人間を「存在の番人Hüter」、「存在の牧人Hirtかつ隣人」と、言語を「存在の家」と規定する。人間は、存在がそこにあるものとして立ち現われてくる「明るみ＝空き地Lichtung」であり、そこで家畜の群の番をするように番をし、「存在の家」である言語に耳を傾けなければならない。すなわち、ハイデガーは、そのように存在への問いを問いかけながら、その問いに聞き入る隷属的で傾聴的な人間をもとめ、みずから存在への問いの教師であろうとし、そのことばに公衆が耳を傾けるように要求するのである。したがって、ハイデガーのまえでは、人間は古典作家を読むさいの人文主義者よりもさらに静かに飼い馴らされねばならない。スローターダイクがハイデガーから読み取るのは、ハイデガーの問いのまえで家畜のように「調教 Abrichtung」され、「育種 Züchtung」される人間の姿である。ハイデガーは、人文主義が人間のうちにひそむ野獣性を飼い馴らしてきたことを、そうすることによって人間性というものを貶めてきたと批判する。しかしスローターダイクによるなら、ハイデガーの議論もまた人文主義を批判しつつ、人間の「家畜化 Verhaustierung」をもたらそうとしているにすぎない。ハイデガーに認められるのは、「飼い馴らし」の問題ではなく、「調教」と「育種」の問題である。あくまでハイデガーの意図は、「存在論的な謙虚さの鍛錬＝黙想 Demutsübung」、「観想的 besinnlich な思考」をつうじて存在のあり方を追求することにあるのだとしても、そのような観点からするなら、ヨーロッパの「歴史的世界」は「戦闘的ヒューマニズムの劇場」、「人間の主体性が、運命的にみずからの首尾一貫性をつらぬこうと、すべての存在者に対する権力掌握 Machtergreifung を発現させる領域[20]」であって、したがってボルシェヴィズムも、ファシズムも、アメリカニズムもまた、「同一の人間中心主義的な anthropozentrisch 暴力の三つの変種」、「人道主義的に粉飾された世界支配のための三つの候補[21]」にほかならないということになるとしても、ハイデガーの主張するそのような「陶酔的＝脱自的 ekstatisch な明るみ」にはすでに新たな「飼い馴らし」の形態が隠されているというのである。スローターダイクによるなら、「明るみ」は、安全が保証された場であるどころではなく、新たな「決定 Entscheidung」と「選別

Selektion」の場、新たな種類の抗争が始動する闘技場なのである。スローターダイクは、ヒューマニズムが「自己の飼い馴らし」の努力でしかなく、結局、すべての存在者に対する権力掌握にしかつながらないとすれば、いったいヒューマニズムを標榜することにどのような意味があるのか、という時代が要請する問いを表明しているという点でハイデガーに対して一定の評価をあたえているが、他方、ハイデガーの議論が「存在の隣人たち」、その「暗黒の交わり Kommunion」からいかに社会が構成されるのかに目を向けることなく、「歴史的な運動性」を「観照的な思考という最終的形象」へとどこまでも立ち止まらせようとすることによって、何を隠蔽しようとしているかを明らかにしようとするのである。

スローターダイクがニーチェをとりあげるのは、まさにそのような観点からである。ツァラトゥストラのヒューマニズム批判は、ハイデガーに向けられているものとして読むことができる。ニーチェの議論にしたがうなら、ハイデガーの人文主義批判をもふくめて、すべての人文主義的文化には「家畜化作用 Domestikation」が認められる。ニーチェにとって、人間とは「飼い馴らし育種する暴力」そのものであり、とりわけ「現代の人間」は「野生の人間から最終的な人間をつくりだすことに成功した育種人」[22]なのである。ニーチェは、近代の善き人間が身にまとってきた「人文主義的な無害さ」、その「偽りの無害さ」を、それが祭司と教師によって育種されてきたものであると糾弾する。スローターダイクはそこで、論争を引き起こすことになる遺伝子工学の発展について言及する。「長期的な発展が、種族の特性の遺伝学的な改良にもつながるのかどうか、将来の人間技術がたしかに形質のプランニング Merkmalsplannung にまで足を踏み入れることになるのかどうか、人類が種族全体にわたって、誕生の運命論から選択的誕生、誕生前の選別への転換を成し遂げうるということになるのかどうか」、こうした問いのなかで、「進化の地平がわれわれのまえに明るみ sich lichten はじめる」[23]。しかし、市民時代の人文主義的ギムナジウム、ファシズムの優生学を振り返り、バイオテクノロジー時代を予見しようとする現代において、すでに人文主義社会のプログラムのうちに、全体のために育種されなければならないエリートの育成という使命が、遺伝子的な「形質のプランニング」ならぬ人間の生の「特性のプランニング Eigenschaftsplannung」が遂行されているのではないか、とスローターダイクは問うである。スローターダイクはニーチェの思考に、科学技術の発展によって人間がしだいにみずからのあり方を、進んで望んだことではないにもかかわらず、能動的かつ主体的に「選別」しうる、「選別」せざるをえなくなる、また同時に受動的に「選別」されざるをえなくなるプロセスが表明されていることを認めるのである。したがって、ニーチェが「潜在的な育種プロセス」を、まるで原始人からバーゼル大学教授がつくりだされてしまうかのように、あまりにも短絡的なものとしてとらえてしまっている点に、また問題はこのプロセスが「育種者なしの育種」として自然発生的に発展してしまうところにあるのに、そこに祭司や教師といった計画の実行者を想定してしまう点に、ニーチェの思考の「傲慢さ Hybris」があるとしても、その点でたしかにニーチェの反教会的な議論には常軌を逸したところがあるとしても、スローターダイクにしたがうなら、ニーチェの思考には、人文主義がみずからの「無害さ」を表明するのに対して、それを超えて「人間性」について思索するよう後世の人々を挑発するに十分な契機があるというのである。

スローターダイクによれば、いずれにせよ人間は、そもそも自己を保護し、自己の番をする動物なのであり、ヒューマニズムという理念によってもそこから逃れることができない。かつて古典古代の時代には、神々がひきこもったあとも、神々の記憶を生き生きと記憶にとどめているプラトン的な牧人としての賢人たちがいた。しかし今日では、もはや人間たちの番をさせる賢人たちもひきこもってしまい、われわれの生は、何によって育種されているかもわからぬままに、報われることのない苦痛のなかに投げ出されてしまっている。そして人間は、「どこから投げかけられたのか忘れられてしまった問いに対する、混乱した答え」[24]でしかない、どのようにみずからを育成したらよいかもわからない存在になってしまっているのではないか、とスローターダイクは問いかけるのである。

したがって、スローターダイクは、直接、ハーバーマスの主張する「人権政治」を批判するわけではなく、またハーバーマスの構想する「世界市民法」に言及するわけではないが、しかしそうした議論の前提となっている「人文主義《ヒューマニズム》」、「人間性」と「野獣性」との関係に疑いの目を向けるのである。シュミットが「人権」政治を批判し、スローターダイクが「人文主義《ヒューマニズム》」、「人間性」へと疑問を投げかけるのに対して、ハーバーマスは、あくまで「人権」に対する尊重への義務こそが、国際政治と国際法によって解決することのできない問題に対処するための「世界市民」的なパースペクティヴをひらいてくれるのだと主張する。とすれば、ハーバーマスは、シュミットやスローターダイクが問題にする「人間性」と「野獣性」との関係をどのように理解しているのだろうか、また「人権政治」をたとえ暴力的な制裁をともなうものであろうと肯定しうる理由を、「世界市民」的なパースペクティヴがひらかれることにもとめているが、それは何を意味しているのだろうか。

これらの点について、「残虐性と人間性」のなかでもごく簡単に触れられているが、しかし、それはすでに九〇年代、ハーバーマスが「カントの永遠平和という理念」（一九九五年）などのテクストのなかで繰り返し論じてきたテーマにほかならない。[25] ハーバーマスはこれらのテクストのなかで、（1）「人権」政治に対するシュミットの批判に反論し、（2）またシュミットの「主権」概念がいかに戦争犯罪の責任を回避するための理論的装置として機能しているかを明らかにし、そのうえで（3）「人権政治」を「世界市民法」という観点から正当化しようとしている。

（1）ハーバーマスは、シュミットの『政治的なものの概念』[26]のなかのあの有名な個所を問題にする。

国家が人類 Menschheit の名のもとにみずからの政治的な敵と闘うとき、それは人類の戦争ではなく、ある特定の国家が戦争相手に対して普遍的概念を占取しようとする戦争であり、（相手を犠牲にすることによって）みずからを普遍的概念と同一化しようとする戦争なのであって、平和、正義、進歩、文明を悪用し、その返還を要求しながら、敵に対しては認めないのと同じである。……人類を口にする者は、欺こうとするものである。「人類」の名を掲げ、人間性 Menschheit を引き合いにだし、この語を私物化すること、これらはすべて、ともかくもそのような高尚な名はなんらかの帰結をともなわずには掲げえないのだから、敵に対して人間としての性質を否認し、敵を無法者、非人間であると宣言し、それによって戦争を、極端に非人間的なもの Unmenschlichkeit にまで押し進めようという、恐ろしい主張を表明するものにほかならない。[27]

今日では、最も恐ろしい戦争は平和の名において、もっとも恐ろしい非人間性は人間性の名にお

いて遂行される。(28)

ハーバーマスは、「人権」政治が人間性を私物化するものであり、敵から人間としての性格を剥奪し、それによってより悲惨な結果を招来することになる、というシュミットの命題に対して、その命題がいかなる前提にもとづくものなのかを問う。ハーバーマスによるならシュミットの命題は、まず第一に、「人権」という概念がなんらかの道徳的な起源をもつものである、ということを、第二に、道徳的判断は善悪のコードにしたがうのだから、戦争の相手を道徳的に悪と見なして戦闘行為を行なうことは、法的に制度化された枠組みを踏み越えてしまうだろう、ということを前提にしている。第一の前提に対して、ハーバーマスは、「人権」という概念は道徳的な起源をもつものではないと反論する。「人権という概念は、道徳的な起源をもつものではなく、主観的権利という近代的な概念の、したがってまた法学的な概念性の特殊な鋳造物である。人権はもともと法学的な性格をになっているのである。人権に道徳的権利の外観をあたえているのは、その内容ではなく、なおのことその構造ではなく、国民国家的な法秩序を超える妥当感覚 Geltungssinn なのである」(EA222, 二一七)。ハーバーマスによるなら、「人権」や「基本権 Grundrecht」もまた実定法と同様に、体制の変化によって効力を失うこともあり、変化しうる。しかし「人権」、「基本権」が民主的な法秩序の構成要素となるためには、他の法規範と同様にそれが事実上妥当するばかりでなく、「正統性 Legitimität」を要求するものであり、つまり「理性的な根拠づけ Begründung」が可能なものでなければならないというのである。第二の前提に対して、ハーバーマスは、人権はそもそも道徳的な権利であるという前提が誤りであるとすれば、「人権のグローバルな貫徹は、道徳的論理にしたがうものであり、そのためになされる介入は、警察行為をカムフラージュしているにすぎない」（EA225, 二二一）というシュミットの考え方はまちがっていると結論をくだす。つまり、人権は病理的な道徳にもとづくものではなく、その普遍的な構造から要請されるものであって、人権のもとに干渉し介入することは正当化されうると判断するのである。したがって、「干渉主義的な人権政治は〈悪に対する戦い〉へと堕落するにちがいない」（EA225, 二二一）、というシュミットの主張も誤りである。人権にもとづく干渉は、善悪という道徳の問題に還元されるのではなく、普遍的な、構造的な要請にもとづいているのだと、「人間性」という理念はけっして私物化されえないのだというのである。ハーバーマスにしたがうなら、諸国家間の自然状態を法制化することによってはじめて、法と道徳を混同する傾向に対抗し、戦争犯罪や人類に対する犯罪に対してもその行為を裁くと同時に、道徳上の差別行為からの法的保護をも確保しうるのである。

（2）しかし、シュミットは、まさに国連憲章に記されている「侵略戦争」に対する処罰に対して、そもそも侵略戦争と防衛戦争とを区別することは困難であるという理由から反対し、また第二次世界大戦以前には古典的な国際法でまだ知りえなかったような「戦争犯罪」に対して、個々の人格に責任を負わせることに異をとなえるのである。ハーバーマスはこれらの点について、シュミットの「主権」概念の問題点を指摘しつつそれぞれつぎのように反論する。シュミットによるなら、戦争をなんらかの理由から開始する権利こそが、国家の「主権」にとって構成的な役割をはたすのであり、したがって「戦争の無‐差別化（貶めないこと）Nicht-Diskriminierung」こそが、戦争行為を制限し、全面戦争の悪を防ぐことができる。[29]そうした観点からシュミットは、カントの時代におけるような古典的な国際法への復帰を奨励する。カントの時代は、「権力政治 Machtpolitik」の時代であり、諸権力のシステムは、もっぱら「主権」を有する諸国家が国際法の主体たりうるという前提のもとで機能していた。「主権」とは、国外に対しては、国家がその独立性を、すなわち国境の不可侵性を、緊急の場合には軍事力によって主張しうるという能力を意味し、国内的には、国家が行政権と実定法という手段によって、平和と秩序を維持する暴力を独占する能力を意味する。つまり「主権」は、権力保持者が軍隊と警察の力を自由にできるということにある。したがって、シュミットにとって、戦争におけるテクノロジーの発展にくらべ、その廃棄は不可能でありユートピア的であるとすれば、かつての「限定戦争」への回帰を要請することこそが、諸国家をその自然状態において、「世界市民法」的な「永遠平和」へと導く現実主義的な方策だということになる。とすれば、回避されるべきは、内政と外交政治との分離を可能にしている「政治的なもの」の領域が崩壊してしまうことである。法にもとづく平和的な内政は、国際法上許された戦闘的な外交政治によって補完されなければならない。なぜなら、ハーバーマスが説明するように、「暴力を独占する国家は、その政治的実体を外敵に対する戦いにおいて保持し再生させるかぎりで、転覆をはかる国内の敵対勢力に対して、法と秩序とを維持しうる」(EA230, 二二五) からである。ハーバーマスはそこに、「政治的なもの」に潜在する「生気論的 vitalistisch」な意味を認める。「政治的なもの」は、みずからの存在を「異質なものの他者存在 das Anderssein des Fremden」[30]として否定する敵を認識し、その敵に対して自己主張する「民族の能力と意志」なのであり、そのかぎりで「政治的なもの」は、「侵略戦争」と「防衛戦争」とを区別することを不可能にし、制圧的な暴力に包囲されるや「破壊的な力」へと変化するのである。

シュミットによるなら、「全面戦争」は、「正義（正当性）Gerechtigkeit」の名のもとに遂行される「正しい gerecht 戦争」の同時代的な表現形態なのであり、そこには干渉主義的な「人権政治」が避けがたく入り込んでいる。それに対して、個人の責任をも問わない「道徳的に中立化された戦争概念」こそが、古典的な国際法の「主権」概念と調和しうるものと見なされる。[31] シュミットは、第二次世界大戦後、ナチ時代になされた大量殺戮の犯罪を特別な種類のカテゴリーとして除外し考慮の外におくことで、戦争そのものに対して道徳的に中立的な外観をあたえることによって、法手続き的な議論の一貫性をたもとうとした。死後、出版された日記『注釈集』では、そもそも「人間性に対する犯罪」、「愛に対する犯罪」を、またそのような犯罪の「保護対象」や「攻撃対象」を明確にすることはできないのだから、法的な構成要件だけを問題にすべきだと主張している。[32] そのような観点からするなら、ジェノサイドや民族の殺戮と同じくらい、「一九四五年のプロイセン-ドイツ官僚の根絶 Ausrottung」はひとを震撼させるものだと記すのである。[33] シュミットは、日記のなかでまたつぎのように述べている。「人間性に対する犯罪と、人間性のための犯罪が存在する。人間性に対する犯罪は、ドイツ人によって遂行された。人間性のための犯罪がドイツ人に対して遂行される」。[34] こうしてシュミットは、「戦争犯罪」と、ある特定の非人間的な、人間の理解力を超えた恐ろしい行為とを区別することで、「侵略戦争」だけではなく、ユダヤ人の殲滅という行為の犯罪性をも否認しようとするのである。
（3）シュミットは、「差別的な diskriminierend 戦争の概念」は、人権の普遍主義にもとづくものであり、結局、近代戦争が「人間性の名」のもとに非人間的行為をくりかえしてきたことは、国際法が道徳によって感染させられていることによるのだと、したがって、「人権政治」を国家の境界を超えて法制化することは、つねに必然的に「人権原理主義」という帰結をもたらすのだと主張する。それに対してハーバーマスは、人権は道徳的な性質をもつという、つまり人権を貫徹することは道徳化を意味するという前提は誤りだと、むしろ問題は、偶然的で病理的な道徳が、カント的な法の形式を破壊してしまうかもしれないという点にあるのだと反論する。法のコードは、けっして善悪の基準にしたがって直接、道徳的価値判断を要求するわけではない。ハーバーマスによるなら、「法の民主的な正当化は、法が承認された道徳的根本命題とつねに一致することを保証する」ということを前提にするのではなく、「法治国家という理念は、国家のになう権力の実体が、対外的にも内政的にも、正当な法によって誘導されることを要求する」(EA233, 二二八)という前提にもとづくべきなのである。だが、法と道徳を区別するからといって、法が道徳的内実をもたないということを意味するわけではない。法の道徳からの区別は、「合法性 Legalität の形式がもつ諸特性」によるのであって、道徳的な「論拠」は、そのような「政治的な立法の民主的な手続き」をつうじて、規範的な「根拠づけ」へと、法そのものへと入り込んでくる。「合法性」の形式は、道徳的に判断された行動の一部を、たとえば心情や動機を、法制的なルール化から除外することによって、当事者の諸権利を保護するのである。したがって、「権力政治の道徳化」に対しては、「政治の脱道徳化」ではなく、道徳を法的な手続きによって民主的に諸権利の実定化へと転換させることによって対処すべきだというのである。「人権原理主義は、人権政治の放棄によってではなく、国家間の自然状態を法的状態へと世界市民法的に転換することによってのみ回避される」（EA236, 二三二）。そのような観点から、ハーバーマスはまた、シュミットが主張する国内における法のもとにある平和と、国外に対する交戦主義とのあいだの「非シンメトリー」を批判する。シュミットが、国家間の平和を敵を牽制する潜在的な闘争のもとに表象することによって、最終的に国家権力の所有者に政治的な権限を集中させる「独裁」へと導かれるのに対して、ハーバーマスは、法治国家の理念のひとつの帰結としての「世界市民法」という理念に訴えるのである。「世界市民法」は、法治国家という理念のひとつの帰結にほかならない。「世界市民法」によってはじめて、社会的関係と政治的関係の法制化は、国家という境界の内部と外部において「シンメトリー」を形成することになる。

ハーバーマスはこのように、シュミットの「人権」政治への批判に反論し、その「主権」概念の問題点を指摘することによって、法治国家はその帰結として「世界市民法」という理念に訴えるはずだと主張する。しかし、「国民国家的な法秩序を超える妥当感覚」にもとづく「理性的な根拠づけ」とは、いったいどのようなものなのか。ハーバーマスは「残虐性と人間性」のなかでコソヴォへの介入を擁護するために「緊急救助 Nothilfe」を引き合いにだしているが、「緊急救助」はそのような「理性的な根拠づけ」に対応するものなのだろうか。たしかに、道徳的に中立化された戦争概念と警察権力による対内自治権こそが「主権」概念を構成しうるとし、「戦争犯罪」という概念を、さらに「正義」の名のもとに「主権」へと干渉する「人権政治」を否認するシュミットの議論には問題があるとしても、しかし干渉主義的な「人権政治」の正当性はどのようにして明らかにされうるというのだろうか。ハーバーマスは、「人権原理主義」は「人権政治」の放棄によってではなく、国家間の自然状態を「世界市民法」へと乗り越えていくことによってのみ回避されうると、国家という境界の内部と外部において「シンメトリー」を形成する必要があると主張するが、はたして「人権政治」は、そのような「シンメトリー」を構築することと調和しうるのだろうか。

トーマス・ブランケは、「緊急救助」に訴え、また同時に軍事行動の「善き意志」を信頼し、それに規範的な保証をあたえようというハーバーマスの発言に対して異論をとなえている。(35) ハーバーマスは、各国の法秩序において「緊急救助」(ドイツでは刑法第三十四条)が承認されているとすれば、国際法の枠組みにおいても承認されるという仮定のもとに、NATOの武力行使の合法性を主張する。しかし、ブランケの言うように、人権に対する重大な犯罪を防ぐための軍事攻撃が許されるとすれば、ナチですら第二次世界大戦を、ポーランドにおける少数派ドイツ人に対するテロルを阻止しなければならないという議論をもとに開始したことをどのように理解すればよいのか。(36) ブランケは、軍事的な「緊急救助」を国際法の原則として実際に承認することに賛成する者は、大きなリスクを負うこともあることを覚悟しなければならないと、したがって少なくとも「緊急救助」を引き合いにだすことは、警察権力の投入に相当するような狭い意味での前提に結びつけられるべきだと主張するが、そもそも「緊急救助」はどのように理性的に「根拠づけ」られるというのだろうか。ハーバーマスもまた、この戦争が民族の共存のための条件をつくり保証するという目的を逸するなら、この「企ての正統性」は問いなおさなければならないとしている。「緊急救助」の目的が、コソヴォのアルバニア人をその排除や殺戮、抑圧、暴力から守るということにあるとすれば、NATOの武力介入は、「緊急救助」の「法制化」という視点からするなら、戦争がその目的をはたすためにふさわしいかぎりでのみ許される。ブランケは、少なくとも一九九九年三月のはじめには、空爆が「緊急救助」という視点から例外的にその手段を法的に正当化しうるその目的をすでに失っていたこと、空爆の継続によってももはやこの目的を達成しえなくなっていたことは明らかだとし、空爆の正当性を疑っている。[37] はたしてコソヴォの空爆は、「人権政治」という観点から、正当化されうるのだろうか。ハーバーマスによるなら、いまや人権にもとづく干渉は、「例外事例 Ausnahmefall」においては、国連の委任なしでも「緊急事態 Notstand」あるいは「緊急救助」という視点において国際法的に正当化されうるという考え方は、ますます浸透しつつあるという。しかし、「例外事例」においては国際法的合法性の限界を踏み越えてもかまわないとするなら、ブランケの言うように、その必然性は国際法が規範的にあいかわらず発展段階にあり、国連の機構に機能的欠陥があるということにもとづいている。[38] とすればむしろ、国家という境界の内部と外部における法制的な「シンメトリー」が成立していない場合にのみ、「人権政治」の正当性が保証されるということになりはしないか。

以下では、ハーバーマスの主張する「理性的」な規範の「根拠づけ」とはいかなるものなのか、ハーバーマスが可能だとする「人権政治」の正当化は「根拠づけ」とどのような関係にあるのか、そしてそれはいかなる性格をもつものなのか、またそのとき「世界市民」あるいは「世界市民法」とはどのようなものとして構想されているのか、検討することにしたい。

第一章　法と道徳

近代的な意味における人権は、まずアメリカ独立宣言、フランス人権宣言において国家の法秩序という枠組みのなかで保障される基本権として具体化されてきた。ハーバーマスは、それゆえに人権は基本権として、各人格に人間としてそなわっている道徳的普遍性を表明すると同時に、憲法規範として実定法的に妥当するという二重の性格をにない、他方また、法秩序そのものにとって構成的であるとともに、立法の枠組みを確定するという意味で特権的な意味をになってきた、と説明する。基本権は、「国家市民 Staatsbürger」だけでなく、人間としての特性をになう市民を「名宛人 Adressat」とする一般的規範の形式をとっている。こうした性格、つまり人間そのものに適用される普遍的な「妥当性 Gültigkeit」をもつという性格を、基本権は道徳規範と共有している。他方、人権という概念は道徳的な起源をもつものではなく、主観的権利という近代的な法学的概念から形成されたものでもある。「人権」概念は、たしかに道徳的内実をふくんではいるが、その道徳的内実とは無関係に、法的な意味における権利として理解されなければならない。とすれば、まず近代社会において道徳とは、その理性的な「根拠づけ」とは、どのようなものとして理解すればよいだろうか、近代における道徳はどのような性格をになっているのだろうか、道徳と法との関係はどのようなものと考えればよいだろうか。

1　道徳規範の「討議《ディスクルス》理論」的根拠づけ

ハーバーマスは『道徳意識とコミュニケーション的行為』のなかで、「脱慣習的な道徳意識」においては、道徳規範は二重の要請のもとにあるものとして経験されると論じている。まず、規範はもはや、慣習として自明なものとして受け入れられるのではなく、疑わしいもの、「根拠づけBegründung」を必要とするものとして経験される。(39)「論議Argumentation (reasoning)」こそが、個々人のあいだの「規範的な期待」を調整するための唯一の審級と見なされるのである。規範的な「妥当性」は、いまや規範にかかわる当事者たちによって「論議」をつうじて獲得される自由な自己了解を表現するものとして理解される。「脱慣習的な道徳意識」は、「合理的な論議」という媒介なしには、規範的な妥当の可能な基盤はもはや何も存在しないという認識と結びついている。したがって、規範的な妥当の可能性の条件を問うことが必要となるのだが、他方、「脱慣習的な道徳意識」においては、もはやその条件は、形式論理学あるいは形而上学のように、演繹的になんらかの原理から、あるいは経験的な明証性から導くことはできないものとして経験される。ハーバーマスは、それでも道徳規範の「根拠づけ」が、「論議」の合理性が要請されるとするなら、そこには経験的要求と、道徳的、実践的問題についての了解、すなわち道徳的規範とを結びつけるためのなんらかの「規則」が、道徳意識を可能にする諸規則があるはずだとし、「脱慣習的な道徳意識」の新たな「根拠けの方式」を定式化しようとするのである。

ハーバーマスにしたがうなら、新しい「根拠づけの方式」が哲学に導入されたのはカントによるのだという。たとえば、カントがニュートンの物理学に認めているのは、経験的認識一般はどのようにして可能か、ということにほかならない。すなわち、「経験の可能性のアプリオリな条件へと向かう探求」をこそ、カントは「超越論的 transzendental」と呼んでいるのである。そこでカントが問題にしているのは、「可能的な経験の条件は、経験の対象の可能性の条件と同じであることの証明」である（Vgl. MkH9, 四）。カントの「超越論的根拠づけ」の根底にあるのは、原理からの演繹ではなく、「直観」においてわれわれはその対象を構成するためにいつもすでになんらかの規則にしたがっているはずであり、そうであるとすればその規則とは何か、という問題である。ハーバーマスは、カントの「超越論的根拠づけ」が伝統的な宗教的世界解釈や形而上学的世界解釈に認められるような実体的合理性を放棄し、可能的経験の前提となっている諸規則、すなわち「手続き Verfahren」を問う「手続き的合理性」に訴えるといった点で、「近代」的であると説明するのである。

道徳原理の「根拠づけ」は、したがって道徳規範の可能性の条件と日常的な道徳意識を可能にする条件とのあいだの方法論的「循環」のうちに見いだされねばならないのだが、ハーバーマスはその関係を、われわれが「不可避的」にとらえられているさまざまな道徳的感情のネットワークにもとめている。相互人格的な人間関係において、われわれが相手に対する「憤り《ルサンチマン》」や感謝、許しや怒りといった道徳感情をつうじて「生活世界」の構成員として引き受けることになった「責務《アンガージュマン》」は、恣意的に取り消すことができない。日常的な実践のうちには、さまざまな「感情的反応」というかたちですでに規範的「妥当要求」が組み込まれている。道徳的感情や態度表明のネットワークこそが、規範の妥当を要求し承認しあう「論議 Argumentation」形式を形成しているのである。ハーバーマスは、そうした感情が道徳的性格をそなえるにいたる要因はその根底にある「規範的期待」にあると説明する。義務や責任といった道徳的感情は、規範的期待への「違反」から生じる。行為者の自責の念をともなう罪責感や義務感といった道徳的感情は特定の状況下の個人の局所性を超えていて、その「普遍的な妥当の要求」が、利害関心や意志、規範などに道徳的権威をあたえるのである（Vgl. MkH58f., 八三）。

　そもそもハーバーマスによるなら、かつてアルカイックな社会の権威的諸制度においては、認知的知と規範的期待は、区別されることなくさまざまな動機や価値と結びついた信念の複合体へと凝縮させられ、規範的「同意 Einverständnis」は、特殊なかたちで「行為期待」に関係し、この「行為期待」は文化的な知として習得され伝承されていた。そこでは、「事実性 Faktizität」と「妥当性 Geltung」は、行為期待を安定化するために融合し一体化していたのである（Vgl. FG40, 上四〇）[40]。しかし、そのような相互行為からは、もはや安定的な社会秩序が形成されえなくなると、社会はコミュニケーション的行為のうえに統合されねばならなくなる。したがって、そのような状況においてどのようにして脱魔術化され、分化し多元化した生活世界が、ふたたび社会的に統合されうるのか、を問わなければならない。ハーバーマスは『コミュニケイション的行為の理論』において、デュルケームの「系統発生的 phylogenetisch」議論とミードの「個体発生的 ontogenetisch」議論にもとづき、すでに前言語的な社会においても、「規範的合意」がくりかえし遂行される「規範妥当 Normgeltung」というかたちで存在していたことを、さらに「規範的合意」への期待は言語的コミュニケーションという「媒体」をつうじて、段階的に発展し「社会化」されていくものであることを主張している。

ハーバーマスは、言語的コミュニケーションという「媒体」をつうじて、「合意」を相互人格的に再獲得していく行為を、「了解志向的」言語行為と呼んでいる。「了解志向的」なコミュニケーション的行為において言語を習得するということは、第一人称、第二人称、第三人称というコミュニケーション的役割をつうじて、すでに言語以前的なものに根ざしている外的自然に対する認知的関係や内的自然に対する表自的関係を、また言語以前的ではあってもシンボルに根ざしている義務的関係を、それぞれ客観化的態度、表自的態度、規範にかなった態度のもとに、ひとつのシステムとして習得することにほかならない。「了解志向的」なコミュニケーション的行為においては、かつて宗教的シンボル、権威の徴表として構造化されていた「規範妥当」が、「話法化 Modalisierung」をつうじて、発話行為のうちに「発語内的 illokutionär 力」として構造化されるのである。「話法化」とは、そうした前言語的な契機を、「命題的 propositional」、「表自的 expressiv」、「発語内的 illokutionär」成分からなる「事実確認的 konstativ」、「表自的 expressiv」、「規制的 regulativ」発話行為へと再統合することにほかならない。

「了解志向的」な言語行為は、「発語内的力」による拘束力を、「確言 assertorisch 文」、「表自 expressiv 文」、「規範 normativ 文」といった文法的に「分化」された言語的表現のもとに再獲得する。確言文、表自文、規範文を使用することは、それによって話し手が、あるコンテクストのなかでコンテクストに適合した行為を遂行することを意味する。発語内的成分は、たんに行為の性格を一般に表現しているというだけではなく、聞き手がその文を真である、誠実である、正当であるとして受け入れるべきであるという話し手の要請を表現するものとして理解される。すなわち、主張や告白、正当性の発語内的成分は、それに対応する確言文、表自文、規範文の「妥当性の要求」を言語的に代表し具現したものとしてとらえられるのである。発語内的成分によって、事実確認的、表自的、規制的発話行為は、規範的コンテクストに依拠することなく、みずからの発話行為への提案を受け入れるように聞き手を動機づけることができるようになる。文法的に「分化」された発話行為の発語内的成分は、「聞き手に発話行為への提案を受け入れるよう動機づける力」を生じさせることによって、認知、自己表出、義務づけという三つの契機を、シンボル化された記号を媒体とした意味論的な結びつきから解放し、発話行為の「話法」のもとにふたたび結びつけるのである（Vgl. TkH2, 106, 中二九六）。かつて宗教的シンボル、権威の徴表においては、「当為妥当 Sollgeltung」はもっぱら「規範妥当」という形態しかとっていなかったのに対して、「話法化」をつうじて、事実上承認されている規範の社会的妥当と、真理性、誠実性、正当性の主張と結びついた「妥当要求 Geltungsanspruch」とに分裂し、区別されるようになる。つまり、発語内的成分は、行為の性格を一般に表現していると同時に、話し手の要請を表現するものとして理解されるのである。

しかし、かつて宗教的シンボル、権威の徴表として構造化されていた「規範妥当」にかわって、どのようにして発話行為が発話状況の規範的コンテクストに還元されることのない拘束効果を獲得しうるのか、それがいかに話し手の要請として、また規範がその間主観的承認として理解されうるようになるのだろうか。ハーバーマスは、この問題を「命題的内容」と「命題的態度」という二つの側面から検討している。一方において、発語内的成分と表自的成分もまた、すでに命題的に構造化されて、すなわち、いかなる発話行為も、記述文ばかりでなく規範文や表自文も、「命題的内容」を含んでいる。他方、発言するという行為はそれだけで自己表現であると考えられることから、発話行為は、すでに「意図 Intention」、すなわち「命題的態度 propositional attitude」を内包している。

ハーバーマスは、「命題的内容」の真偽について意味論的な判断をくだすことはできないことを前提としている。そこでハーバーマスは意味論的な判断にかわって、確言文、表自文、規範文のうちに記述文によって表現される「命題的内容」について判断する可能性を、「集合意識」に認められる「理想化」の仮説にもとめるのである。動物は外的経験と内的経験によって知覚する世界のほかにはいかなる世界をも知らないのに対して、人間だけが「理想化」によって現実的なものを乗り越える能力をそなえている。したがって、社会集団がみずからの集合的同一性や結束を安定化させることができるのは、「社会の理想化されたイメージ」をえがきだすことができるからである。すなわち、「時間を欠いた非人称性」、「理想化された同意」、「理想的なコミュニケーション共同体に関係づけられた間主観性」といった特徴によってしめされる「真理という理念」をつうじて、「経験の客観性」は「それに対応する記述的言明の間主観的な妥当の要求」へと、「命題 Satz と事実 Tatsache との対応という観念」は「理想化された合意という概念」に結びつけられる（TkH2. 111, 中二九〇）。この「理想化」をつうじてはじめて、発話行為の「命題的内容」は批判可能なものと見なされ、「批判可能な妥当要求」という概念が生まれるのである。

他方、発語内的成分は、「命題的態度」を拘束する機能をになうことになる。話し手は発話行為において、発話を「提案者」の役割をとるときにのみ、すなわち反論に対して弁論する用意があるときにのみ、引き受けることができる。言語的コミュニケーションは、批判可能な妥当要求とそれに対する態度決定とを前提とするのである。発語内的成分は、話し手が命題的真理、主観的誠実さ、規範的正当性の要求をはっきりと掲げることを表現し、また三つのどの局面においてそのような要求を掲げるかということを表現する。したがって、提案者は、行為遂行的にこれらのどの局面において妥当要求を掲げるかにしたがって、客観化的な態度をとって事態の実在を主張したり、表自的態度をとって主観的な経験をすべての人々のまえに近づきうるようにしたり、規範にかなった態度をとって正当だと認められる相互人格的な関係に入り込むことによって、それぞれ「認識主体」としての自己に対して、「パトス的主体」としての自己に対して、「実践的主体」としての自己に対してみずからの責任を負うのである。しかも、提案者はこれらの自己関係を、他者との関係のなかでコミュニケーション的に行為する主体として行為遂行的態度をとることをつうじてもつことになる。

こうしてコミュニケーション的行為は、了解の機能とともに「行為者を社会化する Vergesellschaftung 機能」と「行為を調整する Handlungskoordinierung 機能」(TkH2. 100, 中二七八)を、すなわち人格の構造を形成する機能と社会的統合の機能とをもつようになる。

したがって、とりわけ「脱慣習的」社会において規範の「根拠づけ」を問うとき、「規範的期待」によって構成される社会的「現実 Realität」、命令や規範と結びついた「義務論的な deontologisch 妥当要求」は、「確言的な妥当要求」とは区別されて論じられる必要がある。そもそも、道徳規範の

「根拠づけ」は、道徳意識と経験的認識とでは「論議」のあり方が異なることから特殊な構造をもつことになる。罪責感や義務感をふくむさまざまな道徳的感情は、相互行為参加者の「行為遂行的performativ態度」のうちにおいてのみ生じうるものであり、相互人格的な人間関係へと関与しない者の「客観化的objektivierend態度」からはそうした道徳的現象は消滅してしまう。したがって、「規範」に対する言語行為は、「事実」に対する言語行為とは異なったかかわりかたをする。社会秩序は、もっぱら対象化するという態度をとるしかない自然の秩序とはちがって、「妥当」から自由に構成されてはいない。われわれが規制的発話行為をもってかかわる社会的「現実」は、そもそもすでに規範的妥当要求との内的な関係を含んでいる。「事態Sachverhalt」は真なる文によって確認されるかどうかにかかわりなく実在するのに対して、「規範」は、「正当に秩序づけられた相互人格的関係」がくりかえし再構成されることに依存するがゆえに、つねにその「規範」を遵守ないし実現しうる行為者やその行為をふくめて考えなければならない（Vgl. MkH71，一〇二）。

またそれゆえに「当為妥当」は、「規範のうちにその場をしめている妥当要求」と「われわれが規制的発話行為をもって掲げる妥当要求」とのあいだに、すなわち「事実性」と「妥当性」とのあいだに交錯する関係があるがゆえに両義的な性格をもつことになる。つまり、実在する事態と真なる言明とのあいだには一義的関係があるのに対して、規範が存立している、あるいは社会的に妥当していることは、この規範が妥当性をもつかどうかについてまでをも意味するわけではない。われわれは、「ある規範が間主観的に承認されているという社会的事実」と「ある規範が承認するに値するということ」とを区別しなければならないのである（Vgl. MkH71，一〇二）。規範が持続的に社会において妥当するためには、さらにまた規範が批判可能であるためには、規範が「名宛人」のあいだで妥当性をもつものとして受け入れられることが必要であり、そしてこの承認もまた、「当の妥当要求が根拠をもって請けもどされ確証されうる einlösbar という期待」に支えられていなければならない。少なくとも、近代における社会的規範はそのような特性をそなえている必要があると、ハーバーマスは主張するのである。そもそも、「行為規範の〈実在 Existenz〉」と「当該の当為文の期待される根拠づけの可能性」とのあいだには、「存在者」の領域にはない連関がある。たしかに、「事態の実在」と「当該の確言文の真理」とのあいだには内的な連関があるとしても、事実の世界において、「事態」は、真なる文によって確認されるかどうかにはかかわりなく実在するという意味で、事実の世界における「事態」は、確言文が「ある特定の人々のあいだでこの文が根拠づけられうるという期待」とはかかわりなく実在するのに対して、規範は、この「根拠づけられうるという期待」との内的な連関のなかにしか存在しないのである（Vgl. MkH72, 一〇三）。

いずれにせよ、実在する「事態」にしろ、妥当する規範にしろ、ハーバーマスは「根拠づけ」の可能性を、経験や道徳が組織される条件やプロセスにおいてみずからを構成する「論議」の語用論的性格のうちに見いだそうとする。意識哲学の対象の知覚と表象にもとづく認識モデルに対して、言語に媒介され、行為と結びつけられた語用論的な認識モデルでは、新たな「根拠づけ」のパラダイムは、「論議」を可能にするためのアプリオリな条件を探求するという構想にもとめられる。日常実践のうちには、すでに「超個人的」な、すなわち相互人格的な「規範的期待」が組み込まれているとすれば、したがってそこでは「間主観的 intersubjektiv」に規範の妥当を要求し承認しあう「論議」の語用論的関係が前提されるとすれば、「間主観的」な正当化を可能にするためのアプリオリな条件を探求することのうちに、道徳原理の新たな「根拠づけ」の可能性がもとめられなければならない。

ハーバーマスは、「論議」の前提となる諸原理を理論的に演繹することはできないことを前提としつつ、それでも「論議」にとって不可避の「先行仮定 Präsupposition（presupposition）」となる諸規則、個人の自由な決断にもとづくたんなる約束事ではない諸規則が存在することを主張する。法や道徳の根本規範は、ひとつの「理論」として論議の前提から、直接的に導き出すことはできない。経験的要求と、道徳的、実践的問題についての了解、すなわち道徳的規範とを結びつけるためのなんらかの「規則」があるはずであるとすれば、それは実践的「討議《ディスクルス》」のうちに、実際に歴史的状況のなかで変化する事実上の「討議」のうちに見いだされなければならない。ハーバーマスは、（1）まずカント以来、そもそも道徳原理を見いだそうとするときにかならず依拠すると考えられる理念からひとつの道徳原則を提示し、（2）他方、論議一般の不可避的で規範的な内実をそなえた語用論的な規則を検討することによって、（3）その道徳原則が語用論的に導き出された「論議の規則」を満たしていることをしめすという段階的なプログラムのなかで、討議理論の帰納法的な「根拠づけ」を試みている。

（1）ハーバーマスはまず、カントの定言命法以来、さまざまなかたちで定式化されてきた道徳原理のその根底にあると考えられる理念を、「妥当性をもった道徳的命令 Gebot は非人格的な unpersönlich あるいは普遍的な allgemein 性格をもつことを考慮すべきである」（MkH73, 一〇五）という言明に認める。すなわち、そもそも道徳規範は、たんに行為様式や格率としてではなく、同時にその普遍化可能性、ないしそれらによって顧慮される利害関心の普遍化可能性を要求するものとして理解されているのである。ハーバーマスはそれを、つぎのような「普遍化原則 Universalisierungsgrundsatz」として定式化する。

普遍化原則（U）「妥当な gültig 規範はすべて、その規範を普遍的に遵守することから、そのつど各個々人の利害関心を充足するために生じてくる（と予期される）結果や副次的効果が、すべての関与者によって受け入れられうる（そして、知られている他の規制の可能性によってもたらされる効果よりも望ましい）、という条件を満たしていなければならない」（MkH75、一〇八）。

ハーバーマスが「普遍化原則（U）」において問題とするのは、個々人が道徳規範について「論議」するさいに、その規範が「不偏不党的」に、この規範の普遍的な、すなわちすべての可能的な関与者に対する帰結が、すべての者に受け入れられうるかどうかに向けて判断されなければならない、ということにほかならない。道徳的な判断形成の「不偏不党性 Unparteilichkeit」は、「首尾一貫性 Konsistenz」と「普遍的役割交換」の原理によって実現される。すなわち、「不偏不党的」な判断を形成するためには、同一のケースにおいて異なった扱いをすることや、ケースが異なるのに同一の扱いをするようなときに生じる矛盾を除去することが要求される、と同時に、利害関心を考量するさいに、他のすべての個々人のパースペクティヴをとることを強いるということがもとめられる。「妥当な gültig 規範」は、すべての関与者の側からの承認を受けるにふさわしいものでなければならない。

したがって、個々人が問題となっている規範の施行を、もしすべてのひとがそれを遵守するとしたら生じるであろう結果や副次的効果を考慮しても欲しうるだろうか、自分と同じ状況にあれば、だれでもがその規範の施行を欲しうるであろうか、を検討するだけでは不十分であり、すべての関与者の立場やパースペクティヴに対して相対的なものであるかどうかを判断しなければならない。ハーバーマスにしたがうなら、「すべての関与者に共通な利害関心を体現しているがゆえに普遍的な同意を考慮することが許され、そのかぎりで間主観的な承認を受けるにふさわしい規範こそが、普遍化可能なのだ」(MkH75, 一〇八) とする立場のみが、「不偏不党的」なのである。

(2) 他方、ハーバーマスは『道徳意識とコミュニケーション的行為』のなかで、論議の普遍的で必然的なコミュニケーション的前提となっている諸規則を、「論拠」の「論理学の logisch」レヴェル、「手続き Prozedur」の「弁論的な dialektisch」レヴェル、「プロセス Prozeß」の「修辞学的 rhetorisch」レヴェルの三つのレヴェルを区別しつつ検討しているが、[41] これらは、『コミュニケイション的行為の理論』で、真理性、誠実性、正当性という三つの妥当要求のレヴェルにおいて区別され議論されていたものにほかならない。

まず、「論拠」のレヴェルでは、「論議」が、妥当要求を「請け戻し確証し einlösen」たり拒絶したりすることができるように「説得力のある論拠を産出する」ことに向けられる。ここで問題となるのは、論理学的、意味論的レヴェルでの諸規則であり、語用論的に「理想化」の仮説のもとに検討したとしても、それらの諸規則は倫理的な内実をもたず、したがって、道徳的論議の「根拠づけ」にはなんの手がかりもあたえることはない (Vgl. MkH97, 一四〇)。道徳的論議において問題となるのは、「手続き」のレヴェルと「プロセス」のレヴェル、すなわち論議の行為主体の構成（「行為者の社会化」）にかかわるレヴェルと、論議そのものを構成する行為条件（「行為の調整」）にかかわるレヴェルにほかならない。それらの区別はまた、ハーバーマスがもちいる「請け戻し＝確証 Einlösung」という概念の二重の意味に対応するものと考えることができる。

(a)「手続き上の観点」すなわち「行為者の社会化」という観点からすると、論議は「（相互）了解過程 Verständigungsprozeß」として理解される。この過程では、提案者と反対者が「仮説的 hypothetisch」な態度をとり、問題となっている妥当要求を検証することになる。このレヴェルでは、「相互行為の実践的諸前提、すなわち、論争として設定された共同の真理探究にとって必要なすべて」、たとえば「すべての参加者の責任能力や誠実さの承認」が検証されなければならない。話し手が聞き手に対してみずからの提案を受け入れるように合理的に動機づけることができるのは、話されたことの妥当性からではなく、話し手が必要とあれば妥当だとした要求を「請け戻し確証する（請け負う）einlösen」と保証するからであり、その保証が論議において調整的に作用するからである。話し手は、みずからあたえた保証を、根拠をしめし一貫した行動をとることによって「請け戻し確証する（履行する）einlösen」のである。自分の考えているとおりであることを相手に信じてもらうためには、根拠をしめすだけではなく、「発語内的」に一貫した行動をとることによってしめさなければならない。話し手は批判可能な妥当要求を「請け戻し確証する」ことの保証を引き受けることによって、聞き手をみずからの言語行為の提案を受け入れるよう動かすことができるのであり、それによって相互行為の継続のための拘束力を確保することができる（Vgl. MkH98, 一四一）。

(b)他方、「プロセスの観点」すなわち「行為の調整」という観点からすると、論議は、合理的に動機づけられた「(相互)了解」すなわち「合意 Konsens」という目的に向けて、一見ありそうもない条件を満たさなければならないコミュニケーション的事象として出現する。すなわち論議は、「特別なやり方で抑圧や不平等に対して免疫をあたえられている発話状況の構造」のうちに、「理想的諸条件に十分に近づいたコミュニケーションの形態」として理解される。コミュニケーションの構造は、「よりよい論拠」という強制のほかには、了解過程に対する外部からの影響や、了解過程そのものから生じる強制はすべて排除し、またそれによって、「協力して真理を探究するという動機以外のすべての動機を中立化する」のだが、この前提を論議参加者たちは否認することができない。ハーバーマスは、論議そのものを構成するための行為条件にかかわる前提として三つの規則、論議に参加する能力のある主体をすべて包含するための「可能的 potentiell 参加者の範囲」をあたえる規則、すべての参加者に対して論議においてみずからの意見を表明したり、論拠を提示したりするための「平等のチャンス」をあたえる規則、これらの諸権利をいかなる抑圧にも曝されることなく行使しうるようにするための「コミュニケーションの条件」をあたえる規則をあげている (Vgl. MkH99, 一四二)。

(3) ハーバーマスは、規範的妥当要求を「論議」において「請け戻し確証し」ようとする者は、「論議」の諸規則のもとでは、「普遍化原則(U)」を暗黙のうちに承認する手続きの条件にかかわっていると主張する。つまり、討議において命題的真理を探究するための意味論的な諸規則、「行為遂行的態度」のもとに「規範的期待」との連関のなかでなされる議論であるかぎり認められる条件にもとづく諸規則(a)「行為者の社会化」のための諸規則)、討議における「可能な参加者の範囲」を規定し、「平等なチャンス」を保証し、強制されてはならないという「コミュニケーションの条件」をあたえる諸規則（b）「行為の調整」のための諸規則）にしたがう者は、係争中の規範に関して、かならず「普遍化原則（U）」を受け入れなければならなくなる。規範の影響を受けるはずの参加者が特定されていて、そのなかで平等なチャンスが保証され、なおかつ規範を受け入れるために強制されてはならないというコミュニケーションの条件があたえられている（b）「行為の調整」のための諸条件が満たされている）ところでは、みずからそれらの条件を請け負うことを決意している（a）「行為者の社会化」の条件を満たす）参加者たちは、問題の規範に同意するには、それを各人が遵守することで生じてくる結果や随伴現象を、すべての参加者が強制されることなく受け入れることができるという条件を満たそうとするだろう。もしもそこで、各個々人の利害関心を充足するために生じてくる結果と副次的効果が、だれもが受け入れうるものでなければ、受け入れることのできない参加者は平等のチャンスの権利に訴えるであろうし、その権利が妨げられるなら、その規範は普遍的に妥当なものとは見なされないであろう。そのように、ハーバーマスは論じるのである。

ハーバーマスはこうして、唯一の道徳原則は、「論議の規則」として妥当し、実践的討議の論理学に属する右記のような「普遍化原則（U）」であると主張する。「普遍化原則（U）」は、道徳的論議の対象でしかありえないようななんらかの内容をもった原理や根本規範とは区別されなければならないし、論議の諸前提は「論議の規則」として明示化されうるとしてもその「規範的内実」からも区別されなければならない。すなわち、「論議の規則」は、短絡的に論議の内容や前提と考えられてはならないし、哲学的倫理学の原則として導き出されるような道徳原理とも混同されてはならない。討議理論の「根拠づけ」のプログラムは、道徳規範としての内容をもつ「論議の規則」を超越論的語用論にもとづいて根拠づけることにある。それはハーバーマスによるなら、かならずしもすべての内容的な道徳原理や法原理と調和しうるものではないが、しかし、「論議の規則としていかなる内容をもった諸規定をも先取りしていない」（MkH104, 一五〇）ものなのである。

われわれは言語によるコミュニケーションを遂行するとき、おのずとそれを遂行するのに不可欠な「理想化」というものに遭遇する。われわれは、「もろもろの表現に同一的な意味を帰し、妥当要求に超越論的な意義を付与し、話し手の合理性や帰責能力を強調する」（EzD161, 一九〇）。われわれは、コミュニケーションを遂行するのに、これらの実践的条件を、おのずと満たされたものとして想定し、みずから満たすことを自己の責任と考える。ハーバーマスによるなら、たとえ実際にはそのように想定された条件が満たされていないとしても、すなわち事実には反するとしても、そのように行為せざるをえないのである。了解志向的な言語使用には、コミュニケーション的行為においてであれ、論議においてであれ、関与者による特定の「形式実践的な前提」が、たとえそれが「反事実的」なものであっても想定されうる、という「超越論的な仮説」が認められなければならない。「強制の公共性、同等の権限をもった参加、いかなる立場も強制されないこと」（EzD161, 一九一）といった「理想的発話行為」の諸規定に対しては、それらが論議のための不可避の条件であることがしめされなければならない。ハーバーマスにしたがうなら、話し手はそれらの条件が侵されるとき、論議はまじめなものとはならないことを直観的に知っているのである。

2　「根拠づけ」の討議と「適用」の討議

K＝O・アーペルもまた、ハーバーマスとの共同研究で道徳規範の根拠づけを試みているが、討議理論的に導き出された論議の諸規則は、あらゆる経験的認識の可謬論をまぬがれた、知の絶対的に確実な基盤となりうることを主張している。言語能力と行為能力をもった主体であればだれでも、「仮説的」な妥当要求を批判的に検討するために論議へと介入するなら、ただちに、ある特定の規範的な内容をもった諸前提を、すなわち「論議の規則」を受け入れなければならない。たとえ、道徳的論議に引き込まれることを首尾一貫して拒否する懐疑論者でも、一言でも異議を申し立てたり弁明したりするなら、そのことによってすでに彼を「遂行的矛盾」へと巻き込むような諸前提を受け入れてしまっている。討議理論的な「根拠づけ」は、「遂行的矛盾」に陥ることなく拒絶しえない、と同時に、演繹的に根拠づけられたものではないがゆえに確実なものだというのである。(42) ハーバーマスは、アーペルが要請するようなこうした「究極的根拠づけ」に対しては否定的な態度をとっている。「遂行的矛盾」という概念が問題にしうるのは、論議においてその前提となる原理などはけっして存在しないと主張し論議へと介入する懐疑論者だけであり、かならずしもすべての論議において問題を解決する諸原理を見いだすことはできないと主張し論議へと介入する懐疑論者や、そもそも論議へと介入することのない者はこの議論によってなんの影響も受けることはない。アーペルの議論は、論議参加者に対してその論議の前提となっている原理を承認させることはできるかもしれないが、この論議に参加することを拒否する者に対して原理を承認させることはできない。「受容の要請」と特徴づけられるこのタイプの論証は、特定の条件や規則が棄却不可能であることをしめすのに適しているだけであり、反論者に対して破棄すべきものを「行為遂行的」に要求しているにすぎない。「論議の規則」は、「遂行的矛盾」の概念をつうじて、論議に参加しようとするのであればそれに替わるものはないというふうに同定されるのだが、それによって、論議の実践にとってその規則の「代替不可能性」が証明されるとしても、しかし、「論議の規則」そのものが「究極的」に「根拠づけ」られたわけではない。たしかに、論議にかかわるときすでに、この規則を「理性の事実」として承認していなければならないことから、これらの規則が論議に内在していることを懐疑論者にたくみに受け入れさせたとしても、しかし、そのことから論議の諸規則の経験的な妥当以上のことを要請しうるわけではない。

したがって討議理論には、現在の時点において正当であると認められた言明が、将来においても批判に耐えうるか、ということについて否定的にこたえることしかできないという意味で、可謬主義が埋め込まれている。討議理論の超越論的語用論による道徳規範の「根拠づけ」に反対する者は、前提されたものを承認することはつねに「仮説的」であり、すなわち前もって受け入れられていることがらに依存しているとすれば、これは「根拠づけ」といったようなものではないと批判するかもしれない。しかし「論議の規則」は、言語能力と行為能力のあるもろもろの主体によって「間主観的」に形成される生活様式のなかに行為遂行的に織り込まれていて、そもそものつどの行為規則のように、任意に設定したり撤回したりしうるものではない。「論議の規則」は、たしかに事実として受け入れているにすぎないにしても、任意に回避しえないものであり、そうであるとすれば「超越論的根拠づけ」とは、その不可避的な諸前提の命題的内実を妥当性のあるものとして承認することにある。したがって、「論議の規則」のもとに合意された内容は、いずれも正当性をもつことにかわりはない。たとえば、堕胎という問題に対する唯一正しい解答はあるだろうかと問うとき、現在の議論では、堕胎に賛成するという立場をとる場合も、反対するという立場をとる場合も、おそらくは同程度に十分な論拠をしめすことができる。それゆえに、当面のあいだは、この問題は決定しえないだろう。堕胎の問題の説明は、つねにさまざまな社会や文化、あるいは生活様式や生活設計と解きえないくらいに絡みあっている。すなわち、コンテクストや伝統のあり方、理想的な生活像にしたがって、さまざまな正当化のあり方が存在しうる。しかしだからこそ、どのようにしてそのなかで「生活様式や世界解釈の不可侵性、また同等の権限があたえられた共存」が確保されうるか、が問われなければならないのである（Vgl. EzD166, 一九六）。さまざまな正当化の可能性があるからこそ、われわれはそもそも、「万人にとって同等によい共生の規則」をさがしもとめるのである。

　したがって、規範の「根拠づけ」には可謬主義が埋め込まれているがゆえに、「普遍化原則（U）」が「根拠づけ」の討議に対してはたす役割は限定されている。つまり、「根拠づけ」が「仮説的」であり、「可謬的」であるということは、「普遍化原則（U）」ははじめから、規範の「適用」の問題を考慮していることを意味する。「普遍化原則（U）」は、「適切性 Angemessenheit の原理」を考慮すべく、はじめからその役割が限定されているのである。

　ハーバーマスは、クラウス・ギュンターの提案にしたがい、「根拠づけ」の討議と「適用」の討議を区別する。ギュンターは『適切性の感覚——道徳と法における適用の討議[43]』において、「普遍化原則（U）」について、それが規範の普遍的遵守あるいは適用の結果および副次的効果を考慮することを要求するとき、それは潜在的な受け手として考えられうるすべての者たちによる遵守と、あらゆる状況における適用という二通りのあり方が考えられうると説明している。規範があらゆる当事者の共通の利害関心のうちにあるかどうかは、すべての者たちによって遵守された諸結果が、それぞれ個々人の生の計画や諸条件に対して説明されうるかどうかに関係する。しかし、規範においてすべての当事者の遵守だけが問題であるなら、すなわち規範が適用される状況がいつも同じであるなら、「普遍化原則（U）」も不必要なものになってしまう。さまざまな適用状況がありうることによって、ひとつの規範の妥当要求を検討するという課題がはじめてあたえられるのである。

したがって、ハーバーマスが定式化する「普遍化原則（U）」は、その適用が現在の時点における知のあり方と結びついた「弱いヴァージョンの（U）」として理解されなければならない。

弱いヴァージョンの（U）「同じ事情のもとで普遍的に規範を遵守したとき各個々人の利害関心に対しておよぼされる結果と副次的効果が、あらゆる者たちによって受け入れられうるとき、その規範は妥当である[44]」。

われわれの利害関心は予期しえない仕方で変化しうるという意味で、「普遍化原則（U）」は時間的、知的インデックスをそなえている。われわれが規範の適用によって影響をうけるあらゆる利害関心を予見できるとすれば、われわれは「超越論的主体」として、客観的世界、社会的世界について無限の知をそなえていることになる。しかし、あらゆる個々の適用条件を予測することはそもそも不可能であるとすれば、われわれはわれわれの利害関心を、現在の時点で説明しうるかぎりで妥当なものにすることしかできない。「普遍的な遵守」で問題となるのは、絶対的な地点から予見しうるすべての状況ではなく、現在の時点で予見しうる結果と副次的効果なのである。他方、「普遍的な遵守」において、規範の妥当性はすべての当事者に対して規定されるのであって、すべての状況に対して予見されるのではないとすれば、われわれは適用状況、結果と副次的効果、ないし具体的な当事者の利害関心において、予見しえなかった状況のあり方に対してどのような態度をとればよいのかという問題が生じる。したがって、状況を考慮したときにも、その規範は妥当性をもつかどうかを決定するために、「普遍化原則（U）」を適用するさいの状況のあり方と利害関心を顧慮することが必要となる。「普遍化原則（U）」は、「適用」の討議によって補完されなければならない。

「根拠づけ」にとって重要なのは、各人がある状況において、それぞれの生活様式や状況をはなれたとき、ある規範を遵守することが、万人の利害関心のうちにあるかどうかである。「根拠づけ」の原理としての「普遍化原則（U）」は、規範と行為様式とをそのつどの生活様式や状況から切り離し、妥当要求をあらゆる当事者の利害関心という構想へともちこむ。それが意味するのは、規範と行為様式がインデックスとしての状況の連関をもたないということではなく、規範の適用の正当性の問題は、状況の説明からだけでなく、根拠づけられた規範や行為様式があってはじめて生じるということなのである。道徳的当為の拘束性は、たえず状況によって変化するような偶然的な規範や行為様式に依存するというわけにはいかない。規範がその状況に左右されない「根拠づけ」によって「一応の規範prima facie-Normen」という性格をもつことによってのみ、われわれはまた、規範や行為様式の普遍的な批判可能性を主張することができる。他方、「適用」にとって重要なのは、たとえある状況において、ある規範の普遍的な遵守があらゆる者たちの利害関心のうちにあることが「根拠づけ」られていようと、状況が変化したときにもその規範が遵守されるべきかどうか、あるいはどのように遵守されるべきか、なのである。「適用」においては、すべての個々人にとって規範が妥当することやその利害関心ではなく、個々の状況のあらゆる特徴との関係における「適切性」が判断されなければならない。ギュンターは、「根拠づけ」の討議と「適用」の討議とのあいだの関係をつぎのように説明する。

適用の討議は、その適用を、空間と時間において新たに生じるあらゆる個々の状況の特別な特性をしめすあらゆる指標を適切に顧慮するように結びつけることによって、共通の利害関心という観点においてその妥当性へとコンテクストから切り離された規範を〈再コンテクスト化する〉。それによって、個々のすべての状況において、多くの予見しえなかったアスペクトやニュアンス、変化を、さまざまな適用可能な規範の意味論的な内実へと近づけ、変更、制限、重点の転位へと強い、その結果、特性をしめすあらゆる指標の適切な顧慮の要求を接近的に成就するというダイナミズムが生じる。根拠づけの討議は、このダイナミズムを静止させ、提案された適切な規範を仮説的な態度においてわれわれの知の現在の位置を基盤に具体的な状況をこえて一般化し、そのようなやり方で、個々人の利害関心にとって普遍的な遵守の結果と副次的効果があらゆる者たちによって共通に強制されることなく受け入れられうるかどうかを検討しなければならない(45)。

「根拠づけ」の討議は、「普遍化原則（U）」の弱いヴァージョンにおいて、ある規範の妥当要求をあらゆる当事者の共通の利害関心を顧慮して、可能な適用状況についての限定された知の諸条件のもとで「請け戻し確証する」「論議の規則」として理解される。他方、「適用」の討議は、ある状況におけるある規範の「適切性」を、その適用状況の特性をしめすあらゆる指標を顧慮することによってそれを補完するのである。

ハーバーマスもまた、討議理論は、「妥当性」あるいは「正義」と、「妥当性」をもつものとして根拠づけられた規範にもとづいてある行為に対してなされる「判断の正当性」とを、すなわち、規範の「根拠づけ」とその「適用」とを区別すると説明する。あたえられた状況においていかに正しく行為すべきかは、「根拠づけ」のみによって決定されるのではなく、規範の「根拠づけ」と「適用」という二つの段階的な論議を要請するというのである。妥当要求の意味は、規範の妥当性を決定するあらゆる可能な関与者の合理的に動機づけられた同意という観点と、そのように同意された規範が適用されうるあらゆる可能な状況という観点にしたがって区別されなければならない。したがって、「不偏不党性」という理念は、規範の合理的な受け入れを「適切な」状況という観点から考慮することを要請する。このことを考慮するためには、たしかに無限の時間とあらゆる状況についての判断を保証する絶対的な知が必要となるとすれば、「根拠づけ」のテストに合格した規範の妥当要求は、時間と知識のインデックスをもっているのである。「根拠づけ」の討議だけでは、「不偏不党性」の理念を完全に汲み尽くすことはできない。「根拠づけ」によって「一応の」正当性をもつにいたった規範は、予見しえない適用状況という観点からするならどこまでも不十分なままである。ある妥当性をもつ規範が、将来の似たような状況においてもふさわしいものなのかどうかは、適用の討議の変化したパースペクティヴから検討されなければならない。普遍化原則が「根拠づけ」の討議においてはたす役割を、「適用」の討議において「適切性」の原理が引き受ける。どちらの原理も考慮されてはじめて、「不偏不党性」の理念は汲み尽くされるのである。すなわち、「不偏不党性」の理念は規範の「根拠づけ」だけでなく規範の「適用」をも考慮にいれているのである。

また、「適用」の討議においては、「一応の」妥当性をもつ規範のうちどの規範が、可能なかぎり正確に記述された状況にふさわしい規範として明らかとなるか、が検討されなければならない。その点について、ハーバーマスはつぎのように説明する。

そのつど適用される規範の背後にしりぞけられる諸規範は、それによってその妥当性を失うのではなく、他のすべての妥当性をもつ諸規則《ルール》とともに、整合的な秩序を形成するのである。整合性Kohärenzという観点から見ると、もちろんこの秩序の諸連関は、新たなケースが生じるとともにそのつど変化するが、新たなケースはそれぞれ〈唯一適切な規範〉の選択へと導かれることになる。全体において、理想的にはあらゆる適用の状況にとってまさに正しい解答を可能にするのは、規則《ルール》体系である。同時に、個々の状況があってはじめて、その状況の適切な説明をつうじて、妥当性をもつ諸規範の無秩序な集まりに、そのつど整合的な秩序の特定の形態があたえられるのである（EzD140f., 一六五）。

実践的な知における可謬論は、「将来のよりよい知の批判的なポテンシャルに対する、われわれ自身の予見しえない学習課程という形態をとった歴史に対する留保」（EzD141, 一六六）を意味する。よく根拠づけられた行為規範を、われわれは、「一過性」という意味では、現在の知の可謬性からではなく、現在の知の限界性から留保するのであり、他方、「不完全性」という意味においては、将来のよりよい知に対する「認知論的」な理由からではなく、対象そのものの歴史的変化あるいはコンテクストの変化に対する「実存論的」な理由から留保するのである。社会的世界は、「客体的世界」において記述される出来事や状態を形成する規則性や法則とはまったく異なった仕方で歴史的なのである。この「内因的な歴史性」にしたがって、「整合性」(46)という規範的概念は正当に評価されなければならない。

「適用」の討議において問題となるのは、状況と規範とのあいだの「整合的」な解釈である。ギュンターが「完全な状況記述」を主張しながら、適用の討議のコミュニケーション的条件はあくまで「根拠づけ」を補完するものとしてそれ以上検討していないのに対して、ハーバーマスはさらに、「整合性」の概念においても、純粋に意味論的な特徴づけは不可能であり、「状況解釈」のための「論議の語用論的諸前提を問題にしなければならないことを主張している。「適用」の討議もまた、「根拠づけ」の討議と同様に、「手続き的合理性」の概念に依拠しているのであり、規範の判断の「正しさ」

は、「真理の対応説」によってではなく、「論議」において遂行される語用論的な「根拠づけ」によって明らかにされなければならない。

「適用」の討議では、すでに妥当なものとして想定された規範が、すべての可能的な当事者の利害関心に関係づけられる。それぞれの事例においていかなる規範が「適切」かが問題になるとき、「規範の妥当」にかわって、当事者の異なる「自己理解」と「世界解釈」にかかわる「状況解釈」が問われるのである。競合する「論拠」は語用論的な性格をもち、よい根拠かどうかは、論議のなかで争われる妥当要求が受け入れられうるかどうか、論議の規則のもとに決定される。つまり、「理想的な発話状況」において、提案者と反論者とのあいだで問題となる妥当要求がテーマ化され、提案者の要求が正しいかどうか、根拠にもとづいて「仮説的」な態度のもとに検討されるのである。したがって、状況の解釈と規範の記述的要素の解釈がすべての関与者の合理的に動機づけられた「同意」をえられるかどうか、またなぜ状況の解釈と規範の記述的要素の解釈の「根拠づけ」のためにどのような実践が必要なのかをめぐって、参加者のさまざまなパースペクティヴから論議されなければならないのだが、「適用」の討議においても個々の参加者のパースペクティヴは、やはり普遍的なパースペクティヴの構造をもつものでなければならない。個別事例の解釈は、「整合的」な規範システムに照らして、討議のコミュニケーション的形式にもとづいてなされる。つまり、討議の可能的参加者のパースペクティヴが相互に転換され、「不偏不党的」な解釈が獲得されなければならない。「不偏不党性」は個々人が「平等に尊重される権利」を前提にしているが、ハーバーマスはこの権利を「構成的」に要請された権利であるがゆえに「自然権」ではなく、「手続き的権利」(47)として理解している。「手続き的権利」

は、すべての人格に「公正な手続きへの要求を保証する」（Vgl. FG270, 上二五九）のである。「不偏不党性」の条件は、「根拠づけ」の討議では「普遍的役割交換」と「首尾一貫性 Konsistenz」によって、「適用」の討議では「普遍的役割交換」と「整合性 Kohärenz」によってあたえられる。この条件のもとに、「根拠づけ」の討議は妥当な規範を、「適用」の討議は規範の適用の適切性をあたえるのである。

こうして、適用の討議においても根拠づけの討議と同様に、道徳的当為は「普遍的な言語構造」のうちに深く根ざし、道徳的要請はあらゆる言語的表明のなかに現前している真理性、正当性、誠実性という三つのタイプの「妥当要求」をつうじて実現される。ハーバーマスはそもそも道徳規範を「義務論的」なものとして、「コミュニケーション的に行為する人格の帰責能力を尊敬すべくアレンジされている」（EzD173, 二〇六）ものとして理解している。道徳規範とは、「他者の人格の傷つきやすい verletzbar 核」（EzD174, 二〇六）を保護するためのものであり、それなしでは「行為遂行的に組み込まれた相互行為参加者たちのあいだの相互承認に依存する相互人格的な関係が崩壊してしまうであろう」（EzD173, 二〇六）ものなのである。「人格は社会化の過程でのみ、みずからを個体化し、同時にいかにコミュニケーション的に確立された相互性のもとに外化するかに応じてのみ、その内的な中心を形成するがゆえに、この傷つきやすさに立ち向かう道徳には、傷つきやすいアイデンティティの間主観的な構造が反映している。したがって、各人に対する平等の尊重を要請する個々の人格の不可侵性 Integrität は、同時に、相互承認関係の社会的ネットワークなしには保持されえないのである」（EzD174, 二〇七）。ハーバーマスによるなら、討議の参加者の「自律的意志」と不偏不党的な解釈を実現する「実践理性」は、「同根源的」なものとして理解されなければならない。「意志は、万人が共通に意志しうるであろうことをつうじて、すなわち道徳的洞察をつうじて導かれうるときにのみ、自律的である。また理性は、理性がみずからの不偏不党的な判断にしたがって正当化されているすべてのものを、立法意志の産物として考えるときに、実践的なのである」(EzD145, 一七二)。しかし、ハーバーマスの討議理論は、言語的「了解」の間主観的な構造にこそ道徳的な義務の意識の核心があると、したがって、道徳的当為の問題は言語的な「了解」の普遍的構造のうちに位置づけられうると主張することによって、必然的にあるひとつの性格をになうものとして理解されることになる。

アルブレヒト・ヴェルマーは『倫理と対話』(48)のなかで、ハーバーマスがデュルケームの「系統発生的」議論とミードの「個体発生的」議論にもとづいて、文法的に「分化 Ausdifferenzierng」された妥当概念を再構成しようとしている点を問題にすることによって、この点を明らかにしている。ハーバーマスの議論では、近代社会における道徳意識はアルカイックな社会における規範意識とアンビヴァレントな関係にある。一方において、神話的思考形態の「閉鎖性」は、近代の「開かれた」思考形態に特徴的な基礎的な「分化」が欠如していることから生じる。いまだ言語によるコミュニケーション的行為が文法的に「分化」していない状態では、シンボル的な妥当の領域をそれぞれの批判可能な妥当要求の領域として視野に入れることができない(49)。つまり、妥当の領域の「分化」をつうじてはじめて、「規範妥当」という概念もその根源的な聖なる領域から解放され、討議において「請け戻され確証される」妥当要求の形式へと変形されうるのである。他方においてハーバーマスはまた、近代的な道徳意識の「根拠づけ」を、討議そのものをその「合理性」において拘束する発話の「発語内的力」にもとめている。「発語内的力」は、かつて聖なるシンボルと儀式のなかで経験されていた倫理的な社会的拘束力が、「われわれ」の意識として再生したものにほかならない。日常実践のうちにすでにある罪責感や義務感といった道徳的感情は、「聖なるもの」に認められるような規範の意識にかかわるものとして理解しうるというのである。ヴェルマーはこうした議論に対して、規範の意識が道徳的な意識としてのみ構成されえたことが、アルカイックな社会における「規範意識」を「道徳意識」と結びつけうる理由だとすれば、そのような考え方はあまりに心理主義的だと批判するのである。道徳心理学において「〈慣習的な〉道徳意識という概念」が流布され、「あたかもすべての〈慣習的な〉規範が道徳的な、あるいは道徳的に根拠づけられた規範の前身であるかのように」[50]理解されている。しかし、すでに「聖なるもの」の領域に認められる「規範妥当」という概念が、情動的な無条件の当為として性格づけることができるとしても、それによって、「規範妥当」という概念が「道徳的妥当の根源的概念」であると見なすことはできない。たしかに「当為－妥当 Soll-Geltung」は「普遍的な universal 妥当」のひとつのタイプとして解釈することはできるだろうが、しかしそれを「道徳的妥当」と同一視することはできない。むしろそうした「規範意識」に認められるのは、「道徳的」と呼ばれるようなものではなく、「集団的なアイデンティティの安定化[51]」にほかならないというのである。

ヴェルマーはハーバーマスの議論に対して、「規範意識」には還元しえない「道徳意識」の可能性を主張している。ハーバーマスにとって、道徳的当為の問題は社会の根底にある利害関心の「普遍性」の表現にある。しかしこれは、ヴェルマーに言わせるなら、「規範意識」であって「道徳意識」ではない。われわれの文化のなかにのこされている儀式やタブーの痕跡を検討するなら、儀式やタブーの規定と結びついている無条件の「当為」は、かならずしも道徳的内容をもつものではない。ヴェルマーは、「道徳的当為の強制 Nötigung」は、むしろ「承認や自己への尊重」にもとめられるべきものであることを強調する。「道徳意識」は、なによりもまず「承認や自己の尊重への要求」にある。[52]たとえば、「道徳的要求」とは、子供が何を要求していようと、子供の要求することを尊重することの要求であって、子供が何を要求しているかとはかならずしも関係しない。子供が何を要求するかという問いは、「道徳的要求」を尊重することではなく、「事物の正しい秩序」を尊重することに関係する。「事物の正しい秩序」とは、あくまで事物を安定化させる「世界の秩序」なのであって、かならずしも「道徳的秩序」であるわけではない。[53]たしかに、ハーバーマスもまた、相互承認関係のなかで形成される「傷つきやすいアイデンティティの間主観的な構造」を強調している。しかし「傷つきやすさ」は、相互性を構成するものの側ではなく、構成される相互性の側に、社会的ネットワークの側にあり、したがって「道徳意識」としてもとめられるのは、人格のコミュニケーション的な能力、社会的なネットワークを形成するための帰責能力にもとづく、人格の「自律 Autonomie」にもとづく社会の安定化なのである。

ギュンターは適用の討議について論じるとき、おもにロナルド・ドゥウォーキンの議論を参照しているが、ドゥウォーキンもまたリベラリズムの観点から、「平等な扱いを受ける権利 the right to equal treatment」と「平等な存在者として扱いを受ける権利 the right to treatment as an equal」とを区別しなければならないことを主張することによって、同様のことを問題にしている。「平等な扱いを受ける権利」とは、「他の誰もが有しているのと、あるいは他の誰にでもあたえられているのと同じ財や機会の配分を受ける権利」であり、「平等な存在者として扱いを受ける権利」とは、「なんらかの財や機会の平等な配分を受ける権利ではなく、これらの財や機会がどのように分配されるべきかをめぐる政治的決定において平等な配慮と尊重を受ける権利」である。(54) ドゥウォーキンによるなら、民主主義的な社会においては、「平等な存在者として扱いを受ける権利」こそが基本的な権利と見なされなければならない。他方、「平等な扱いに対する権利」は、富の再配分のような、それがより基本的な権利から導出されるような特殊な状況においてのみ妥当する。また「選択意思」への個人の権利は、そこで平等な存在者として扱いを受ける基本的権利が立証される場合にのみ認められねばならない。ハーバーマスは、権利を妥当要求の「手続き的」な「受容可能性」の問題として理解するがゆえに、「平等な存在者として扱いを受ける権利」は、人格のアイデンティティの「間主観的」な形成の問題として「平等な扱いに対する権利」のうちに内面化されてしまうのである。それに対してドゥウォーキンは、われわれの社会は、一般に「平等な配慮と尊重」のもとに扱われる権利にもとづいて、自由主義的な選好にしたがっていとなまれることになるが、同時に、われわれはまさに「平等な配慮と尊重」を受ける市民の基本的権利が保護されることで民主主義的制度を享受することができると主張するのである。

ハーバーマスは、規範とはそもそも、「歴史的変動の圧力に対して安定的な行動期待をもたらす防波堤を打ち立てる」(FG269, 上二五九) ために存在するものにほかならないと主張している。討議理論は、内容的な方向づけではなく、判断形成の「不偏不党性」を保証するために十分な前提をそなえた「手続き」を提示する。「手続き主義」という点で、道徳規範の討議理論的な「根拠づけ」は、他の認知主義的、普遍主義的、形式主義的倫理学から区別される。ハーバーマスは「根拠づけ」の討議において、実際の論議の内容とは無関係に、討議による意志形成の手続きがどのような規範的内実をあらわすことになるかを「普遍化原則（U）」によってしめすことによって、規範の妥当性を検証するための「手続き」による安定化を主張する。他方、「根拠づけ」の討議と「適用」の討議を区別することから生じてくる「不確定性」に対して、ハーバーマスは、すべての人格に「公正な」手続きへの要求を保証する「手続き的権利」に訴えることによって、この「手続き的権利」に依存した「安定性」を主張するのである。そのとき、規範化の「手続き」においては、妥当な根拠だけが「根拠づけ」の討議において選択されることを、適切性の「手続き」においては、関与者は「適用」の討議において「関連する根拠」が適切にとりあげられ判断されることを期待することができる（Vgl. FG270, 上二五九）。「手続き」に依存した「安定性」は、万人にみずからの意志形成を反映しうるという共同体のいだく期待を、また万人にみずからに帰属する諸権利を保障すべく調整されるよう共同体のいだく期待を充足することを可能にする。しかし、それはまた道徳的原理の問題をそうした規範的原理の問題へと、受け入れられている「規範」と、そこに認められる妥当要求が請け戻されるという「期待」との内的な連関の問題へと還元し、その連関の外部にある存在あるいは領域を道徳の問題とは無関係なものと位置づけることになる。少なくとも、ハーバーマスの道徳をめぐる討議の「根拠づけ」は、たしかに近代的な人格の「自律」の概念を解放するものではあるが、同時に、人格の「自律」にもとづく「集団的なアイデンティティの安定化」という性格をになうものであることを理解しておく必要がある。

3　道徳的討議と法的討議

ハーバーマスは、「人権」概念はたしかに道徳的内実をふくんではいるが、その道徳的内実とは無関係に、法的な意味における権利として理解しなければならないと主張する。とすれば、ハーバーマスは道徳と法との関係をどのように理解しているのだろうか。ここではまず、ロベルト・アレクシーとクラウス・ギュンターの「特殊ケース・テーゼ」をめぐる議論を参照しつつ、ハーバーマスが道徳規範と法規範との関係を討議理論的にどのように理解しているか、検討しておきたい。

アレクシーは、道徳と法との関係を、すなわち道徳の「普遍的実践的 praktisch 討議」と法的論議との関係を、後者を前者の「特殊ケース」として理解している。[55] それに対してギュンターは、アレクシーの「特殊ケース・テーゼ」を批判し、法的論議は道徳的な「適用」の討議の特殊ケースと見なされるべきである、と主張している。[56]

アレクシーは、法的論議においては、「理性的な根拠づけ」は普遍的討議においてではなく、「現行の（妥当する geltend）法秩序」という枠組みのなかでなされなければならないと主張し、また、このように法的論議が制度的に「制限」されなければならないことは、普遍的実践的討議によって根拠づけることができると説明する。普遍的実践的討議では、かならずしもなんらかの結果に到達するわけではなく、たとえ結果がえられたとしても、それが決定的に確実であることが保証されているわけではないのに対して、法的論議においては、事実上の決定がなされることが要請される。普遍的実践的討議には、それがいかなる規範的前提をも出発点とすることなく、またしばしばたがいに相矛盾する規範的確信のもとに議論を展開するという、論議の進行の仕方も確定されているわけではなく、そもそも討議規則は近似的にしか満たされないことから、いつもかならず同意に到達するわけではないという欠点がある。[57]したがって、法的論議においては、決定がなされることの事実上の必要性から、だれもが普遍的実践的討議のもとで、「討議的に可能なものの空間を可能なかぎり合理的なやり方で制限する手続きに同意する」ことになるだろうというのである。[58]たとえば、多数決原理、代表制原理にもとづく議会の立法規則、さまざまな訴訟手続きなどが、普遍的実践的討議のなかで根拠づけられうる。このようにして、法的論議は「普遍的実践的論議」の欠点を補うことになるが、あくまで普遍的実践的な論拠に依存しつづけるという意味で、普遍的実践的討議に認められる不確定性を完全にとりのぞくことができるわけではない。しかし、法的討議は普遍的実践的討議に対して、最終的な結論へと到達するための条件をあたえてくれるというのである。

他方、アレクシーによるなら、法的論議と普遍的実践的討議とのあいだには、制度的な「制限」という関係があるだけでなく、また「部分的」な、そして「構造的」な一致も存在する。法的論議においても、根拠に対する「正当性」の要求が掲げられるがゆえに、普遍的実践的討議との「部分的な一致」が、普遍的実践的討議の構成要素に属するいくつかの諸原理や諸規則が認められるがゆえに、「構造的一致」が確認されるというのである。つまり、一方において法的論議もまた普遍的実践的討議と同様に、「正当性」の要求が構成的な役割をはたしているという意味で、そこには「部分的」な一致が認められる。ただし、法的論議では、問題となっている規範的言明そのものが理性的であるかどうかではなく、それが「現行の（妥当する）」法秩序の枠組みにおいて理性的に根拠づけられうるかどうかにのみ関係する。したがって、法的論議は立法の理論と相対的な関係にある。法的決定は理性的な立法を前提とし、立法は実践的な問いの理性的な解決を条件とするのである。[59] 他方において、法的論議も普遍的実践的討議と同一の原理を表現する諸規則と諸形式をつうじて、その基盤が形成されるがゆえに、そこには「構造的一致」が存在する。まず、法的論議においても規範的言明の正当化が問題となるとすれば、決定がその根拠づけのためにもちだされた諸前提からどのように論理的に帰結するかが問題になるが、「普遍化可能性原理」が、すなわち「同等なものは同等に扱え」という形式的正義の原理が、法的論議の内的な正当化の諸規則と諸形式としてしめされることになる。他方、（1）法的論議においても、普遍的実践的討議と同様に、規範的な前提には同意しつつ事実について争うということがありうるがゆえに、「経験的論議」が決定的な役割をはたすこと、（2）解釈の基準としてまとめられた論議形式が、つまり、意味論的、発生論的、歴史的、比較論的、体系的、目的論的解釈といった論議形式が法的論議を拘束するのにも役に立つこと、（3）法教義学《ドグマーティク》は、法秩序の存立の条件としての普遍的実践的討議の制度化として理解することができるが、この制度化をつうじて時間的にも、人格的にも、物的にも広範囲に拡張された論議に対して、決定の「首尾一貫性」と「分化性 Differenziertheit」（すべての論拠への配慮）が確保され、普遍的実践的討議の手段だけでは不可能なことが成し遂げられること、（4）判例解釈の基盤もまた、「普遍化可能性原理」と「論議の負荷（論証責任）Argumentationslast」の規則という普遍的実践的諸原理にもとづいて形成されていること、(5)反対解釈や不合理論証といった特殊な法的論証形式の使用もまた、論理的規則や普遍化可能性原理の適用の特殊ケースとして理解することができること、これらの点から法的論議の外的な正当化にも普遍的実践的討議と同様の諸規則や諸形式が認められる。[60] こうしてアレクシーは、内的な正当化においても、外的な正当化においても、法的論議には普遍的討議と同様の諸規則と諸形式が認められることを確認し、これらのあいだには「構造的な一致」が存在すると主張するのである。

アレクシーはこのように法的論議は、普遍的実践的討議に依存すると説明するのだが、また普遍的実践的討議の欠点を補うものでもあることを主張する。法的論議は普遍的実践的討議の特殊な形式として、特殊な規則にしたがい、特殊な条件のもとで成立するがゆえに、法的論議はその構造において普遍的実践的原理に依存するが、しかしまたそうであるがゆえに、普遍的実践的討議とは異なる特殊な性能をもつのである。[61] つまり、法的論議は、普遍的実践的討議ではかならずしも保証されていない、最終的な結論へと到達するための条件と、その「確実性」を保証する手続き的な諸規則や諸形式をあたえてくれるのである。しかし、法的論議が普遍的実践的論議に依存しつづけるということは、その欠点が弱められるとしても、けっして除去しえないということをも意味する。法的論議が普遍的実践的討議の特殊ケースとしてその諸規則と諸形式を含んでいるとすれば、そこでなされる決定はどこまでも「仮説的」である。合理的な法的論議の理論には、普遍的実践的討議の理論と同様に、規範的言明の「正当性」に対して「仮説的」であるという不確実性がつきまとうのである。このことは、決定の正当性についての判断がつねに暫定的なものであるということ、すなわち論駁されうるということを意味する。[62] もっぱら結果の「確実性」を保証する手続きこそが、「合理的」な法的論議の理論であると主張する者は、ここで提案された理論を受け入れないかもしれない。しかしアレクシーは、「合理性」を「確実性」と同一視する者は、むしろ合理的法的論議の理論を放棄しなければならないと論じる。法的論議の「合理性」は、たんに「確実性」を保証することではなく、規範的言明の正当化のための一連の条件、規準、規則を満たすことにある。(63) 法的論議が首尾一貫性をもち、合目的性の根本命題に対して違反することなく、真の経験的命題にのみもとづいているとしても、たとえばある目的のために「非理性的」であると記述されることはありうる。法的論議で目指された結果が「正当である」と記述されうるためには、規範的言明の「正当化」のための諸規則と諸形式に適っていれば十分である。法的討議の諸規則と諸形式こそが、法的決定の「正当性」のための規準を形成するのである。(64)

ギュンターは、アレクシーの「特殊ケース・テーゼ」についてのこうした議論を批判している。アレクシーは普遍的実践的討議ではかならずしもなんらかの結果にいたることがないということから、その制度的な「制限」の必要性が根拠づけられると主張するのに対して、ギュンターは、はたして普遍的実践的討議の決定が構造的に無限であるという論拠をもって、その「制限」が討議理論的に根拠づけられうるのか、またそもそも合理的な実践的論議によって根拠づけられた諸前提が、行為と決定への圧力という現実的な諸条件のもとでも実現されうるのか、と疑問を投げかけるのである。普遍的実践的討議においても、普遍化可能性原理を道徳原理として根拠づけることができなければならないとすれば、やはりそこでもなんらかの結果に到達することが前提とされている。そもそも普遍的実践的討議における事実上の不確定性が問題となるのは、規範の「根拠づけ」の討議においてではなく、「適用」の討議においてであり、したがって合理的な論議の諸条件ばかりでなく、時間的制約、知識の不完全性によって特徴づけられるような諸条件のもとで決定を下さなければならないということに、不確定性が生じる原因がある。ギュンターはそこで、まず法的論拠を特徴づけるのは、討議理論の意味における「正当性」への要求ではないことを、さらに法的論議には、普遍的実践的討議にとって必要であり十分でもある諸規則と諸形式は認められないことをしめそうとするのである。

ギュンターによるなら、アレクシーのいう「現行の（妥当する）」法秩序の枠組みのなかでの理性的な根拠づけは、定義上「妥当の根拠づけ」ではありえない。そもそも規範や法秩序の妥当性は、法的論議においてあらかじめ前提とされている。法的論議は、「規範」ではなく、つねに「解釈」をめぐってなされるのである。したがって、「実践的に正当な規範の解釈の実践的な正当性を根拠づけること」は無意味である。[65] アレクシーのモデルには、規範とその解釈との区別を消し去ってしまう危険性がある。討議理論における「妥当性」ということで考えられているのはまさに、すべての関与者にとって承認に値するかどうかである。したがって、法的論議は、普遍的実践的討議の特殊ケースではありえない。アレクシーは法的論議の理論を、「根拠づけ」の討議のモデルにしたがって再構築しているのである。また、そもそも討議理論においては、「普遍化可能性」の原理はあらゆる関与者の利害関心を相互的に顧慮するものでなければならない。この原理は普遍的実践的討議における根拠づけの諸規則として認められるものであっても、法的論議の諸規則と諸形式に認められるものではない。「というのも、法的論議は規範の妥当性を所与のものとして前提しなければならないのだが、この規範の妥当性を根拠づけるためにこれらの諸規則はもっぱらアレンジされているからである」[66]。したがって、普遍的実践的討議と法的論議とのあいだには構造的な一致は存在しない。たしかに、法的規範的命題の内的な正当化と外的な正当化の諸規則と諸形式のいくつかは、普遍的実践的討議においても認められるとしても、だからといって法的論議は普遍的実践的討議の特殊ケースであると見なすことはできない。

ギュンターは法的論議を、むしろ道徳的な「適用」の討議の特殊ケースとして理解する。「適用」の討議では、定義上、規範の妥当性は前提とされている。「このような前提のもとで、法的論議を討議として語ることが、また理性的根拠づけを現行の（妥当する）法秩序の枠組みのなかで語ることが有意味となる」[67]。ここで問題なのは、普遍的実践的討議を制限することではない。というのも規範や規範文の「妥当性」が問題となっているわけではないからである。べつのレヴェルの「制限」が問題なのである。つまり法的な適用の討議は、「限定された時間」と「不完全な知識」という条件のもとで決定を下さなければならない。規範の適用の「整合的」な正当化という課題は、「完全な状況記述」という観点から検討されなければならない[68]。

したがって、法的論議を「適用」の討議の特殊ケースとして理解するなら、内的な正当化と外的な正当化の意味も異なってくる。内的な正当化にとって問題なのは、「〈一応の〉適用可能な規範」を状況へと適用することの「適切性」である。ここでは状況の記述と、個別の判断において規範をその状況へと適用することを可能にする「語の使用規則 Wortgebrauchsregel」とが導かれればそれで十分である。「語の使用規則」は、状況が完全に記述されるなら実践的コンテクストのなかに埋め込まれたものとして見いだすことができる[69]。内的な正当化が規範の「適切性」の問題であるとすれば、外的な正当化は個々の「〈一応の〉適用可能な規範」の「整合性」の問題にほかならない。つまり外的な正当化は、「選択行為の反省形式」として理解することができる。「外的正当化」の諸規則と諸形式においては、規範を状況へと適用することによって掲げられる「適切性」への要求がそれによって正当化されるかどうか、が検討されなければならない。ここで問われているのは、個々の「〈一応の〉適用可能な規範」の「整合的」な説明である。「整合性原理」は、適用の討議のための論議の規則として再構成されなければならない。規範の正当性は、「整合性原理」によって根拠づけることはできない。規範の正当性の根拠づけはもっぱら、規範の「妥当」を問題にする「根拠づけ」の討議において可能なのである。(70)

アレクシーは、法的論議は道徳の普遍的実践的討議の特殊ケースであると、ギュンターは、法的論議は普遍的実践的討議ではなく、適用の討議の特殊ケースであると主張する。どちらも、法は道徳を特殊化したもの、その意味で法は道徳に対して従属的な関係にあると理解している。ハーバーマスは、「特殊ケース・テーゼ」に関するアレクシーとギュンターの議論に対して、そもそも（1）法は道徳との関係において従属的関係にはないと批判し、（2）道徳規範と法規範は討議原理から「同根源的」に導き出されることを、そして（3）道徳と法は補完的関係にあることを主張するのである。

（1）ハーバーマスはまず、ギュンターが法的論議を道徳的な「適用」の討議の特殊ケースと見なし、法的論議を「根拠づけ」の問題から解放しようとするのに対して、そもそも法的論議は行為規範として道徳的論議から区別されるべきことを強調する。規範の「適切性」は、あらかじめ根拠づけられたさまざまな規範の妥当性を適用状況に応じて評価することによって判断される。しかし、それは規範的秩序を合理的に再構成することを意味し、そのためにはいずれにせよ根拠づけられた規範の「正当性」が問われることになる。法的論議では、規範の「根拠づけ」は「政治的立法」の「民主的手続き」にもとづいてなされるとすれば、法秩序を合理的に再構成するためには、「政治的立法」の「民主的手続き」が理性的におこなわれているかどうかが評価されなければならない。したがって、法的論議においては裁判過程ばかりでなく、立法過程の「論議・交渉・政治的コミュニケーションのネットワーク」が同時に検討されなければならないという意味で、法的討議は道徳的な「適用」の討議の特殊ケースと見なすことはできない（Vgl. FG285f., 上二七三）。

他方、アレクシーの「特殊ケース・テーゼ」に対するハーバーマスの批判は、そもそもアレクシーのテーゼが道徳への法の従属という自然法の考え方から完全に解放されていない点にある。こうした構想の根底には、法秩序は「目的の国」という叡知的秩序を現象界において模写すると同時に具体化する、というプラトン的な観念がある。すなわち、そこには「道徳的に帰責能力のある主体の理想的な共同体」が、「法という媒体をつうじて歴史的な時間と社会的空間という枠組みをあたえられ、法的共同体として空間時間的に局所化された具体的な形態を獲得する」という考え方がある（Vgl. FG136f., 上一三四）。ハーバーマスは、こうした直観は、法秩序は道徳的な根本規則に反しないかぎりで「正統」であるという意味では誤りではないことを、たしかに実定法には、「法的妥当 Rechtsgeltung」という「正統性」のあり方をつうじて、道徳との関連が書き込まれていることを認める。しかし、われわれは道徳を規範的な階層秩序という意味で、法の上位におくとすれば、そのような考え方は前近代的な法の世界に属するものであり誤りだというのである。

ハーバーマスは、道徳原理としての「普遍化原則（U）」と法的原理としての「民主主義原理」とを区別する。道徳原理がすべての人間の利害関心を顧慮するのに対して、法的原理は法共同体の構成員の利害関心と関係する。「道徳原理」における「行為規範」は、諸個人のあいだの相互行為を規制し、「民主主義原理」の「行為規範」は、諸権利の担い手としての法人格どうしの相互行為を規制する。したがって、法制定の「根拠づけ」と「適用」の討議は、道徳的「根拠づけ」と「適用」の討議の特殊ケースではなく、法的討議は、そもそも民主的に制定された法規範に関係しているのであり、それ自身として法的に制度化されている。法的討議は、「合理的討議」のコミュニケーション的前提が近似的にしか満たされないことから生じる「可謬性」と「決定の不確実性」を、立法においては「民主的手続き」をつうじて、法適用においては「裁判手続き規定」をつうじて埋め合わせるのである（Vgl. FG287, 上二七五）。

（2）法秩序と道徳はこのように「同根源的」に成立するという考え方は、そもそも法と道徳のプラトン的な観念からは理解することはできない。一般的に行為規範は、ポスト形而上学的社会においては、道徳的規則と法的規則に分岐する。ハーバーマスによるなら、それらは実践的判断の「不偏不党性」という、もっぱら脱慣習的「根拠づけ」の要請という意味だけを表現する「討議原理」から導出される。

D：すべての可能的な関与者 Betroffene が合理的な討議への参加者 Teilnehmer として同意しうるであろう行為規範こそが、妥当である（FG138, 上一三六）。

「討議原理」は、行為規範一般が「不偏不党的」に根拠づけられうる視点を説明するだけであり、コミュニケーション的に構造化された生活形式のシンメトリーな承認関係にもとづいて、そもそも行為規範は不偏不党的に評価され、合理的に決定されなければならないことを要請する。この「討議原理」を特殊化することから、ハーバーマスは、道徳規則を確定する原理である「道徳原理」と、法規範を創出し法制的手続きを確定する原理である「民主主義原理」が、それぞれ構成されるのだと主張するのである。

道徳原理は、同等な利害関心という視点からのみ正当化されうる行為規範のために、討議原理を特殊化することから導き出される。道徳的「根拠づけ」の討議においては、「討議原理」は「普遍化原則（U）」という形式をとり、論議の普遍的な諸前提から「根拠づけ」られ、道徳原理は「論議の規則」の役割をはたす。また、「適用」の討議においては、道徳原理は「適切性」という原則によって補完される。道徳原理のもとでは、すべての者の同等な利害関心のもとに諸規則が根拠づけられるのである。ここで決定的な点は、原理的にすべての者によって受け入れられうるような根拠であり、そこでは「人類 Menschheit」ないし想像上の「世界市民共和国」が想定されているということにある。

他方、民主主義原理は、法形式として倫理‐政治的に正当化されうる行為規範のために、討議原理を特殊化することから導かれる。民主主義原理のもとでは、われわれの政治的共同体の生活形式をつうじて、法形式として妥当する諸規則が形成される。ここで決定的な役割をはたすのは、伝統や諸価値を共有する共同体のすべての「構成員」によって受け入れられうる根拠である。したがって、民主主義原理においては道徳原理とは異なり普遍的な根拠づけは不可能であり、利害関心の対立の合理的な調停と妥協交渉のための手続きが必要となる。つまり、妥協は、それが公正な交渉条件のもとにおこなわれ、原理的にはすべての当事者によって受け入れられうるものであるかぎりで、民主主義的な法的論議の不可欠な構成要素と見なされるのである（Vgl. FG139, 上一三七）。

道徳と法のこの区別は、ハーバーマスによるなら、私的な行為領域と公的な行為領域の区別と見なされてはならない。討議理論的に把握された道徳原理は、個々人がそれぞれ理想的なかたちで役割を引き受けあうことを、すべての人々によって遂行される公的な実践へと移行させるよう要請することによって、すでに道徳的規則の「普遍主義的な妥当感覚」を前提としている。他方、政治的立法者の意志形成もまた、道徳的アスペクトと無関係ではありえない。複雑な社会では、道徳はその効果を達成するためには、法的コードへと翻訳されることを必要とするのである。こうしてハーバーマスは、道徳が個人的に責任を負うべき社会的諸関係のみを、法と政治的正義が制度的に媒介された相互行為の領域のみを対象とすると考えてはならないことを主張するのである。

（3）ハーバーマスによるなら、法秩序と道徳は、従属的関係にではなく、むしろ「補完的関係 Ergänzungsverhältnis」にある。道徳的問いと法的問いはたしかに、相互人格的な諸関係はどのようにして秩序づけられ、正統化された規範をつうじてたがいにどのように調整されるか、どのようにすれば「行為争い《コンフリクト》」は合意によって「間主観的」に承認された規範的規則にもとづいて解決されうるのか、という同一の問題にかかわっているのだが、この問題にかかわるあり方が異なっている。つまり、「脱慣習的」な道徳は「文化的な知の形式」をとるにすぎないのに対して、法には同時に制度的な拘束力があたえられる。法は「シンボル・システム」であるだけでなく、「行為システム」なのである[71]（Vgl. FG137, 上一三五）。

ハーバーマスは、法形式はそもそも、認識論的にであれ規範的にであれ、「根拠づけ」られうるようなものではないと主張し、つぎのように説明する。「法形式を構築する必要があるとすれば、それは伝統的な人倫 Sittlichkeit の解体とともに生じた空白を埋めるためである」（FG145, 上一四一）。かつて生活世界のそれぞれの構成要素がたがいに分離せず一体化していた「人倫」においては、具体的な義務は諸制度と一致し、「生活形式のエトス」には「社会的統合力」は保持されていた。脱慣習的社会においては、そうした知と実践とを結びつけていた「全体社会的エトス」は解体し、道徳意識は伝統的に慣れ親しんだ実践から切り離されてしまう。法形式は、この実践的空白を埋めるために必要となったというのである。理性道徳は、「間主観的」に理解および解釈され、批判的に伝承されることによって形成される文化的シンボルという位相において実在するのだが、理性的根拠にのみ依拠する道徳は、ハーバーマスの議論にしたがうなら「正しい判断」しか提供しない。したがって、道徳もまた潜在的な意味で実践的行為とかかわりはするが、道徳的判断に実践への契機をあたえる動機や、道徳的期待を現実において満たすための制度とは直接的には関係しない。つまり、文化的体系としての道徳の行為連関は、動機づけられた行為者によって実現されないかぎり、あくまで潜在的なものにとどまる。理性道徳は、どこまでも「良心という審級」、すなわち「超自我の形成」をもたらす「社会化」の過程に依存するのである。つまり、理性道徳は、「道徳原則が人格システムのなかで内面化され固定されること」によってのみ、「よい根拠の弱い根拠づけの力」をつうじてその行為効力を獲得することができる（Vgl. FG146, 上一四二）。しかし、道徳的に行為する主体の自己制御は、どこまでも抽象的であるがゆえに拘束力がなく不安定であり、「社会化」の過程で多様な要求のもとに遂行されるがゆえに不確実であるという理由から、知識から行為への移行はどこまでも不確実なものにとどまる。道徳はそれが効力をもつためには、あくまでそれぞれ特有の人格構造に対応したものとして形成されるものであり、したがって行為者の動機をべつのやり方で、つまり「理性道徳を行為効果的に補完する法体系の制度化」というやり方で達成する必要がある。法は知の体系であると同時に行為システムでもある。ということは、法は解釈テクストとして理解される、と同時に、行為システムとしての法には、もろもろの動機と価値志向がたがいに絡み合っているがゆえに、直接的に行為を発生させるという効力がそなわっている、ということを意味する。他方、法制度は、高度の合理性をもつがゆえに、自然発生的な制度秩序とも区別される。なぜなら法制度においては、原理に導かれた道徳と結びついた「知の体系」が、その確固たる形態をとるものだからである。法はこうして、もっぱら知として存在する理性道徳の欠点を補うことができる。

ハーバーマスによるなら、もっぱらすべてを普遍化可能性という視野のもとで観察するだけの理性道徳の欠点はつぎのような点にある。道徳的に判断し行為する人格は道徳的判断に関する知をみずから獲得し、実践的に活用しなければならないが、そのとき人格の認知的能力の不完全性、動機と意志の不完全性、義務遂行能力の不完全性がつきまとうことになる。人格の「自律」にかかわるこれらの不完全性という観点から、法は道徳を補完するのである。(72)

理性道徳は、問題となるケースを不偏不党的に評価するための手続きをしめし、主体に対してみずからの判断を形成するように要請する。万人に対する平等な尊重、配分的正義、助力を必要としている者に対する善行、忠誠、誠実さといったものを義務づけるような原則は、ふつうは争いの対象とはならないから、おもに道徳的討議において問われるのは、そもそも日常的な相互行為がこうした普遍的規範に反するような事態が生じたときの規範の適用という問題である。具体的ではあるが解決の困難なケースに決断を下すには、まずたがいに競合する状況の「指標」をできるだけ完全に記述し、またその状況記述に照らしてそのつど適切な規範を選択し、解釈し、適用しなければならない。しかし、道徳的論議の根拠づけと適用の問題は、複雑なケースではしばしば個々人の能力を超えてしまうがゆえに、「認知的な不確定性」をともなうことになる。ハーバーマスによるなら、「法制定の事実性」はこの「認知的不確定性」を補うのである。政治的な立法者は、いかなる規範が法として妥当かを決定し、司法は、解釈を必要とする妥当な規範の適用について、一義的で決定的な解釈をあたえる。議会における立法手続き、裁判として制度化された判決実践、規則を精密化し判決を体系化する法教義学《ドグマーティク》の専門作業が、個々人から自分自身で道徳的な判断を下さなければならないという「認知的」な負担を取り除いてくれるのである（Vgl. FG147, 上一四三）。

理性道徳は個々人に、認知的な問題だけでなく、「意志の強さ」への期待を負わせる。個々人は、討議に参加し合意による解決をめざすとき、みずからの利益に反してもその義務にしたがい行為することが期待される。すなわち、行為者は命令の「起草者 Urheber」であると同時に、「名宛人」として自己自身と一致しなければならない。したがって、理性道徳においては、原理にしたがって判断しているのかどうかという「認知的不確定性」ばかりでなく、はたして承認された諸原理にしたがって行為するかどうかという「動機の不確実性」という問題がつきまとうことになる。ハーバーマスによるなら「法貫徹の事実性」は、この「動機の不確実性」の問題を解消する。理性道徳は、個々人の動機とは無関係に、規範に合致した態度をとるよう強制する法にしたがわなければならない。「強制法」は、「名宛人」が結果だけを考量しさえすればすむように、「制裁の威嚇」によって「規範的期待」を補完するのである。また、法貫徹の事実性は、妥当な規範の要求可能性とも関係する。理性道徳においては、すべての関与者の合理的に動機づけられた同意をえられた規範こそがまさに妥当なのだから、規範が事実的に万人によって遵守されるという条件が満たされていないかぎり、妥当な規範を保持することをだれにも要求しえないことになる。妥当する規範が違反行為に対して事実的に貫徹されることこそが、その規範を要求可能なものにするのである（Vgl. FG148, 上一四五）。

さらに、「共同の努力」や「組織的な遂行」を要求する「積極的義務」という問題が、理性道徳の普遍主義的性格から生まれてくるが、道徳的意識が普遍的であろうとすればするほど、たとえば貧困地域への援助への要請が個人の行為領域をはるかにこえていることに認められるように、道徳的要請が組織的な制度化を必要とすることが明らかとなる。組織化をつうじてのみ満たされる道徳的要請は、一義的な「名宛人」を見いだすために、自分自身へと適用されうる規則システムを必要とする。法こそが、「帰責システム」として自然的な法人格ばかりでなく、さまざまな団体や組織体などの法的主体をもつくりだすことができるのである（Vgl. FG149, 上一四六）。

ハーバーマスによるなら、「行為システム」としての法は、「媒体《メディア》」としての性格をもつ。脱慣習的な社会において、理性道徳は諸制度を評価することしかできない。それに対して、「媒体としての法」は道徳を規範の適用というレヴェルで補完するばかりでなく、諸制度へと媒介するという意味においいても「行為システム」としての役割をはたす。たとえば、家族や学校といった伝統的な相互行為の領域は、法形式においてその制度的正統性を獲得するようになり、また、市場、企業、行政といった形式的に組織化された行為システムが、法的に構築されることによってはじめて創設され、資本主義経済、権限によって組織化された国家官僚制が、法的制度化の媒体によってはじめて成立することになる。かつて「人倫」においては、具体的な義務は諸制度と一致し、「全体社会的なエトス」の社会的統合力は保持されていた。脱慣習的な道徳意識においては、理性道徳は、社会化過程と個人の意識をつうじて、その実効性は狭い行為領域に制限されている。したがって、道徳がその狭い行為領域を超えて影響をおよぼすためには、行為システムとしての法体系を必要とする。高度に「複雑な」社会においては、道徳的内実は法体系をつうじて社会へと浸透していくことができるのである（Vgl. FG150, 上一四七）。

第二章　基本権の討議理論的根拠づけとその循環的構造

ハーバーマスは、「人権」をはじめから「市民」の法的な意味における権利として説明する。したがって、ハーバーマスにとって「人権」とはまず、「基本権」として、「市民がたがいの共同生活を実定法をつうじて正統的なものとして規律し regeln ようとするとき、たがいに承認しなければならない権利」(FG109, 上一〇八) として理解されなければならない。ハーバーマスは、このような基本権としての「人権」のあり方を、『事実性と妥当性』のなかで「討議理論」的に明らかにしようとしている。ここでは、まずハーバーマスが「権利」を構成しようとするとき参照する「自律」という観念が「権利の体系」を導き出すのにどのような構造をもつものとして考えられているか、それはハーバーマスの主張する「手続き主義的法パラダイム」とどのような関係にあるか、また基本権は「自律」の観念にもとづき、どのようにして討議理論をつうじて構成されるのか、さらにそのようにして導き出された基本権にはどのような問題があるのか、を検討したい。

1　私的自律と公的自律、「手続き主義的法パラダイム」

ハーバーマスにしたがうなら、法は道徳にも、また倫理にも従属するものではない。ハーバーマスがカントを批判するのは、カントが法を道徳へと従属させようとするからであり、ルソーを批判するのは、ルソーが法を倫理へと従属させようとするからである。カントとルソーが試みたのは、「自律の概念のもとに、実践理性と主権的意志を統合すること」(FG130, 上一二七)だった。しかし、カントは「自律」を個人としての主体の問題へと、ルソーは「人民 Volk (peuple)」というマクロ主体の問題へと還元してしまう。どちらの場合も、法は近代的なその独自の意味を失ってしまうのである。

カントは、「主観的自由への権利」から出発し、道徳原理を外的諸関係へと適用することから法の普遍的原理を獲得する。つまり、法コードは「主観的な行為自由」にもとづいて構築されるのだが、それは「主観的自由一般への権利」だけでなく「平等な主観的自由への権利」をも要求するものとして、つまり、「各人の自由は、万人の平等な自由とともに、普遍的法則にしたがって同時に成立しうる」ものとして外的諸関係へと適用される(FG153, 上一五〇)。カントでは、「普遍的法則」が正統性の負荷をになう。すなわち、「普遍的法則」の形式が法コードを、そこに道徳理性の普遍化テストが表現されているという理由で正統化するのである。こうして、カントの場合には法は道徳のもとに従属することになる。ハーバーマスによるなら、そもそもカントは、道徳の根拠づけから法の根拠づけへと議論を展開する過程で、社会契約論に中心的な位置をあたえていない。人間に帰属する諸権利は、「道徳的原理」から直接的に、したがって「社会的契約」によって構築されるはずの「国家市民の政治的自律」とは無関係に正統化されるのである。

他方、ルソーは「社会契約」という観点から、「国家市民の自律」を構築することから出発し、「政治的自律」を説明する。人民の主権的意志には生来、道徳的自律に優先する平等な主観的自由への権利が書き込まれている。したがって、ルソーの場合には、政治的自律の行使は、カントとは異なり「生まれながらの権利」によって拘束されない。つまり、ルソーは「自律」を、「人民」によって自覚的に獲得された生活形式の実現として理解し、「自己立法」という理念に「道徳的」であるよりは「倫理的」な解釈をくわえるのである。しかし、自己立法の実践が、あらかじめ「人民」によって了解された倫理に立脚するのだとすれば、規範的に構成された「一般意志 Gemeinwille」が個々人の「選択意思 Willkür」とどのように媒介されうるかが説明できなければならない。ハーバーマスによるなら、むしろ「われわれ」にとって「善い」ものを越えて、万人にとって平等な利害関心とは何かを判断するための道徳的な視点が必要なのであり、ルソーの構想では、最終的に法原理の普遍主義的な意味が失われてしまう。ルソーは、人民主権の社会契約的構築を、「個別化され、成果志向的に行為する個人が、倫理的共同体の公共の福祉を志向する市民へと変容する」「社会化」という行為として表象するのだが、こうした市民は「集合的」な「マクロ的主体」へと、「たんに法規則にしたがうだけの、私人の個別的利害との関係を絶ってしまった」主体へと融合してしまう危険性がある（Vgl. FG132f., 上一三〇）。ルソーの念頭にあるのは、共通な文化的伝承をつうじて統合され、ある程度同質化された共同体的エトスにもとづく政治的な徳にほかならない。しかし、もし個々人の意志が「一般意志」との関連づけを失うなら、それにかわるものは唯一国家による強制だけということになる。

カントの場合もルソーの場合も、理性と意志は「自律」の概念によって結びつけられるのだが、ハーバーマスにしたがうなら、どちらも意識哲学の前提のもとにあり、「叡智的自我」であれ「〈社会契約〉の人民」であれ、「自律」という「自己決定」の能力は、個人としての主体あるいはマクロ的主体に帰属させられているのである。「理性的意志が個々の主体においてのみ形成されうるとすれば、個々人の道徳的自律は、万人の統一された意志の政治的自律に先行し、あらかじめ各人の私的自律を自然法的に確保していなければならない。理性的意志が、人民あるいは国民Nationのマクロ主体のうちにのみ形成されうるのだとすれば、政治的自律は、具体的な共同体の人倫的なsittlich本質の自己意識的実現として理解されなければならない」(FG134, 上一三一)。しかし、カントは近代法の正統性のうちにある法の形式的平等の意味を、ルソーは内容的平等の意味を強調するが、ある規範が万人の平等な利害関心のうちにあることとの要求は、ハーバーマスによるなら「普遍的法則」の「論理的‐意味論的」な性質によってではなく、妥当要求の合理的な「受容可能性」によって、すなわちすべての可能的な当事者が根拠をもって同意することから、関連する情報にもとづいてよりよい議論の強制のみが受け入れられる討議の「語用論的」な諸条件のもとでのみ可能なのである。カントもルソーも、「意志されたもの」の「論理的‐意味論的」な性質のうちにすでに法原理の規範的内実があることを想定しているが、規範的内実は、理性的意志がどのようにして形成されるかを確定する実践的な諸条件からのみ導き出すことができる。理性的自律のもとに獲得されるはずの規範的内実は、あらかじめ個人の主体あるいはマクロ主体に内在する「普遍的法則」として保証されているのではなく、討議にもとづく意見形成・意志形成のコミュニケーション的形式をつうじてはじめて保証されうるのである(Vgl. FG133, 上一三一)。

ハーバーマスは法を、あくまで期待を安定化することによって道徳を補完するものとして理解する。そのとき法は、道徳的人格とは区別される「市民」を構成するものとして、道徳から解放された相互行為にとって構成的な意味をもつことになる。「市民」の「自律」は、個々の人格の道徳的な「自律」とは区別されなければならない。ハーバーマスは「市民」の「自律」という理念を、「権利の名宛人が同時に権利の起草者である」ということにもとめ、つぎのように主張する。「権利の名宛人が同時に権利の作成者 Autor であるとする自己立法の思考形態が討議理論的に解明されるときはじめて、私的自律と公的自律の同根源性がしめされることになる」(FG135, 上一三二)。そもそも、道徳的に根拠づけられた「平等な主観的行為自由への権利」を政治的立法者によって実定化するというだけでは、つまり法の名宛人はその作成者としての地位をしめることができなければ、法的強制に法への服従のための合理的な動機を見いだすことはできない。われわれは、道徳的立法者であるからといって、その名宛人としての権利主体であることを保証されてはいない。「ただ政治的に自律的な法制定のみが、法の名宛人に対しても法秩序全体の正しい理解を可能にするのである」(FG154, 上一五〇)。「市民」の権利は、「関与者」であることが同時に「参加者」であることを要請する「討議原理」によってはじめて保証される。「討議原理」を「主観的な行為自由の権利」へと適用することから出発し、政治的自律のための諸条件を法的に制度化するというプロセスにおいて、私的自律もまた法制度的に具体化されうるのである。

他方、「手続き的」に討議をつうじて理性と意志が結びつく場が形成されるのだとすれば、法の正統性は、コミュニケーション的理性の了解志向的な言語使用の発語内的な拘束力にしたがうことになる。実践理性にかわって、コミュニケーション的理性が法の正統性をになわなければならない。コミュニケーション的理性は、「主観的な行為自由」でも、マクロ主体の主権的意志でもなく、「コミュニケーション的自由」を相互行為の前提とする。ハーバーマスは「コミュニケーション的自由」を、「相手の陳述に対して、その陳述によって掲げられ、間主観的な承認にもとづく妥当要求に応じるべく、了解志向的な行為においてたがいに前提される可能性」(FG152, 上一四八）と定義している。「コミュニケーション的自由」のもとでは、たがいに妥当要求を掲げながらなにごとかについて了解しあおうとする者たちは、その行為遂行的な態度において発語内的な義務に拘束される。コミュニケーション的に行為する者は、「弱い超越論的な強制の〈義務 Muß〉」(FG18, 上一九）のもとにおかれるのである。そこでは、「理想化」が、すなわちもろもろの表現に同一の意味を帰し、もろもろの発言をつうじてコンテクストを超えた妥当要求を掲げると同時に、承認のプロセスにおいて個々人に帰責能力がもとめられる。しかし、コミュニケーション的理性にもとづく討議は、弱い動機づけの力しか生みだすことができないがゆえに、コミュニケーション的理性は、実践理性の古典的形態とは異なり、行為の規範そのものをつくりだすことはできない。それは、「コミュニケーション的に振る舞う行為者が反事実的なたぐいの実践的前提にかかわらねばならないかぎりでのみ、規範的な内実をもつ」(FG18, 上一九）にすぎない。ハーバーマスはそこで、「討議原理」を行為規範一般の正統性を吟味する機能をになう装置として理解する。たしかにコミュニケーション的自由の「公的使用」にもとづく討議は、弱い動機づけの力しか生みだすことができないとしても、しかしそれは「権力の潜在力の発生母体」(FG183, 上一七九)として機能する。ハーバーマスはこの潜勢力をアーレントにならって、「コミュニケーション的権力」と呼んでいる。討議原理はこのコミュニケーション的権力をつうじて法の正統性を吟味する機能をになうことになるというのである。コミュニケーション的自由の「公的使用」にもとづく討議によって「間主観的」に共有された確信は、暗黙のうちに行為義務の承認を意味するかぎりで、新たな「社会的事実 Tatsache」をつくりだす。つまり、そこでは正統な法が「市民」のコミュニケーション的自由によって生みだされ、その正統な法を媒体にして政治的権力が形成されることになるのである。

こうしてハーバーマスは、社会的行動期待を安定化させる法形式の概念と行為規範一般の正統性を吟味するための「討議原理」によって、法コードを形成するための「権利の体系」を手にすることができると主張する。ハーバーマスはつぎのようにいう。「討議原理は、法形式の制度化の途上ではじめて、民主主義原理の形態をとるべきものであり、そのとき民主主義の原理は、法制定のプロセスに正統性を創出する力をあたえる」(FG154, 上一五二)。「民主主義原理」は、法形式と「討議原理」から構成される。「法のコード」と、「正統な法の産出のメカニズム」すなわち民主主義原理は、「同根源的」に構築されるのである。その意味で、民主主義原理は「権利の体系」の核心をなすものなのである。

ハーバーマスはさらにこうした観点から、戦後ドイツの法理解の基盤を形成してきた二つの法パラダイム、自由主義的法パラダイムと社会国家的法パラダイムを批判し、討議理論にもとづく「手続き主義的法パラダイム」を主張することになる。

ハーバーマスは、戦後もなおドイツにおける法理解の基準となってきたドイツ民法教義学《ドグマーティク》を批判的に検討している。戦後ドイツでは、法実証主義が法の形骸化をもたらしたことへの反省から、古典的自由権を基本法の中心に位置づけ、自由・生命・財産の主観的権利を保障するとともに、基本法の冒頭に「人間の尊厳」を規定することによって自由権を超実定的に、道徳的に根拠づけようとする。(73) ハーバーマスは、しかし自由権がたんに私的自律を保障するだけでは、ふたたび法は形骸化し、また基本権をもっぱら道徳的に規定しようとしても、前近代的な法秩序を招来しかねないという懸念から、コンラート・ヘッセが主張するような「主観的権利としての基本権」と「客観的秩序の要素としての基本権」との関係を、(74) 討議理論的に明らかにしようとするのである（Vgl. FG112ff., 上一一一―一三二、FG477ff., 下一三一―一三六）。

ハーバーマスによるなら、ドイツ民法教義学《ドグマーティク》の「主観的権利」という考え方は、観念論的な法哲学の影響のもとに成立したものにほかならない。サヴィニーにとって、たしかに法関係は主観的な行為自由のみならず、個々の人格の「間主観的」な承認関係から生じるものであるとしても、その正統性は、主観的権利が人格の不可侵性や個人の意志の自由な承認から出発し、その独立した支配領域を保障するという理由から成立する。プフタにとっても、主観的権利は自由・生命・財産への不当な干渉を防ぎ、個人の行為領域を保護する「消極的権利」を意味する。「私的自律」とは、とりわけ契約を結び、財産を獲得ないし放棄あるいは相続する権利にもとづいて保障されるのである(75)（FG112, 上一一二）。そもそも、私法がこのように正統化されえたのは、カントによって法原理のもとに「選択意思の自由Willkürfreiheit」と「人格の自律的な意志Wille」とが結びつけられ、権利主体の私的自律が人格の道徳的な自律のうちに基盤を見いだすことができたからにほかならない。しかし、十九世紀後半には、法の観念論的根拠づけ、とりわけカントの道徳理論による後ろ盾が失われると、主観的権利の領域から、意志の自由という正統化のための規範的核心が奪われてしまう。「選択意思の自由」と「人格の自律的な意志」とのあいだの絆が絶たれると、法はかろうじて「ある特定の決断や権能に事実的な拘束力をあたえる形式」（FG113, 上一一二）として主張されるにすぎなくなる。「主観的権利」は法実証主義的に、むしろ法秩序によってあたえられた客観的な意志の具体化と見なされるのである。

さらにハーバーマスは、私法教義学《ドグマーティク》は、「効用Nutz」が権利の実体だとするイェーリングの功利主義と、主観的権利は「客観的‐法的」に保護された利害関心、あるいは「客観的‐法的」に保障された選択意思の自由であると定義するケルゼンの法実証主義によって最終的段階にいたると論じている（FG113, 上一一二）。ケルゼンによるなら、法規範は、「当為妥当」にもとづく行為自由を確立するものと理解されるのだが、「当為Sollen」は義務論的にではなく、立法者の決定に刑罰規範が結びつくことによってあたえられるものとして、どこまでも経験的に理解されている。すなわち、「国家的な制裁権力」によって、「立法者の意志」が「国家の意志」を体現するのである。ケルゼンの理解はサヴィニーにはじまる私法教義学《ドグマーティク》の終点をしるしている（Vgl. FG114f., 上一一二）。というのも、そこではもはや個人主義的に理解された主観的権利の道徳的内実がはっきりと言明されないからである。ケルゼンは、人格の法律的概念を完全に自律化した法体系のなかで、法秩序によってあたえられる地位として理解する。こうして、法教義学《ドグマーティク》に対して、主観的権利の純粋に機能主義的な解釈への道が開かれることになる。ハーバーマスは、主観的権利の道徳的なこうした空洞化が、主観的権利の客観的法への従属を、さらにナチズムを生みだしたのだと主張するのである。

したがって、戦後、法実証主義がナチズムの台頭を許してしまったことへの反省から、私的自律と道徳的自律との関連を自然法的に復権させる試みがなされるが、そうした試みがたんに私的自律の復権とその道徳的正統化をめざすものであるとすれば、すでに戦前の歴史を反復するにすぎない。それに対してハーバーマスは、個人主義的な発想には認めることのできない主観的な行為自由の「間主観的」な意味、協力しあう権利主体の相互承認を強調する。主観的権利は、もはやアトム的な疎外された諸個人に関係するのではない。主観的権利は法秩序の要素として、自由で平等な人格としてたがいに承認しあう諸主体の「共同作業」のなかで構成される。そのような意味において、主観的権利は客観的権利と「同根源的」なのである(FG117, 上一一五)。しかし、このことは、たんに諸個人に社会的構成員の地位を法制度的に保障するだけでは、つまり、たとえ主観的権利が協力しあう権利主体の相互承認にもとづくものとして討議理論的に理解されたとしても、たんに道徳規範を反映するものとして法制度のなかで保障されるだけでは、解決することはできない。法秩序の基礎にある承認関係の「間主観的」な構造は、民主主義的な法制定過程にもとづいて正統化されなければならない。すなわち、基本権を構成する「権利の体系」は、「市民」の私的自律を保障すると同時に、政治的自律をも同等に重要なものとして妥当させるべく根拠づけられなければならない。

他方、ドイツでは一九〇〇年までの民法典編纂にいたるまで、私法は国家と社会の分離という前提のもとに、体系的に完結した固有の法領域を形成すると考えられてきたとすれば、こうした私法の固有の領域は、ヴァイマール共和国の成立とともに転換点をむかえる（Vgl. FG477, 下一三一）。発展する社会経済とともに拡大し、国家によるインフラ整備や金融政策のもとに組織化された資本主義においては、平等な主観的自由への普遍的な権利は、もはや法的主体の消極的地位だけでは保障しえなくなる。ここに新たな社会国家モデルが、法的自由を行使するための平等な機会を保障するという目的のもとに構想される。しかし、社会国家モデルには、国家には社会へと政治的に介入するための広い裁量領域があたえられていると考えるか、国家の役割は狭い行為領域における間接的な制御作用に制限されていると考えるかによって複数の形態が存在するが、社会国家モデルではいずれの形態においても、個人はシステムの従属関係に組み込まれているものとして理解される。つまり、社会国家モデルは、主観的行為自由の平等な配分を保障するという意図のもとに、個人の自律的地位を犠牲にし社会へと介入するというパターナリスティックな側面をもつ。ハーバーマスは、社会国家的法パラダイムがパターナリズムに陥る要因を、正義を配分的正義に還元し、正統的な権利の意味をとらえそこなっている点に認めている。正義の理念には、「解放と人間の尊厳の約束」が結びついていなければならない。不正義とはまず、自由の制限と人間の尊厳の侵害を意味する。「正統的な法秩序によって確定される具体的な承認関係は、つねに〈承認をめぐる闘争〉から生まれる。つまり、この闘争は、具体的に受けた軽蔑に対する苦しみや怒りをつうじて動機づけられるのである」（FG514, 下一六三）。こうした人間の尊厳に対する侵害は、「政治的公共圏」における地位を獲得することによってのみ解決されうる。政治的コミュニケーションへの参加を促進するのでなければ、私的自律のもとにみずからの生活を形成していく平等な権利もまた、適切に具体化されることはない。

自由主義的法パラダイムは、正義を権利の平等な配分に還元し、権利を財と同一視する。法の社会国家的パラダイムは、社会的に産出された富の正統的な再配分をもとめるのだが、これは正義を配分的正義に還元するものであり、正統的な権利の意味をとらえそこなっている。自由主義的法パラダイムと社会国家的法パラダイムは、自由を法的に保障することが富の問題であると理解する点で共通している。ハーバーマスはそれに対して、「権利とは、行使することによってのみ、〈享受され〉うる」のであり、「個人の自己決定は、正統的に産出された規範から導かれた権利を行使することのうちに構成される」べきことを強調し（FG505, 下一五五）、「手続き主義的法パラダイム」こそが、「自律」という理念にしたがい、正統的な法を構成することによって、そうした条件を満たすことができると主張するのである。

手続き主義的法パラダイムは、法的平等と事実上の平等とのあいだの緊張関係を、政治的自律の権利を行使することによって解決しようとする。[76] 正統的な法は、「平等に扱われる名宛人の私的自律」と「法秩序の平等な権限をもつ作成者として（最終的に）平等な扱いの基準を判定しなければならない国家市民の公的自律」とのあいだの「循環」のなかに構成されるものと理解される（FG500, 下一五二）。そもそも、戦後、自由主義的法パラダイムと社会国家的法パラダイムのあいだで展開されてきた歴史は、そのときどきの「平等な扱いの基準」をめぐる争いとして理解することができる。自由主義的な法パラダイムにおいては、法的平等は、個々の主体が同一の権限をそれぞれ行使する自由を可能にするがゆえに、事実上の不平等を生みだすことになる。社会国家的法パラダイムは、保証された行為自由を同等に使用する機会の平等をつくりだすことによって、事実上の不平等を解消し法的平等を実現しようとするものなのだが、他方、こうした補償は、法の名宛人をたんなる受益者に制限してしまう。手続き主義的法パラダイムは、法的人格の「自律」を、私的自律と公的自律に分裂させるとともに相補的関係にあるものと見なすことによって、実際の法が「自律」を促進するか侵害するかを評価する基準をあたえるのである。この基準にしたがって、規制が自由を制限するものか、パターナリスティックか、という法的平等と事実上の平等とのあいだの公的な争いに対する判断がくだされることになる（Vgl. FG500ff., 下一五一）。

手続き主義的法パラダイムの背景には、「人間は、まさしくみずから間主観的に獲得された洞察に適合するようにあたえられた法律＝法則にいかにしたがうか、その度合いに応じてのみ自由な主体として行為する」（FG536, 下一八三）、という「自律」の観念がある。したがって、たしかに手続き主義的法パラダイムは、権利主体がその国家市民としてになう課題をみずからいかに解決するかという問いに、その条件しかしめさないという点で「形式的」であるかもしれない。しかしハーバーマスは、手続き主義的法パラダイムが、民主的プロセスの手続き的条件に訴えることによって、政治的公共圏をつうじて「社会的連帯」をつくりだすという意味で、けっして空虚なものでも無内容なものでもないと主張する。「複雑な」現代社会においては、市場経済的に組織化された経済の生産性や公的行政の制御能力よりも、いまや崩壊の危機にある「社会的連帯」こそがますますもとめられている。こうした「社会的連帯」の力は、コミュニケーション的な自己決定実践のもとに獲得された「手続き主義的」な諸権利をつうじてのみ再生されうるというのである（FG536, 下一八三）。

2　基本権の討議理論的根拠づけ

「権利の体系」は、「市民」がたがいの共同生活を実定法にもとづき正統的に秩序づけようとするとき、相互に認めなければならない基本権から成り立っていなければならない。「市民」の法的人格としての地位と、法コードを生みだすための権利のカテゴリーは、法を社会的な行動期待を安定化させる形式として、「討議原理」を行為規範一般の正統性を裏づけるための原理として導入することによって導き出すことができる。そのさい「権利の体系」は、「市民」の私的自律と公的自律を同等に重要なものとして妥当させるべく根拠づけられなければならない。まず討議原理は、主観的な行為自由一般への法形式そのものにとって構成的な権利に対して、つまり法的人格を構成するために適用される。さらに討議原理は、この抽象的にあたえられた私的自律が法的に制度化されうるように、政治的自律が行使される法的な条件を構成する。こうして、「主観的‐私的自律」の領域を形成する諸権利が、同時に、政治的参加者の権利をつうじて、民主的な法制定のための前提であると同時に、その結果として構成されるのである。

ハーバーマスは、絶対的に根拠づけられた三つの自由権とひとつの参加権、それと相対的に根拠づけられたひとつの参加権、すなわち社会権を基本権としてあげ、それらがどのようにして討議原理をつうじて「権利の体系」を構成しうるか論じている。

ハーバーマスはまず、(1)「最大限の平等な主観的な行為自由」への権利、(2)「法的同胞Rechtsgenosseの自由意志による連合における構成員の資格」の権利、(3)「個人の権利保護」の権利、という私的自律の領域に属する古典的な権利のカテゴリーをとりあげ、それらの権利が「討議原理」(「すべての可能的な関与者が合理的な討議への参加者として同意しうるであろう行為規範こそが、妥当である」)をつうじてはじめて正統化されうることを明らかにしようとする。討議原理はここで、可能的な関与者と参加者との関係、可能的な関与者の事実上の範囲、すべての可能的な関与者にとって認められうる合理性、という行為規範の正統性の条件をあたえるものとして理解されている。(1)「主観的な行為自由」の権利はその形式を検討するだけでは、正統性を獲得することはできない。カントの法原理は、平等な自由への普遍的な権利をしめしてはいるが、法コードが権利主体の私的自律を保障する主観的権利の形態においてアレンジされるべきであることを述べているにすぎない。ハーバーマスによるなら、「最大限の平等な主観的な行為自由」への権利は、各人の権利と万人の平等な権利との両立可能性という条件を保証する討議原理によってはじめて正統化されるのである。(2)また法規則は、道徳規則とちがって言語能力と行為能力のある主体一般のあいだの相互行為を規範化するものではなく、具体的にさまざまな伝統や諸価値を共有する社会の相互行為を規範化する。つまり、法規範は「地理的に画定された法領域と社会的に画定された法的同胞集団」、すなわち「特定の妥当領域」に関係するのである(FG157f., 上一五四)。しかし、正統的な強制の手段を独占し行使する機関の正統性と、その機関に帰属する「構成員の資格」は、たんにその機関の存在とその機関に帰属している事実性から生まれるのではない。構成員の法的地位は、構成員と非構成員との違い、市民と外国人の違いを許容する権利としてあたえられることになるが、それは機関の正統性と構成員の資格とを構成員の同意をつうじて結びつける討議原理によってはじめてあたえられるのである。国籍の権利の一方的な剝奪から保護される権利や、また国籍を放棄する権利は、討議原理を適用することによって帰結し、さらに移住の権利も、移住先の構成員の同意をつうじてそこでの構成員としての資格があたえられるのだから、討議原理を適用することによってあたえられる。（3）さらに、「個人の権利保護」の権利は、「権利を侵害されたと感じるすべての人格が、みずからの要求を妥当なものにしうる訴訟手続きを保障する」（FG158, 上一五五）権利としてあたえられる。法的人格は、「不偏不党的」かつ「権威的」に判決を下す裁判所を自由に利用しうるとき、「提訴の権限 Klagebefugnis」という形態において、権利と結びついた強制権限を発動することができる。したがって、平等な権利保護、法適用の平等、法の下での「平等な扱い」などをすべての人格に保証する司法的権利は、不偏不党的な司法の権限を正統化する討議原理をつうじてはじめて構成されるのである。

他方、ハーバーマスによるなら、これらの古典的な自由権は、（4）「意見形成と意志形成のプロセスへと参加する平等な機会」への権利のカテゴリー、すなわち市民の政治的自律にかかわる権利のカテゴリーによってはじめて、基本権として法体系を構成する。（1）から（3）の権利のカテゴリーは、国家権力の法的組織化がなされる以前の自由に連合する市民の諸関係を「規律する」にすぎず、権利主体がまずたがいに法の「名宛人」として承認しあい、権利を要求し妥当なものにしうる資格を相互に認めることによって、権利主体の私的自律を保障するものにすぎない。（4）の政治的権利のカテゴリーにおいてはじめて、権利主体は法秩序の「作成者」としての役割を獲得することになる。

なぜなら、市民がみずから討議原理を適用しようとするとき、法の名宛人としてだけでなく法の作成者としての役割をになうべく「パースペクティヴの転換」が不可欠となるからである。「つまり、市民は、みずからを自分が名宛人として服しようとする諸権利の作成者として理解し、同時に活動することによってはじめて、権利主体として自律を獲得するのである」(FG160, 上一五七)。もはや「われわれ」の視点から平等なコミュニケーション的権利と参加権を根拠づけるのではなく、それぞれの「市民」自身が、実際にどのような法形態であれば討議原理が(1)から(3)の諸権利を構成しうるかを熟慮し決定しなければならない。討議原理にしたがうなら、すべての可能的関与者が合理的討議に参加したとき同意しうるような規範こそが妥当性を要求しうる。それゆえに、ここでもとめられる「政治的権利」は、市民のコミュニケーション的自由が平等なかたちで発揮されうるように、立法にかかわるすべての審議過程と決定過程への参加を保証しなければならない。政治的権利のカテゴリーは、自由で平等な国家市民の資格を根拠づけるのであり、それは(1)から(3)までの基本権を形成するのに「反省的＝再帰的 reflexiv」に適用されるのである。

さらに、これらの権利を行使しうるには、ここにあげられた市民権を利用する平等な機会にとって不可欠な(5)「生活条件の保障」のための権利が確保されていなければならない。それは、権利主体の私的自律や政治的自律の枠組みにはいるものでなく、そうした自律を実現するための社会的・文化的な条件を保障するものにほかならない。しかし、この権利は私的自律や政治的自律を保障する権利に対してあくまで相対的なものとして考えられている。ハーバーマスはその理由を、『他者の受容』のなかで『事実性と妥当性』に対する批判にこたえつつ、社会権を絶対化することは共同体の前政治的な連帯を過大に評価し、法のになう社会的統合力を過小評価する恐れがあるからだと説明している。実際に社会的基本権は、病気や事故、失業などの労働生活のリスクに関する強制保険というかたちで保障されて以来、福祉政策は官僚行政による生活保護に席を譲ってしまっている。福祉国家のこうしたパターナリズムに対して、『事実性と妥当性』のなかでは「私的自律と公的自律とを保障することを優先する根拠づけの戦略」をとったのだとその意図を説明している。したがって、市民は自律的に生活するためにみずからの権利を行使しえなければならない。社会的基本権は、「（絶対的に根拠づけられた）私的自由権と政治的市民権を利用する機会が均等にあたえられるための不可欠な生活条件を保障すべき」ものなのである（Vgl. EA382, 三七六）。

こうしてハーバーマスは、「権利の体系」を構成する基本権をつぎのように整理する（Vgl. FG155f., 上一五二―一五三）。

（1）最大限の平等な主観的な行為自由への権利を、政治的自律にもとづいて具体化することから生じる基本権

（2）法的同胞の自由意志による連合における構成員の資格を、政治的自律にもとづいて具体化することから生じる基本権

（3）権利の提訴可能性と個人の権利保護を政治的自律にもとづいて具体化することから直接的に生じる基本権

（4）市民が政治的自律を行使し、正統的な法を制定するための意見形成・意志形成のプロセスに参

加する平等な機会を保障する基本権
（5）所与の諸関係のもとで（1）から（4）まであげられた市民権を利用する平等な機会を保障するのにそのつど必要である度合いに応じて、社会的、技術的、エコロジー的に保証された生活条件を保障する基本権

これらの権利のカテゴリーは、それぞれの法カテゴリーのもとに具体化され、法コードを形成する機能をはたすことになる。（1）人間の尊厳、人格の自由・生命・身体の不可侵性、移転の自由、職業選択の自由、財産の保障、住居の不可侵などの古典的な基本権は、「平等な主観的自由の権利」という意味で「普遍的自由権」を解釈することで具体化したものであり、（2）引渡しの禁止、庇護権、実質的義務をともなう地位、給付を受ける地位、国家市民の地位などは、「法的同胞の選択意思による連合における構成員という普遍的地位」を解釈し具体化したものであり、（3）「法的手続きの保障」は、「手続き保障と法原則（遡及効の禁止、一事不再理、特設裁判所の禁止、裁判官の客観的・人格的独立の保障など）」を解釈し具体化したものである（FG159f., 上一五七）。これらの諸権利は、ふつう自然権と考えられている古典的な自由権に、政治的自律の権利を「反省的＝再帰的」に適用する討議理論をつうじて、はじめて基本権として説明することができる。

これに対して「政治的自律」の行使は、「歴史的立法者による原理的に不完全な諸権利の解釈」として具体化されることになる。すなわち、「すべての国家権力は人民に由来するという原則」は、歴史的な状況に応じて「政治的基本権」として、（4）言論の自由、情報の自由、集会の自由、結社の

自由、信仰の自由、良心の自由、思想信条の自由、政治的選挙と投票に参加する権限、政党活動や市民運動の権限といったかたちで具体化されなければならない。市民はまず、「憲法制定行為 der verfassunggebende Akt」において、行為遂行的に自己関係的なやり方で政治的自律を始原的に使用する。歴史上の憲法の基本権の諸規定は、「権利の体系」をそうした政治的自律の使用をつうじて文脈依存的に解釈したものと理解される。したがって、「権利の体系」は、憲法制定者にあらかじめ「自然法」としてあたえられているのではなく、ある特定の憲法制定解釈によってはじめて権利として意識されるのである。すなわち市民は、自分たちの共同生活を法をつうじて正統性をになうものとして「規律し」ようとするとき、すでにそのような解釈行為にかかわっているのであり、そうした行為の意味をみずからの置かれている状況から「権利の体系」を解釈することをつうじて明らかにするのである。「権利の体系」は超越論的に純粋なかたちで存在するのではなく、討議をつうじて行為遂行的な解釈行為のなかで遡及的に構成される。したがって、「憲法 Verfassung」とはそもそも、「法制定のすべてのレヴェルにおいて持続的に遂行され受け継がれてきた憲法解釈という様式においてのみ存続しうるプロジェクト」なのである（Vgl. FG162f., 上一五八―一六〇）。

社会権は、私的自由権と政治的市民権を利用するための不可欠な生活条件を保障することになるが、それは（5）労働・安全・健康・住居・生活保障・教育・余暇・自然環境保護などへの権利として具体化される。しかし、福祉重視型の社会国家はこうした権利を、消極的自由の機会均等的な前提を実現するのではなく、物質的基盤をあたえることによってのみ保障しようとするなら、たとえば社会的給付権をもっぱら「給付請求権 Teilhaberechte」としてしか理解しようとしないなら、むしろそうした政策によって市民としての「自律」を侵害することにもなる（FG490, 下一四三）。そもそも自由主義的法パラダイムも社会国家的法パラダイムも、産業主義的な経済社会を前提としていることに問題がある。自由主義的法パラダイムは社会的正義の期待を、個々人の利害関心を私的自律にもとづいて追求することをつうじて実現しようとし、社会国家的法パラダイムは自由主義的法パラダイムのもとに生まれてくるひずみをやはり個々人の利害関心にもとづいて解決しようとする。いずれの場合も、法的に保護された消極的自由が社会的にどのように規範化されるべきかということしか、つまり私的自律は自由権によって十分に保障されるのか、それとも社会的給付請求を保障することによって確保されねばならないのか、ということしか問われていないのである。したがって、どちらも私的自律と国家市民的自律との関係が考慮されていない。つまり、たとえ法的人格の地位が法秩序の名宛人の役割を事実上になっていることが前提とされているとしても、しかし法的人格の「自律」は、みずからが名宛人として従属する法の作成者として同時にいかに理解されうるかにかかっている、ということが考慮されていないのである（Vgl. FG490ff., 下一四二―一四四）。

「権利の体系」の討議理論的な根拠づけにおいては、「市民の自律」と「法の正統性」はたがいに前提しあうものとして理解される。ハーバーマスはつぎのように説明する。「ポスト形而上学的な世界理解においては、等しく権限をあたえられた国家市民の討議による意見形成・意志形成から生まれた法のみが正統的なものとして妥当する。国家市民は、その私的自律が保障されているかぎりで、民主的参加権をつうじて保障された公的自律をふたたび適切に行使することができる。私的自律が保障されていることによって、公的自律の〈成立の保証〉がえられるのであり、また逆に公的自律が適切に行使されることによって、私的自律の〈成立の保証〉がえられるのである」（FG493, 下一四四）。「正統的な法」は、市民社会における生活世界の私的自律にもとづく活動を、政治公共圏のコミュニケーションのなかで実現することによって形成される。このように法と政治権力をコミュニケーション的形式に関連づけることは、「正統的な法」によって支配された社会にはコミュニケーション的な相互承認の構造が認められることをしめすものにほかならない。法秩序が正統であるのは、法秩序がどれだけ市民の私的自律と国家市民の自律を同等に保障するかにかかっている。しかし、法秩序はその正統性を、市民の「自律」を実現するコミュニケーションをつうじてのみ獲得することができる。その点に、ハーバーマスが自由主義的法パラダイムと福祉国家的法パラダイムに対して主張する「手続き主義的法パラダイム」の核心があるのだといえる。

ハーバーマスは、「すべての個別の人権はその根拠を、平等な主観的自由への唯一の根源的権利のうちにもっている」という前提、「選択意思の自由の領域」を保護する主観的権利の概念こそが近代的法秩序にとって「構造形成的な力」をもっているという前提から出発する（Vgl. EA224f., 二一九）。ハーバーマスは、近代的な人権概念には、義務を根拠づける義務論的道徳とはちがって、明示的に禁止されていないことはすべて許されている、というホッブズ以来の近代法の普遍的原理のもとに、個々人の「選択意思の自由」は保護されるという意味で、義務に対する権利の優位という観念が含まれていることを強調する。近代の法秩序は主観的権利から構築される。主観的権利は、法人格にそれぞれがみずからの選好によって行為するための法制化された活動領域をあたえる。そうした諸権利をつうじて、「権限をもった人格」が道徳的な慣習や拘束から解放されるのである。法的に許されているかぎり、だれもその行為を公的に正当化する義務を負うことはない。この点で法と道徳は対立しあう。道徳は、まずわれわれが何に義務づけられているかを語り、道徳的権利が相互的な義務から導かれるのに対して、近代法は、まず「権限の優位」を前提とし、法的義務はこの主観的自由の法制化された制限から導かれるのである。ハーバーマスはつぎのように説明する。「基本権とは、その構造から言って、提訴可能な主体の権利 einklagbare subjektive Rechte であり、その権利は、行為者にそれぞれ独自に選好によって行動する法的な裁量の余地をあたえることによって、法人格をうまく制限されたやり方で道徳的命令から解放するという意味をもっている。道徳的権利は、自律的人格の自由意志を拘束する義務から根拠づけられるのに対して、法的義務は、なによりもまず選択意思によって行為する権限の帰結として、しかもこの主観的自由の法的制限から生じるのである」(EA224, 二一九)。つまり、法的義務は、国家市民が政治的に自律的で民主主義的な憲法実践をつうじて、その名宛人であると同時に権利主体となることによって構成されるのである。したがって、空間的・時間的に無制限な道徳的領域は、すべての自然的人格へと拡張されるのに対して、空間的、時間的に限界づけられた法共同体では、法共同体の構成員が「主観的権利の担い手という人工的につくりだされた地位をどれだけ獲得しているか」によって、その構成員の「不可侵性 Integrität」が権利として確保されるのである。

こうしてハーバーマスは、一方において、基本権が道徳規範と同様に普遍的な妥当性をになっていることを強調すると同時に、他方において、近代的な人権概念が主観的権利から発展し、その超実定的な「妥当感覚」はその道徳的内容からではなく、近代的な法秩序において「提訴可能な主体の権利」として構造的に要請されるものであることを主張する。基本権が道徳的に根拠づけられるとしても、それによって基本権がもっぱら道徳的性格しかもたないということにはならない。法規範の性格はその内容にではなく、名宛人が同時に権利主体であるというその民主主義的な構造に負っている。ハーバーマスは、人権を「提訴可能な主体の権利」と結びつけることによって、民主主義的な立憲国家の正統化の概念との内的な関係において再構成しようとするのである。近代社会において国家権力の媒体は、法という形態において構成されるがゆえに、政治秩序の正統性は法の正統性にもとづいて獲得されることになる。国家の政治権力が法という形態のうちに構成されなければならないとすれば、そのためには法は、その名宛人から事実上の承認を要求するだけでなく、承認を受けるに値するものでなければならない。すなわち、承認にもとづいて構築される公的な機構と、それを要求する制度上の機構が必要なのであり、そこに「提訴可能な主体の権利」が構成されるというのである。政治権力は、そうした「提訴可能な主体の権利」をつうじて、実定的なすなわち法制化された強制力をもった法という形態のもとに形成されなければならない。

3　基本権の循環的構造と民主主義

ハーバーマスの議論の中心にあるのは、私的自律と公的自律との「同根源性」というテーゼであり、ハーバーマスは、主観的行為自由、構成員資格、提訴という市民社会を形成する三つの自由権は、政治的自律によってはじめて成立するものであると同時に、政治的自律を可能にする条件であると論じる。他方、法形式は脱慣習的な社会においては根拠づけ不可能なものであり、語用論的「論議の規則」から導かれる道徳規範を補完するものとして説明されるべきだと主張する。「権利の体系」が「循環的」であることによって、法形式はどのような性格をもつことになると考えられるだろうか。「権利の体系」が「循環的構造」をもつのは、あくまで政治的権利の優位を主張するからだとすれば、政治的権利の優位を主張することには、どのような意味があるのだろうか。また「権利の体系」の「循環的構造」は、法形式にとってはたしてどのような意味をもつのだろうか。以下では、トーマス・ブランケ、トーマス・クプカ、クラウス・ギュンターの議論を中心に、法形式の構造、政治的権利の優位の意味、「権利の体系」の性格について検討したい。

(a) 法形式と非-承認の構造

ハーバーマスによるなら、法形式は、いわば脱慣習的な社会において伝統的な人倫が崩壊した結果の産物である。つまり法形式は、脱慣習的な道徳を補完するものとしてのみ説明されうるものであり、法形式そのものは、討議理論的に演繹されえない。他方、近代社会の法秩序は、「討議原理」——「すべての可能的な関与者が合理的な討議への参加者として同意しうるであろう行為規範こそが、妥当である」(FG138, 上一三六)——と法形式から形成される。しかし討議原理も、相互行為的な諸関係をしめす法形式も、それ自身では権利の根拠づけにとって十分ではない。基本権は討議原理と法形式が結びつくことからはじめて帰結し、そこから法コードが形成される。また基本権は、主観的行為自由の権利のもとに構成される法コード一般を前提するものとしても記述される。ブランケは、ハーバーマスの「権利の体系」において法形式のになう役割を、討議原理の意味を、また道徳規範との関係を問題にしている。

ハーバーマスは、私的自律あるいは自由権についてつぎのように説明する。「主観的な行為自由は、コミュニケーション的行為から離脱し、発語内的な義務を拒絶する権限をあたえる」(FG153, 上一四九)。自由権は、ハーバーマスが認めるように、コミュニケーションからの後退と離脱の権限をあたえる。それによって個々人は、コミュニケーション的実践の責務から、論議ゲームの継続を強いるその発語内的義務から解放されることになる。自由権はこの点で、権利主体がシンメトリーな承認関係の目に見えない拘束から少なくとも一時的に逃れることを可能にするのである。つまり法形式は、それが自由権を含んでいるとすれば、権利主体のすべての行為が根拠や洞察によって動機づけられていることを前提にしているわけではなく、いつもすでに「不合意」を、「非-承認」を考慮に入れていることになる。ブランケはつぎのように言う。「法の媒体のうちには、承認のなにか一貫した構造ではなく――基礎的な法的地位の権利や自由権の平等な分配を想定するときでも――非-承認の構造が埋め込まれている」[77]。このことは、ちょうど理性的コミュニケーションの超越論的語用論によって根拠づけられた論議の前提と似たようなやり方で、ハーバーマスが望んでいるようなかたちでは、基本権を法秩序の先行仮定として証明することが不可能なことをしめしている。ブランケは、承認をめぐる闘争は法という手段のもとで、法という手段によって解決されうるものであるという意味で、むしろこうした「非-承認」の構造こそが法形式にとってまさに特徴的なのではないかと問うのである。

道徳を補完するという特性をもつ法形式は、討議原理と循環的に結びつき、このプロセスからはじめて「権利の体系」が生成する。ハーバーマスはこうしたコンテクストのもとに、「権利主体がまず相互にその役割において法律の名宛人として承認しあうとともに、権利を要求すると同時に相互に妥当なものにすべく基礎づけるという地位を認めるかぎりで」(FG156, 上一五三)、主観的行為自由、構成員資格、提訴という最初の三つの権利は、まず権利主体の私的自律のみを保障するのだと説明する。ブランケはこの点について、国家市民が権利主体と権利の担い手としての地位を相互に認めることができるなら、このとき国家市民はすでにこの権利の作成者なのではないかと疑問をなげかけている。(78)むしろ、法形式はそもそもはじめから、コミュニケーション的社会化の強制からの離脱という特殊な規範的内実を含んでいるという意味で、「主観的自由がそもそもはじめて可能にする、社会的合理性の構造の唯一無比の〈保持媒体(79)〉」なのであり、法形式には、国家市民的自律と民主的な意志形成プロセスの合理性にとって不可欠な前提を形成する主観的自由の規範的内実が含まれている。つまり主観的自由権は、法形式のうちに理性的な政治的な自己決定実践の可能性の後戻りできない条件をすでに表現している。たしかに、法形式に付随するこの規範的内実は、そのままではいまだ展開されていない。そこで討議原理は、この規範的内実を、平等な主観的行為自由の権利としてすべての法的同胞にあたえられるべく展開するという役割をになうのである。ブランケは、法形式には「非‐承認」の構造が主観的行為自由の権利として埋め込まれていると、したがって討議原理の役割は、法形式のうちに内在するこの権利を法的同胞に平等に分配し展開することにあると理解するのである。他方ハーバーマスは、主観的行為自由の権利についてつぎのように説明する。「しかしこれらの権利は、政治的自律の行使をはじめて可能にする必要条件である。つまり可能にする条件として、これらの権利は立法者の主権を、その条件が立法者の意のままにならないにもかかわらず、制限することはできない。可能にする条件は、それが構成するものに、制限を課すことはない」（FG162, 上一五八）。つまりハーバーマスは、政治的自律はけっして自由権によって制限されることはないと主張するのである。しかしブランケによるなら、可能にする条件は、それが可能にするものに制限を課すことはない、というテーゼは、明らかにわれわれの日常的な直観に矛盾する。たしかに立法者の理性的で法的な意志形成に、なにか自然法的に根拠づけられた外的な制約が課せられることはないとしても、しかし主観的自由権を侵害することは、民主主義的正統性の基盤と前提の自己破壊につながる。ブランケは、そのかぎりでこれらの権利を侵害することは、民主主義的な立法者の意のままにはならない、と主張するのである[80]。

　ハーバーマスはまた、法規範は道徳規範と異なり、具体的な法秩序をになう市民の生活連関を規制し、集団的財と目的にかかわる特殊なコンテクストと結びついているために、意志的要素がその「妥当感覚」に入り込むのだと論じる。しかし利害関心の争いを妥協にもとづいて解決したり、法的、政治的プログラムをその目的や価値に対する選好にもとづいて解決するさいの規範的合理性は、この討議にそれぞれ内在する「論議の規則」によってではなく、その手続き的条件が道徳的討議のうちで正当化されるか、あるいはそのプログラムが道徳的に正当化されうるものと調和しうるか、によって判断されるとしている。したがってブランケは、語用論的討議の合理性は最終的にいつも道徳的討議の合理性に依存しているのではないかと問う。ハーバーマスの議論では、道徳的討議が行為規範一般と法規範の合理性を判断するための消失点をなしているのではないか、そうだとすればハーバーマスは法は道徳に従属してはならないと主張しながら、道徳原理の背景的な優位を認めているのではないかというのである。[81]

クラウス・ギュンターは、法形式における「非－承認」の構造、主観的自由権の分配原理としての討議原理、道徳原理の背景的優位といったこうしたブランケの批判に対して、ハーバーマスを擁護している。[82]

ギュンターは、法形式には「非－承認」の構造が埋め込まれているというブランケの主張を認めつつ、法形式は主観的自由のコミュニケーション的合理性からも演繹することは不可能であり、したがって権利主体相互の強制権限もまたそこから演繹することは不可能であることを強調する。それゆえに、ギュンターはつぎのように説明する。「法形式を討議理論的に演繹することが不可能である結果、言語能力と行為能力をそなえた主体にとって、みずから法共同体へと結びつくなんらかの性質をもった規範的必然性は存在しない（カントはいまだ離脱 exeundum を道徳的命法として根拠づけなければならないと信じていた）。むしろ、共生を実定法によって正統的に規律する regeln ために歴史的に存在してきた法形式を条件づけるという決意 Entschluß は、まったく偶然のものである」[83]。ある法形式のもとに生まれ落ちることは、自由に選択できないとしても、必然的ではありえない。なぜなら、脱慣習的な社会の機構は複雑で、そのコントロールのあり方は多様であり、ある法共同体へとみずからを構成するための「機能的根拠」は一様ではないからである。しかし、社会がそのように「決意」するとき、法形式は社会の安定化のために、脱慣習的道徳との機能的な補完関係にあることを受け入れなければならない。脱慣習的道徳が「普遍化原則」のもとにあたえられるとすれば、法形式はその期待を安定化させるべく補完するという機能をになうのである。法形式は、「道徳的直観を傷つけることなく、合理的な動機づけの可能性一般を排除することなく、正統的な規範を市民が遵守することを強制的に貫徹するために、その社会的相互行為一般を規律しようとするとき」、補完的な機能をになわなければならない[84]。

ギュンターはそこで、討議原理の役割は、主観的自由権の分配だけでなく、権利主体に権利の作成者としての自覚をあたえるとともに、共生を法形式にもとづいて規律する「決意」を自覚させることにあると主張する。たしかにブランケの言うように、権利主体は法形式においてたがいを法の名宛人として承認するかぎり、「機能的」な意味ですでにその作成者であるということができる。しかし、国家市民はみずからの共生を正統的な権利によって規律しようと「決意」し、権利の担い手としてたがいを承認しあうとき、暗黙のうちにみずからの権利の作成者の役割を引き受けることになるとしても、討議原理なしには、権利の担い手は作成者でなければならないということを認識することすらできない[85]。討議原理をつうじてはじめて、権利主体はみずからその作成者であることを自覚するのである。さらにまたギュンターによるなら、討議原理は、共生を法形式的に規律する「決意」をも自覚させる。たしかに、主観的自由は権利主体の平等な権利とならなければならない、という前提もまた、ブランケが推測するように、すでに法形式のうちに暗黙のうちに含まれている。しかし、明示的には、それは法形式と討議原理が結びついた結果として認識されるようになる。主観的な自由のもとに共生することが、自由への平等な権利という形式においてのみ可能だということが納得しうるものになるのは、個人のあいだで相互にパースペクティヴの交替が可能なときのみである。討議原理をつうじてはじめて、主観的自由の権利の平等な分配が必然的であることが明らかになるのであり、しかも、まず市民自身によって、民主主義的手続きのもとに主観的権利を平等に分配する観点を確定しようとすることをつうじて明らかにされるのである。[86] こうした背景からするなら、ギュンターは、「討議原理と法形式は政治的自律を同時に〈制限すること〉なく〈可能にする条件〉ではありえない[87]」、とするブランケのハーバーマスへの批判は誤解であると反論する。「討議原理」は共生を法形式的に規律する「決意」を自覚させる、ということは、法形式なしには政治的自律は保持されえないことを意味する。それゆえに、政治的自律の法形式性を傷つける主権者は、それによってみずからの政治的自律をもしりぞけることになるというのである。

さらにブランケが、民主主義原理が語用論的問いの合理的な決定可能性一般を前提としているということから、民主主義原理は結局は道徳原理に依存しているのではないかと、また権利の討議理論にしたがうなら法形式は道徳形式と調和しえなければならないということから、公的な意見形成と意志形成に対する道徳的討議の効果と、倫理的、政治的、語用論的討議および公正な妥協形成の手続きとのあいだにはヒエラルキー的な従属関係があるのではないかと問うのに対して、ギュンターはつぎのように説明する。討議原理は、道徳的討議の語用論的問題の解決のために、また政治的‐倫理的な妥協形成の手続きの公正な規則のために、「論議の規則」によって規制される。そのさい、道徳的討議のための「論議の規則」つまり「普遍化原則（U）」は、規範的妥当要求をめぐる合理的な論議の先行仮定にもっとも近いという理由から卓越的な地位を有している。しかし、この先行仮定はギュンターによるなら、語用論的論議一般が道徳的討議としてのみ遂行されうることをはじめから命じているわけではない。「すべての関与者」とは、道徳的討議においては人間一般、政治的‐倫理的討議においては共同体のメンバーをのみ意味し、それぞれの討議によって異なっている[88]。したがって、すべての語用論的討議の合理性は、最終的にいつも道徳的討議の合理性にもとづいているのではなく、道徳原理はさまざまな原理のうち、道徳的問いが合理的に決定されうるひとつの原理にすぎない。他方、正統的な法形式は道徳規範と調和しえなければならないという要請から、法に対する道徳の優位が帰結するわけでもない。調和の要請はたんに、正統的な法形式が道徳に反する振る舞いを命じることは許されないことを意味するにすぎない。したがって、そうした観点から正統的な法規範からは、もはや良心に反する行為を要求する「恐怖の法」を、さらに討議理論的定義にしたがうなら法規範の名宛人は人間一般なのだから、とりわけ人間性に対する犯罪、たとえば拷問やジェノサイドといった人権に対する犯罪を実行するように命じる法なども排除されるのである。したがって「調和の要請」は、法共同体の倫理的‐政治的自己理解が人権を犠牲にして公共的価値や公共善の実現を要求するようなケースでは、「善 das Gute に対する正 das Gerechte の優位」が受け入れられなければならないという要請として理解されなければならない[89]。

（b）政治的参加権と自由権

ハーバーマスは「権利の体系」について、つぎのように説明する。「権利の論理的生成は、討議原理を――法形式そのものにとって構成的な――主観的行為自由一般への権利に適用することではじまり、政治的自律を討議によって行使する――それによって遡及的に、まず抽象的に措定された私的自律が法制度として構築されうる――ための条件を法的に制度化することで終わる」（FG154f., 上一五一）。トーマス・クプカは、ハーバーマスの主張する「権利の体系」のこの循環的構造は、あくまで政治的自律の行使を強調しようとするならトートロジーに陥るか、あるいは外部からもちこまれた主観的行為自由が権利の体系によって内面化されることをつうじて再構成されると主張するなら討議原理は権利の論理的生成にとって積極的な役割をにないえないか、どちらかであると批判している。「権利の体系そのものがすでに内的に主観的な行為自由への権利から――まさにこの権利が、行為を方向づける裏面として強制法をつうじて法形式そのものにとって構成的であるという理由から――生じるとすれば、なぜ外部のパースペクティヴから抽象的に措定された私的自律一般を必要とするのか」[90]。もし、政治的自律にとって私的自律はあくまで抽象的なものでしかないと主張するのであれば、結局は、「法が法であると規定するものこそが法である」というトートロジーに陥ることになる。他方、「権利の体系」が主観的自由権をすでに含んでいるとすると、法コードと民主主義原理が「同根源的」に循環プロセスを構成するのではなく、いかに否定しようと「権利の体系」はいつもすでにそこにあり、討議原理はたんに遡及的に「権利の体系」の有効性を「検証」しているにすぎない、ということになる。普遍的語用論的討議で問題になるのは、「正当な規範を生みだすための手続きではなく、提案されたあるいは仮定的に考えられた規範の妥当性を検証すること」であり、ハーバーマスが行なっているのは、「みずから権利のカテゴリーを提案し、そのカテゴリーを民主的な共同体にとって不可欠なものと見なし、討議原理というものさしに結びつけて検証する」ことなのである。[91] もはや法形式と討議原理の結びつきから生まれてくる民主主義原理が、法媒体の生成をコントロールするのではなく、民主主義原理をつうじて理性的で政治的な意志形成が自由に連合する法的同胞の共通意志としてみずからを表現するようになるわけでもなく、逆に私的自律と公的自律の関係は一方的に私的自律のほうから解釈されることになる。(92)

ギュンターはこうしたハーバーマスへの批判に対して、クプカの期待をまじめにとらえるなら、「権利の体系」はふたたび私的自律と公的自律のあいだのディレンマに陥ることになると反論している。三つの主観的自由権を確立することから、「権利の体系」の論理的生成は、ふたたび自然状態の袋小路に陥るか、循環形式をとるようになるか、二つの異なる方向への岐路に立つことになる。(93) 権利主体は、法の作成者というあり方を放棄し、「権利の体系」の具体化と制度化についての決定権をより高い権力へと譲り渡すか、立法の民主的手続きへの政治的参加権を獲得し、規範的に主観的自由権の作成者となることによって、これまで「機能的」でしかなかった作成者というあり方をみずから体現するか、を決断しなければならない。前者の道をとるとき、権利主体はその地位を、みずから作成者としての役割を譲渡することになったより高い権力によってあたえられたり奪われたりすることになる。後者の道をとるときだけ、権利主体はみずからの暗黙の作成者としての役割を保持しつつ、その役割を政治的自律の表現として理解することができる。ギュンターによるなら、そのために権利主体は、討議原理を必要とするのである。法形式と結びついた討議原理は、法の作成者が、みずからの自律を合理的な討議への参加者として行使すべきであることを要求する。ただしその要求は、市民が相互になにか共同的な目的へと合理的に動機づけられ方向づけられることにあるわけではなく、市民が相互に権利の名宛人であるだけでなく、同時に権利主体として行為自由をあたえあう、という条件のもとでのみ拘束力をもつ規範において共生すべく「決意」することにある。[94] クプカは、「権利の体系」の循環過程のこの弁証法的構造を見誤っているのである。

したがって法の正統性は、クプカが恐れているように、まさにいつもただ何が法であるかを語るものが法である、といったトートロジーに陥ることはない。ギュンターはつぎのように説明する。「たしかに、政治的自律は権利主体のための権利主体による法形式的自己立法としてのみ制度化されうるのだが、これは必要条件であって、十分条件ではない。同時に十分条件であるとするなら、そのときはじめて法形式的自己立法はトートロジーとなるのである」。[95] すなわち、権利主体は討議原理をつうじて自分自身に権利主体としての法形式をあたえることになるが、討議原理は権利主体がそのことを合理的な討議への平等な権限をもった参加を可能にする法的に制度化された手続きをつうじて行なうべきことを要請するのである。したがって、「権利の体系」の論理的生成からトートロジー的な合法性を推測することは、より高い権力の正統性による合法性を推測することと同様にまちがっている。法秩序の正統性は、公的な意見形成と意志形成の民主的な手続きと政治参加への平等な権限という条件のもとでのみ、すなわち「合法性による正統性」をつうじてあたえられるのである。「権利の体系」は、はじめから法形式と同一なのではなく、あくまで法形式と討議原理の結びつきがあってはじめて構成されうる産物にほかならない。「権利の体系」は、民主主義原理の生成によってたんに遡及的にその有効性が認められるというのではなく、「遡及的に政治的に自律的な憲法実践のうちに内面化される」のである。[96] つまり、法形式と討議原理が結びつくことによって政治的参加への平等な権利が生みだされる瞬間に、「権利の体系」は民主的な憲法実践へと全面的にゆだねられたものとして見いだされることになる。それゆえに討議原理は「権利の体系」の中核をなすのである。

ギュンターは所有権を例に説明している。所有権はカントにとってなにより、すべての国家市民の統一した意志によってはじめてつくりだされる公的な権利に先行する自然権である。しかし所有への主観的権利は、平等な主観的自由の最大限の可能性を保証するためにそもそも必要なのか、そしていかなる形態において必要なのか、国家市民自身があらかじめ協議し決定することによってはじめて確立するのである。(97) カントが外的自由の条件として自然法的に説明する自由の条件はすべて、討議理論的パースペクティヴからするなら、民主主義的立法者の自己立法をつうじてはじめて権利としてあたえられる。他方、私的自律は民主主義的立法者の自由に完全にゆだねられるというわけではない。なぜなら、私的自律は歴史的に偶然的に形成された産物であるだけでなく、同時に民主的憲法実践の必然的な前提でもあるからであり、私的自律の権利は第三者によってあたえられたり奪われたりするかもしれない権利としてたんに受動的に受容されるものではないからである。所有権もまた、民主主義的立法者の自由にゆだねられてしまうとすればトートロジーに陥ってしまう。したがってギュンターによるなら、自由権も政治的権利も、たとえば少数者への特別な保護の権利をめぐる議論などにも認められるように、どちらにもたがいに還元しえないものとして理解されなければならないのである。

（c）深層文法としての「権利の体系」

ブランケもクプカも法形式を、たえず再構築される「共通言語」としてとらえている。市民がある権利をすでにもっている、つまり権利主体であるかぎり、市民はその自律を実現しようとする媒体をもはや自由に選ぶことができない。市民は権利主体として、唯一可能な言語としての法コードに結びついている。したがって問題となるのは、すでに現前する権利を法をつうじて市民社会的に「分配」し再構築することでしかない。権利主体について語りうるためには、法形式はすでに権利あるいは私的自律を前提としているはずであり、法コードは正統的につまり平等に「分配」された主観的権利という形態のうちに調整され、その方法をしめすのが討議原理であって、自由の分配は討議原理をつうじてはじめて平等なものとして根拠づけられるというのである。討議原理が法形式的に制度化されたものが民主主義原理であり、民主主義原理は討議をつうじて法制定のプロセスに正統性をつくりだす力をあたえるのである。そのようにしてつくりだされた法コードは「権利の体系」を反映することになるが、いかなる権利が平等に分配されるべきかは市民の憲法実践にゆだねられる。この実践は「共通言語」としての法形式と結びついていて、「共通言語」としての法形式は、それが討議原理によって民主主義原理へと組み合わされることによって、たえずまた新たに再構築されるのである。

他方、ギュンターはハーバーマスの展開する「権利の体系」と法形式との関係を、言語の「深層文法」と「表層構造」との関係のアナロジーによって説明する。「つまり権利の体系とは、市民が自分たちの共生を実定法という手段によって一般に正統的なやり方で規律することを決断するやいなやもちいることになる一種の深層文法なのである。この助けをかりて、市民はその案件一般をはじめて法的に規律することができる人工的な〈言語〉の表層構造を構成しうるのである」[98]。法コードとはたしかにすでに、主観的行為自由の権利、構成員資格をうる権利、提訴する権利という三つの自由権によってあたえられ準備されてはいるが、国家市民によっていまだ語られえないものにとどまっている。市民は発話者として、その相互行為をつうじて深層文法としての「権利の体系」を法言語の表層構造へと変換する。法コードはそのようにして、発話者としての市民自身によって構成されなければならない。そうでなければ、市民はちょうど客観的文法にしたがうように法コードにしたがうことになる。こうして市民は、法言語が生成され使用されるコミュニケーション的形式、つまり「民主的な憲法実践」を確立するのである。市民は、民主主義を法形式的に制度化することによってはじめて、相互に権利主体として名宛人となりうるのであり、法コードはそうした市民の自律的な憲法実践によってはじめて生みだされるのである。

道徳規範が発見されるのに対して、法形式は構成されなければならない。近代的な法形式は、自然発生的な相互行為とは対照的にそもそも人工的な性格をもつ。したがって、ギュンターによるなら、誰が、いかなる条件で、構成物としてのみ可能な法形式を構成するのかが決定的な問題になるのである。つまり、最初の三つの自由権の論理的生成、すなわち法コードと法媒体の確立によっては、いまだ構成者と構成手続きの部分があたえられていない。法形式がまず外部から討議原理のもとにもちこまれることは、構成者と構成手続きの部分が満たされないでいいということにはならない。討議原理は、構成者としては政治的に自律的な国家市民が、また構成手続きとしては法形式的に制度化された意見形成と意志形成の民主主義的手続きが、あたえられるべきことを要請するのである。したがって民主主義原理は、その意味で法形式という構成物の前提をなし、他方、民主主義原理は討議原理と法形式の結合に負っていることから、法形式は民主主義の前提であると同時に構成物なのである。(99) ギュンターは、法形式は「人工的に構成されることを必要とする社会的な形成媒体」であり、民主主義原理をつうじて、すなわち法形式と討議原理が結びつくことによってはじめて確立されるべきものだと主張する。「民主主義なしには、国家市民がみずからの関係を法形式的に規律しうるにふさわしい表現媒体すら存在しないであろうし、国家市民みずからがその要求や期待といったものを権利として適切にあらわしうる法文法をもつことはないであろう」[100]。その意味で「権利の体系」は、国家市民が法形式的に結びつこうとするときかかわりあわなければならない憲法実践において、行為遂行的に結びつこうとする「決意」の回避しえない「先行仮定」をなすものであり、したがって「権利の体系」は、政治的に自律的な憲法実践のための行為遂行的規則なのである[101]。

ギュンターによるなら、ハーバーマスへのブランケやクプカの批判は、「循環過程」というイメージで語られる法形式と討議原理とのあいだの媒介を十分に理解していないことから生じてくるものにほかならない。この「循環過程」が断絶してしまえば、「憲法制定権力 pouvoir constituant」の政治的自律は、「権利の体系」をたんに批准する機関に成り下がってしまう[102]。国家市民の政治的自律は、個人的自由あるいは私的自律への権利の構造のうちに包摂されない。主観的権利は政治的に自律的な法制定行為の帰結であると同時に前提であるという事実は、矛盾ではなく、「論証のかなめ」なのである。「法とは民主主義のテーマであると同時に媒体である。そうでなければ、ふたたび法を民主主義に対して、あるいは民主主義を法に対してあらかじめ遮断してしまうというディレンマに陥ることになるだろう」[103]。このディレンマから逃れることができるのは、法と民主主義が相互に前提しあい、照合しあい、内面化しあうというかたちで手続き的に理解されるときだけである。このことは、法を民主主義によって抹消してしまうことも、民主主義を自然権のもとに屈服させることもできないことを意味する。民主主義的な憲法実践が他の政治形態に対して際立っているのは、法と民主主義とのこの緊張関係という点にある。ギュンターによるなら、法と民主主義のこの関係は現代社会において民主的立法実践の構成要件であることが、ますます明らかなものとしてしめされているのである。

ギュンターはこのようにブランケとクプカの批判にこたえつつ、ハーバーマスの「権利の体系」がなにより法形式を民主主義原理と結びつけるべくアレンジされていると説明することによって、法理論におけるその意義を強調する。「権利の体系」は、市民に権利主体としての地位を保証するとともに、共生を法形式的に規律する「決意」を自覚させ、民主的な社会の構築を法形式と民主主義原理の緊張関係のうちに実現するものでなければならない。そのとき、法形式と民主主義原理の「循環過程」は、それぞれが相互に前提しあうとともに、どちらにも還元しえないものとして理解される必要がある。しかし、たしかにギュンターが「権利の体系」についてこのように主張することは正当であり、またその主張は正しいとしても、ギュンターが問題にするのはどこまでも法と民主主義とのあいだの緊張関係であって、ブランケとクプカがおそらく問題にしたがっている、自由権と民主主義原理とのあいだにも認められるはずの緊張関係については問われていない。ギュンターもまた自由権も政治的権利もたがいに還元しえないものであると主張してはいるが、権利主体の自由権は、法の事実性に内在する「機能的」な権利としてしかとらえられていない。つまり、議論の中心はどこまでも法と民主主義とのあいだの緊張関係にあり、自由権にはあくまで消極的な意味しかあたえられていないのである。

ギュンターは、可能にする条件としての自由権はそれが構成する政治的自律を制限することができないというハーバーマスの主張は、政治的自律は法形式をとらなければ保持されえず、したがって、主権者は政治的自律の法形式性を傷つけることはできないということを意味するのだと説明する。たしかに、政治的自律なしには正統的な法はありえない、というギュンターの主張は正しいし、政治的自律は不可侵であるという主張も、政治的自律が自由権を顧慮しこれに違反することなく理想的なかたちで実現されているなら正しいといえる。しかし、現実の具体的な立法者の権限にかかわる規範においても、そうした規範によってあたえられた立法者の権限は、自由権によってけっして制限されることはないとすれば、やはりブランケやクプカが主張するようにわれわれの日常的な直観に矛盾するように思われる。この点についてはロナルド・ドゥウォーキンもまた、ハーバーマスとの議論のなかで、憲法は民主主義の前提であるだけでなく、「多数決による民主主義を制限するような基本権や人権」をも含んでいなければならないことを指摘している。[104] 民主主義はただそれ以外のやり方では組織化されえないという理由から憲法を必要とし、その意味で、憲法はたとえば選挙や投票のための手続きをルール化する。しかし同時に、憲法はそうした憲法の根本構造を超える個人的権利をも含んでいる。つまり、言論の自由、プライヴァシーといった個人的権利、さらに十分な医療保障、住居、平等な扱いなどの権利、たとえば、学校で白人と分離されることなく授業を受ける権利、同性愛者が特別な刑法に服さないですむための権利といった社会権を要求するときなども、民主主義に必要不可欠なものを超える権利の広い領域を保護することを要求しているのである。ドゥウォーキンは、「可能にするermöglichend憲法のルール」と「制限するbeschränkend憲法のルール」とを区別すべきことを主張している。憲法は、民主主義を構築するためには、民主主義を可能にする諸規則をそなえていなければならない。民主主義プロセスは、誰が選び、何が選ばれるか、選ばれた諸制度がどのような権力を備えているかを規定する諸規則によって組織化される。他方、憲法はまた民主主義を「制限する条件」をも含んでいなければならない。その条件は、「可能にする条件」をつくりだす立法機関の権力をも制限する。しかし、それは民主主義を掘り崩したり弱めたりするものではなく、民主主義の前提条件として不可欠なものであり、民主主義を「可能にする条件」と同じくらい基本的なものなのである。

　また、政治的権利の優位をめぐるギュンターの議論は、ハーバーマスの議論を必要以上に擁護する結果になっているように思われる。ギュンターの言うように、権利主体はみずからの個人の自由権を保持するためには、政治的権利を行使しなければならない。しかし、自由権は政治的権利へと還元されることは許されない。この点はギュンターも強調している。しかしハーバーマスの議論は、あくまで政治的権利を中心に「権利の体系」を構築しようとするものであるように見える。そもそもハーバーマスは、自由権を「選択意思Willkürの自由」をあたえる権利としてしかとらえていない。それゆえに、近代社会において経済活動を可能にする条件としての「選択意思」あるいは「選好」は、つねに政治的自律によってコントロールされなければならないと主張するのである。たしかに、パターナリスティックに自由権をあたえられただけでは、民主主義社会は構築しえない。しかし、政治的自律が自由権の承認の条件であるかのように、政治的に自律性を獲得していなければそこには自由権はないかのように議論されるとすれば、問題であるように思われる。はたして政治的に自律的でないからといって、その自由権を承認しなくてもよいということになるだろうか。むしろ、自由権は政治的自律によってのみ自覚的に保持されうるとしても、政治的自律はいつもすでに個人の自由権の承認を前提としていなければならないのではないか。ハーバーマスの政治的権利の優位をめぐる議論には、自由権を自覚的に保持することの必要性が自由権の承認に優先すべきであるという要請がしばしば認められるように思われる。

政治的権利の問題は、「権利の体系」を深層文法として説明するギュンターの議論とも関係する。ギュンターによるなら、発話者としての市民は、深層文法としての「権利の体系」を法言語の表層構造へと変換することによって、みずから法コードを生成する。民主主義を法形式的に制度化することによって、市民はみずからを権利主体として確立するのである。国家市民の権利は、深層文法から法言語の表層構造を生成するこの循環的な構造のなかで形成される。たしかに、こうした循環的構造のうちに形成される権利は、国家市民の権利のひとつの側面を説明する。しかし、権利のこの循環的構造が法を構成するための前提であるかぎり、積極的な意味をになうことになるとしても、それが権利の承認の前提であり条件であると見なされるとすればやはり問題であるように思われる。深層文法から表層構造としての法言語が生成するというモデルは、チョムスキーが生成文法を構想するときと同様に、すべての人間の能力が共有すべき循環的な精神構造を想定している。「権利の体系」は、権利の源泉を「共通の人間性」に位置づけるべく案出されているのである。つまりこうした権利には、人格の反省的で循環的な精神構造が、人格の自律という審級が組み込まれている。したがって、権利にはその承認の問題がつねに含まれているとすれば、人格の相互承認もまたその可能性を「共通の人間性」という前提に負うことになる。深層文法モデルでは「平等な存在者として扱いを受ける権利」の承認が、「平等な扱いを受ける権利」の承認へと内面化されてしまうのである。

ハーバーマスは、「権利の体系」の循環的な構造は、「共通の人間性」という可能的経験の前提を討議の「手続き Verfahren」として問うことから導き出されたものとして説明し、そこに「近代的」な人権の意味を認める。しかし人権とは、もっぱら討議の「手続き的合理性」のうちに、その循環的な構造のうちにのみ表現されうるとはたして言いうるだろうか。ハーバーマスは、「権利の体系」の循環的構造のうちに法の起草者と名宛人の同一性が保証されると主張するが、はたしてこの同一性は人権の前提となりうるだろうか。人権と人民主権は、ハーバーマスが主張するように、同一の構造をもつものなのだろうか。ひとつの法治国家の内部の問題としてなら、あるいは自由権と民主主義原理とのあいだの緊張関係は「権利の体系」のうちに解消されうるものとして論じることができるかもしれない。しかし、とりわけかならずしも法の起草者と名宛人の同一性が保証されていない国際社会において、人権とはどのように考えればよいのだろうか。

第三章　民主主義と基本権

インゲボルク・マウスは、ハーバーマスが近代法の正統化モデルが「循環的」な構造をもつことを明らかにしたことの意義をくりかえし強調している。[105] ハーバーマスは『史的唯物論の再構成』のなかで、つぎのように主張する。「近代の正統性 Legitimität 問題にとっていずれにせよ決定的なのは、正当化 Rechtfertigung の水準が反省的＝再帰的 reflexiv になるということである。正当化のもろもろの手続きと諸前提そのものが、いまや正統化の妥当をささえる正統化の根拠なのである」（RhM272. 三三二―三三三）。ハーバーマスは「権利の体系」を、私的‐自律的主体の権利と政治的‐自律的国家市民の参加権が民主主義的な立法過程のもとで「同根源的」に構築される「循環過程」のもとに形成されるものと理解する。「権利の体系」は、「討議原理」を主観的行為自由の権利へと適用することから出発し、政治的自律を討議的に行使するための条件を法的に制度化することで完成する。この政治的自律によって、最初は抽象的なものにすぎなかった私的自律が法的にかたちをあたえられることになる。したがって、ハーバーマスによるなら、国家市民に政治的自律を行使する権利を保証することで、正統性は合法性から逆説的に成立するのである。つまり、「民主主義原理」こそが、「正統的な法制定の手続きを確立するだけでなく、法媒体そのものの生成を制御する」(FG143, 上一四〇)ことによって、正統性を形成する。このようにハーバーマスは、「民主主義原理」を「権利の体系」の核と見なすのである。

ハーバーマスによるなら、アメリカの独立宣言、フランス人権宣言では、私的‐自律的主体の権利と政治的‐自律的国家市民の参加権の「循環過程」が宣言されている。そこでは法治国家と民主主義原理という根本原理がたがいに結びつき、基本権ないし人権と民主主義は、「同根源的」なものとして相互に関係しあっている。この場合には、譲渡しえない基本的権利は、民主的な「自決権Selbstbestimmungsrecht」と同等のものとして理解されることになる。しかし、第二次世界大戦後、とりわけ一九四八年の「世界人権宣言」以降、この関係はかならずしも自明なものとはいえない。このことは、アーレントが述べているように、人権の終焉をもたらした二十世紀前半の政治が、まさにすべてのヨーロッパ諸国へと拡大することが約束された「国民の自決権」、「国民の解放の原理」に依拠していたという全体主義的な経験にもとづくものである。なによりドイツでは、戦後、人間の人格の自由と尊厳が最高の価値を有するものとされ、国家によっても破棄されることのない人権があらかじめあたえられていなければならない、という考え方が支配的な見解となる。[106]ドイツ基本法は、第一条に「人間の尊厳」を掲げ、古典的な自由権を中心とした規範として制定される。基本法のヘレンキムゼー草案作成にもかかわったキリスト教民主同盟のアドルフ・ジュスターヘンは、「国家のために人間が存在するのではなく、人間のために国家が存在する」と、「われわれにとって最高の価値は、自由と人間としての人格の尊厳である」と主張している。[107]自由党と社会民主党にとっても、個人を国家権力による侵害から保護する古典的な基本権を拘束力ある規範として制定することが、より重要だと考えられた。社会民主党のカルロ・シュミートは、「民主主義は、民主主義をなにか人間の尊厳に不可欠なものとして信じる勇気をもつ場合にのみ、たんなる合目的性の決定による産物以上のものになる」と、民主主義の概念は民主主義を排除するための前提を含まないとする「闘う民主主義」をとなえている。(108) 他方、一九四八年、草案をもとに基本法議会評議会で展開される議論では、コンラート・アデナウアーやジュスターヘンを中心にキリスト教保守派が、ヴァイマール憲法こそがナチズムの台頭を許したとして、基本権を神と自然法にもとづく規範として理解すべきことを主張し、共産主義勢力を牽制しつつ総じて基本法に社会権が反映されることには否定的だったのに対して、社会民主党のシュミートを中心とした左派勢力は基本権の自然法的、キリスト教的な解釈が強まることを懸念し、ヴァイマール憲法で保障されていた参加権と社会権の導入を訴えて対立することになる。(109) こうして戦後ドイツの憲法上の議論において、基本権を、自由権を中心に理解する自由主義的基本権論と、政治的参加権を中心に理解する民主主義的基本権論がとなえられることになるのだが、(110) ハーバーマスおよびマウスの議論は、自由権を中心に自由主義経済を推進しようとする保守勢力に対して、あらためて基本権における参加権と社会権の意義を強調しようとするものにほかならない。

しかし、たしかに基本権において、もっぱら自由権の意義のみを強調することは、近代化の過程で獲得されてきた個人の生存の維持・発展の権利を形骸化させてしまう危険性があり、したがって、参加権と社会権を主張することは必要であり重要であるとしても、はたして基本権を理性の正統化の「循環プロセス」へと位置づけることで、戦前、「国民の自決権」を個人の諸権利に対して優先したことが全体主義的な政治を生みだしたとする批判に十分にこたえることができるだろうか。ハーバーマスは、フランス人権宣言以来、「権利の体系」には近代的な正統性の循環的な構造が表明されていると主張する。また、人権を基本権として、まず法的秩序のうちにある国家市民の権利として理解し、この人権概念を世界市民社会へと拡張しようとする。そもそも、人間の権利と市民の権利のあいだにはどのような関係があるといえるだろうか。ハーバーマスは、法の起草者と名宛人が一致するであろう、すでに完成された歴史的地点からわれわれの社会を条件づけようとするが、そこにはどのような問題があると考えられるだろうか。人権は、はたしてそのようなかたちで近代的な正統性の循環的構造のうちに位置づけられうるだろうか。

1　「市民」としての権利と「人間」としての権利

フランス「人権宣言」(「人間および市民の権利宣言」)は、自然権としての前国家的な「人間の権利」と、人民主権を実現するための「市民の権利」とを区別し表明するものと解釈するか、それらが「同根源的 gleichursprünglich」に成立したことを表明するものと理解するか、二つの考え方がある。ハーバーマスは『事実性と妥当性』のなかで、この権利宣言を後者の意味で理解し、共和主義の直観は「人権 Menschenrechte」と「人民主権 Volkssouveränität」が同一の根源から成立してきたことにあると強調することによって、「権利の体系」を再構成する。[111] それに対して、ロベルト・アレクシーは権利宣言を前者の意味に理解し、これらの権利はむしろたがいに「緊張関係」にあるものとして理解すべきだとして、ハーバーマスを批判している。[112] つまり、ハーバーマスが個人に「選択意思の自由」の領域をあたえる権利と、政治的自律という「国家市民」の権利とが同一の構造、「循環的」構造をもつことを強調し、「政治的権利」こそがこれらの権利の「同根源性」を保障するのだと主張するのに対して、アレクシーは基本権には「民主的なもの」には還元されない「非民主的なもの Undemokratisches」が前提されていなければならないことを主張するのである。

ドイツ連邦憲法裁判所は、価値や価値秩序に訴えることによって、「合理的根拠づけの要請」を掘り崩していると、しばしばとりわけマウスなどによって批判されてきた。[113] ハーバーマスもまた『事実性と妥当性』のなかで、ドイツ連邦憲法裁判所が「価値秩序論 Wertordnungslehre」という方法論的に誤った自己理解にもとづいて判決実務を行なっていると批判している。なにより批判の骨子は、「権利は価値と同化されてはならない」(FG309, 上二九六)ということにある。ハーバーマスは、ドゥォーキンの「原理」という概念を「価値」とは対立的に規範を構築する概念として理解し、連邦憲法裁判所は、基本法を「原理」をつうじて構築された規則体系ではなく、マックス・シェーラーやニコライ・ハルトマンの「実質的価値倫理学」にしたがいつつ「具体的価値秩序」として解釈していると論じる。とりわけ、アレクシーが「原理」を「最適化命令」と理解し基本権論を展開していることに対して、ハーバーマスはそれが価値理論にもとづく連邦憲法裁判所の判決実務を新たに擁護するものであると批判するのである。

ハーバーマスによるなら、「原理」はあくまで規範のレヴェルで理解されるべきものであり、したがって「原理」と「価値」は、第一に規範の「根拠づけ」の観点から、それらが普遍的な「妥当」にかかわるか、「間主観的」に共有された「選好」にかかわるか、第二に規範の「適用」の観点から、その要求が確定的であるか、段階的であるか、という点で区別されなければならない（Vgl. FG310f., 上二九七―二九九）。

第一に「原理」は、それに照らして他の規範が正当化されるという意味で「義務論的 deontologisch」な性格をもち、「価値」は「目的論的 teleologisch」な性格をもつ。つまり、「妥当な gültig 規範」は、名宛人に例外なく同等に普遍的な行動期待を満たすよう義務づけるのに対して、価値は「間主観的」に共有された「選好」として理解されなければならない。「しかし、妥当な規範の体系から出発するときに〈正しい〉のは、万人にとって同等によい行為であり、それに対して、われわれの文化や生活様式にとって典型的な価値の相互関係において〈正しい〉のは、われわれにとって全体的に長期的に見てよい行動にほかならない」（FG312, 上二九八）。規範の当為妥当は、その内容が〈万人にとって同等によい〉ことを要求するという意味で、「無条件的な普遍的な義務の絶対的意味」をもつ。それに対して、価値はさまざまな文化と生活様式のなかに定着し受け入れられてきたさまざまな財の評価という相対的な意味をにない、そこで重要な意味をもつ価値決定や高い序列にある「選好」は、全体的に何がわれわれにとってよいものであるかをしめすのである。第二に、規範は妥当するかしないかという二元的な妥当要求によって表現されるのに対して、価値は財のどれが優先されるべきかを表現し、どの財が特定の集団のなかで目的志向的な行為によって獲得され実現されるべきかをしめす。規範的命題に対しては、確言的命題と同様に、「イエス」あるいは「ノー」によって態度決定するか、判断をひかえることになる。それに対して、評価的命題に対しては、どの財が他の財より魅力的かを判断することによって、程度の差をつけて同意することができる。規範はそれぞれ、同一の範囲の名宛人に妥当を要求するとき、たがいに矛盾してはならないし、それらは「整合的kohärent」な「体系 System」を形成するものでなければならない。それに対して、価値はそれぞれの文化や生活様式のなかで「間主観的」に承認され、そのなかで柔軟な、しかし流動的な「相互連関Konfiguration」を形成するのである。

こうした原理と価値の相違にしたがい、基本権もまた、「義務論的な法原理」としてとらえるか、「最適化可能な法財」としてとらえられるかによって異なる意味をもつことになる。法にはたしかに目的論的な内実も入り込んでいる。しかし、「権利の体系」によって定義された基本権は、万人の同等な利害関心を規範化したものであり、裁判官の目標設定と価値志向を万人の同等な利害関心という観点からコントロールするのである。基本権を基本価値へと変形することは、人間の尊厳、連帯、自己実現、自律といった権利を目的論的に偽装することであり、それは規範と価値が「根拠づけ」において異なる論証の形式をもっていることを覆い隠してしまう。個人の権利が価値や財へと変形されると、それぞれ権利が同等のレヴェルで優位を競わなければならない。価値とは相対的なものであり、その優劣を論理的に決定することは不可能である。価値は本来的に「個別的」なものであるのに対して、規範はその妥当性を「普遍化テスト」に負っている。つまり、基本権は法規範として、道徳規則と同様に、「義務づけ的行為規範のモデル」にしたがって形成されているのであり、「魅力的財のモデル」にしたがった価値秩序ではないというのである。

ドゥウォーキンは『権利論』(114)のなかで、権利を目的論的な論拠に対抗するための「切り札」として論じると同時に、H・L・A・ハートが法規範とは「ルール rules」であり、明確な「ルール」の存在しないハードケースではどのような判決が下されるかは裁判官の決断（自由裁量）にゆだねられると説明するのに対して、法規範は、とりわけハードケースではわれわれが受け入れている「原理 principles」の「重み weight」をはかることによって適用されるという議論を展開している。ハーバーマスは「原理」を「義務論的」に構成された権利として、「価値」とはちがい衡量しえないものであると説明することによって、前者の議論を評価し、後者の議論を批判するのである。「規範と原理は、義務論的な妥当感覚にもとづくとき、特別な優位の評価だけにとどまらず、普遍的な拘束力を主張することができるがゆえに、価値よりもより大きな正当化の力を有している。つまり、価値はケースごとに他の価値との一時的な秩序へともたらされなければならない。そのための合理的な尺度が欠如しているがゆえに、衡量は恣意的か無反省なままに慣れ親しんだ基準や序列秩序にしたがって実施されることになる」（FG315f., 上三〇二）。ハーバーマスによるなら、基本権を法原理によってとらえるとき、競合する価値が衡量されるのではなく、適用の討議において〈一応の〉適用可能な規範のなかから、あらゆる関連する視点のもとで記述される適用状況にもっとも適合する規範を見いだすことが問題となる。そこで「関連づけられた einschlägig 規範」と「しりぞけられた zurücktretend 規範」とのあいだには、規則体系全体の「整合性」が損なわれないように有意味な連関がつくりだされなければならない（Vgl. FG317, 上三〇三）。たしかに、適切な規範と適切でない規範は、関連するケースごとに異なり変わりうるものであるが、その関係は「目的論的感覚」によってではなく、「義務論的感覚」

によって調和のとれた体系を形成するのである。

ハーバーマスは憲法を、「国家市民」が自己決定権を行使することによって共同で「正しい」生活連関をつくりだすための民主的な政治的手続きを規定するものと理解している。したがって、たとえばベッケンフェルデの基本権論を、それが基本権を国家権力に対抗するための主観的自由権に制限しようとするがゆえに批判する。[115] 現代社会においては、私的自律は国家権力だけでなく、経済的権力や社会的権力をにぎる立場にある者たちによっても脅かされている。現代社会における多様化した権力に対抗するためには、「国家市民」が民主的な「コミュニケーション的権利」と「参加権」をどのようなやり方でどれくらい行使しうるかが問題になるのである。したがって、憲法裁判所で争われている規範の内容もまた、「民主的な立法過程のコミュニケーション的前提と手続き的諸条件」において審査されなければならない。法の正統性は「法の民主主義的成立の手続き条件」によってのみ保障されうる。ハーバーマスによるなら、こうした「手続き主義的」な憲法理解こそが、憲法裁判所の「正統性」問題に民主主義的な解決をあたえるのである（Vgl. FG320, 上三〇六）。

アレクシーもまた、すでに『基本権論』[116] のなかで、「義務論的 deontologisch」と「価値論的 axiologisch」という概念を区別することの意義を認めている。「原理」は当為を基本概念とする「義務論」の領域に属し、「価値」は善を基本概念とする「価値論」の領域に属する。しかしアレクシーによるなら、これらのあいだに構造的な相違は認めることはできない。「価値モデルにおいて〈一応の〉最善のもの das beste が、原理モデルにおいて〈一応〉義務づけられ、価値モデルにおいて最終的に最善のものが、原理モデルにおいて最終的に義務づけられている」[117]。義務の性格がつねにはっきりとしめされることは有益だが、絶対的なものであるということはできないという意味で、原理は「最適化命令 Optimierungsgebote」として理解すべきだというのである。アレクシーの基本権論は、「最適化命令」、「衝突法則 Kollisionsgesetz」、「衡量法則 Abwägungsgesetz」の三つの基本テーゼから成り立っている。[118]

アレクシーによるなら、原理とは「あることが法的な事実上のさまざまな可能性を比較して、もっとも可能性の高い程度 Maß において実現されることを命じる規範」であることから、「最適化命令」として理解することができる。[119]つまり、原理は、さまざまな「度合い」において実現されうること、そしてそれが実現されるよう命じる「度合い」は、事実上の可能性だけでなく、法的な可能性に依存していることによって性格づけられている。それに対して、「ルール Regeln」はたんに実現されうるか実現されえないかという規範にほかならない。ひとつのルールが妥当するとき、それが要求することをなすことが命じられているのであり、ルールは事実上の可能性においても、法的な可能性においても「確定的命令 definitive Gebote」なのである。

原理とルールとの区別は、「原理の衝突 Prinzipienkollision」と「ルールの対立 Regelkonflikt」においてもっともはっきりとしめされる。すなわち、二つの規範が相互に両立不可能な結果に、すなわち二つのたがいに矛盾する法的判断にいたるとき、その解決の仕方は原理とルールとで異なってくる。[120]諸ルールの対立は、対立を解消するための例外的な留保規定がルールのひとつとして導入されるか、あるいはどちらかのルールが妥当しないと説明されることによってのみ解決されうる。他方、二つの原理が衝突するとき、一方の原理では何かが禁じられ、他方の原理では同一のことが許可されているようなとき、どちらかの原理が背後に退かなければならない。この場合、ルールのようになんらかの例外的な留保条件を組み入れることによって解決することはできない。むしろ、一方の原理は他方の原理に対してある特定の「事情」のもとで優先されるのである。しかしこのとき一方の原理が背後に退いたからといって、その原理が妥当しないというわけではない。原理の衝突は、それぞれのケースを吟味し、このケースではどの原理が優位にあるかを、その原理が優先されるべき条件を明らかにしつつ決定することによって解決されるのである。[121]

アレクシーはそこで、むしろドゥウォーキンの『権利論』の衡量理論を参照し、諸原理は具体的なケースにおいて異なる「重み」をもち、「衝突事例」ではそのつど、より「重み」のある原理を優先することになると説明する。たとえば、あるドライバーが交通事故を起こし、被害者がたまたま特殊な病気を患っていたために、それほどの事故ではなかったにもかかわらず死亡してしまったとき、加害者は、被害者が特殊な病気をわずらっていたことに対してどこまで事故の補償を負うべきなのか。加害者の立場からすれば、「合理的に予見できなかった損害に対して責任を負わされるべきではない」という原理に訴えて、特殊な事情についてはその責任を問われないことを要求するだろう（少なくとも、致死に対する補償の軽減を要求するだろう）。他方、被害者（遺族）は「当人のコントロールの範囲外にある身体的な欠陥のゆえに、法が彼にあたえている保護の水準に関して不利な立場におかれるべきではない」（身体的な障害ゆえに法的に不利な立場におかれてはならない）という原理に訴え、死に至ったという事実を被害者の特殊性に還元しようとすることに反対するだろう。[122]これらの原理は、どちらもわれわれが一般に受け入れている原理であり、しばしば競合することはあっても、相互に矛盾しているわけではない。裁判官は、事故の状況を分析し過去の判例を参照すると同時に、われわれはどのような原理を重んじるだろうかを勘案して、現時点でもっとも合理的だと考えられる判決を下すことになる。アレクシーはそこで、「原理の衝突」と「ルールの対立」における解決の相違を、原理とルールのもつ〈一応の prima facie〉性格の相違として説明している。原理は、「あることが相対的に法的な事実上の可能性において、可能なかぎり高い程度実現されることを命じる」[123]。したがって、原理は「確定的な命令」ではなく、「〈一応の〉命令」だけしか内包していない。ある原理があるケースにおいて要求していることが、それだけで結果において妥当するということにはならない。原理は、それと衝突する原理がしりぞけられうる〈一応の〉根拠をしめすにすぎないのである。

アレクシーはこれらの「最適化命令」、「衝突法則」、「衡量法則」の三つの基本テーゼにもとづいて、連邦憲法裁判所の判決実務の特徴を説明する。他方、基本法の基本権規定を、他の規範に対する「原理」としての性格をもつと同時に、その規定そのものは「原理」と「ルール」の二重の性格をもつものとして理解する。基本法はまず、他の規範に対する最適な適用を要求するがゆえに「原理」としての性格をもつ。しかし、基本法の基本権規定そのものは、純粋な原理モデルとしても、純粋なルールモデルとしても理解することはできない。もし基本法を純粋な原理モデルと見なすなら、基本法に付された「制限規定」について理解することができない。他方、基本法を純粋なルールモデルによって理解しようとするなら、基本権規範はなんらかの「留保条件」をつけくわえることが必要であるとしても、「衡量」なしに適用しうる規範と見なされることになる。しかし、無条件に保障されているルールが存在するとしてもそれを構成するすべての要件が、かならずしも無条件に支持されるわけではないばかりでなく、適用されるべき範囲についての基準を「衡量」なしに定式化することはできない。[124] したがって、基本法は原理とルールという二重の性格をもつのである。アレクシーは、こうした原理とルールの区別にもとづく基本権論を展開しつつ、原理の価値モデルに対して想定されうる批判、とりわけ「価値秩序」と「衡量」という構想に対する批判を検討するのである。

アレクシーはすでに『基本権論』のなかで、ドイツ連邦憲法裁判所が「価値秩序論」という方法論的に誤った自己理解にもとづいて判決実務を行なっているという批判に対して反論を試みている。[125] 価値秩序論への批判は、なにより価値秩序の客観性という概念に向けられる。たとえば、シェーラーにとって、価値は「妥当する gelten」だけでなく、「自立した存在 Sein」にほかならない。シェーラーは、ちょうど評価的命題「Aはよい」を記述的命題「Aは緑である」と同じものと理解し、価値を「共同的生の自立した事態 Tatsache」と見なすのである。こうした直観主義的な価値秩序論に対しては、ひとはそれぞれ最適な条件のもとで価値評価をするのだから、価値評価に対する決定的な基準は存在しないと、つまり価値は「明証性」にかかわる問題ではないと反論することができる。したがって、ハーバーマスの批判は直観主義的な価値理論に対しては正当であるが、価値理論一般を否定するものではない。アレクシーによるなら、連邦憲法裁判所の判決実務が基本権の価値を衡量することによってなされているとしても、それはシェーラーやハルトマンが主張するような「実質的価値倫理学」にもとづくものではなく、またなにかあらかじめ「価値序列秩序」が想定されているわけでもない。アレクシーはそもそも、一般に「基本権的な決定をすべての事例において間主観的に説得力をもって確定するような価値や原理の秩序は不可能である」[126]、と説明している。尊厳や自由、平等、共同体の福祉といった個々人の基本権に関して、重要となりうる具体的な価値秩序の完全なカタログを作成することはできない。しかし、そうした「ハードな秩序」は不可能であるとしても、「ソフトな秩序」は考えることができる。ソフトな秩序は、ある特定の価値や原理に〈一応の〉優位があたえられていることと、具体的に優位決定がネットワーク化されていることをつうじて成立する。つまりアレクシーは、個人の自由や平等あるいは公共財をめぐる原理の衝突が生じたときには「論議の負荷（論証責任）Argumentationslast」が課せられ、また価値や原理の具体的な優位決定については連邦憲法裁判所の判決実務によって実現されていなければならないという前提のもとに、ソフトな価値秩序を主張するのである。[127]

「衡量」という構想に対する批判は、それが合理的な判決を下す方法をあたえるものではないということにある。たしかに「衡量」は、いかなる事例に対しても必然的な帰結をもたらすような手続きではない。しかし、だからといって衡量が裁判官の主観主義、決断主義をもたらすものであり、「非合理的」な手続きであるというわけではない。アレクシーは、「衡量」の二つのモデルを区別する。「決断モデル Dezisionsmodell」は、どの原理が優先されるかを合理的なコントロールの不可能な心的事象に関係させる。「根拠づけモデル」は、どの原理が優先されるべきかを心的事象ではなく、「論議 Argumentation」における合理的な「根拠づけ」をつうじて決定するのである。[128]「衡量法則」そのものは、それによってもろもろの諸事例が決定されうる尺度をあたえはしないが、合理的な司法的「論議」と結びつくことによって、何が合理的に根拠づけられなければならないか、その基準をあたえるのである。つまり、対立する原理の一方を実現することの重要性を主張することによって、他方の原理が侵害されることを正当化しようとするとき、一方の原理の重要性と他方の原理の侵害の度合いを衡量することが問題となるのである。したがって、基本権の価値理論は基本権上の自由を破壊することにつながり、それは憲法を不安定なものにする可能性があるという批判に対しても、衡量という構想は十分に法的安定性と調和しうる、と主張するのである。(129)

アレクシーは、こうした価値モデルにもとづいて、さらにハーバーマスの主張する原理の「義務論的」な地位を批判している。アレクシーは、ハーバーマスが原理の概念を価値の概念から境界づけ、原理は「義務論的」な意味をもち、価値は「目的論的」な意味をもつ点を強調することによって、一般に規範に認められる「当為 das Gesollte」と「善 das Gute」という古典的な二元論に対応する区別を強調することは、同意すべきものであることを認める。これに対して、「規範の当為妥当は無条件の普遍的な義務という絶対的な意味をもつ」という、つまり「当為がすべての者に対して同等によいことを要求する」というハーバーマスの主張には問題があると批判するのである。(130) アレクシーによるなら、法原理は道徳規範とは異なり、すべての人間にとって同等によいものを提示するのではなく、具体的な法共同体に属する「市民」の生活連関を秩序づける。したがって、たしかに法原理は道徳的なあるいは倫理的な論拠に対しても開かれていなければならないとしても、普遍主義的に絶対的な拘束力をもった規範として定義することはできない。なぜなら、そうでなければ法原理は完全に道徳規範と一致してしまうからである。したがって、法原理の「義務論的」な性格は、絶対的なものではありえない。そうであるなら、原理は「最適化命令」として理解されるべきである、とアレクシーは主張するのである。

2　自由主義的基本権論と民主主義的基本権論

アレクシーとハーバーマスのこうした議論の相違は、基本権をどのように理解すべきかという問題にかかわっている。戦後ドイツの憲法上の言説では、基本権は自由権を中心にして理解すべきなのか、政治的参加権を中心にして理解すべきなのかをめぐって、自由主義的基本権論と民主主義的基本権論がとなえられてきた。前者は基本権とは抵抗権から生まれたものであるという考え方から出発し、後者は基本権とは社会を構成するための民主主義的な権利であるという考え方から出発する。規範の「義務論的」性格を強調するハーバーマスの理論は、後者の立場の絶対的優位を主張するものにほかならない。アレクシーは、ハーバーマスのこうした議論に対して、後者の立場の〈一応の〉優位を認めつつ、前者の立場を擁護するのである。

アレクシーによるなら、法規範は道徳規範とはちがい、具体的な法共同体の市民の生活連関を秩序づけるという意味で、「義務論的」な性格の強い概念にしたがうことはできない。こうしたアレクシーの批判に対して、ハーバーマスは『他者の受容』(131)のなかで、「義務論的」という概念をある領域に限定されたものとして性格づけ、この「義務論的」なものの弱められた概念にもとづいて、衡量と最適化は「正しさ」というカテゴリーと両立不可能であることを再度主張している。アレクシーは、ハーバーマスのこのような議論に対して、「衡量とそれによる最適化は、正しさ das Richtige と両立可能であるばかりでなく、また正しさによって要請される」と反論する。[132] アレクシーによるなら、衡量が司法的判断の「根拠づけ」や「正当化」のひとつの「手続き」であることは、たとえば報道の自由あるいは知る権利と、「人格権」あるいはプライバシーの侵害が衝突するような場合、「人格権の侵害」がどの程度かが問われなければならない、ということを考えてみれば、容易に理解することができる。判決においては、権利の侵害の度合いを確定することは決定的な意味をになっている。したがって、衡量によって「正しさ」の領域が失われるわけではなく、むしろ判決は対立する諸原理の段階づけを要請しているのである。

また、ハーバーマスが『他者の受容』のなかで、衡量あるいは最適化モデルでは、個人的権利が場合によっては集団的目的のために犠牲にされてしまうのではないか、ということを問題にするのに対して、アレクシーは、たしかに最適化モデルは個人の権利を公共財のために過度に制限してしまう危険を排除できないし、また「義務論的」モデルがいかなる公共財に対しても基本権の厳格な優位を主張するならこの危険を排除しうるかもしれない、という意味で「義務論的」モデルの〈一応の〉優位を認めつつ、[133] 他方、個人的権利はむしろ「最適化」と「衡量」をつうじて保障されうるものであることを主張する。つまり、権利は原理構造をもつがゆえに侵害の度合いが強ければ強いほどより強い抵抗をしめすのであり、そのかぎりで原理理論は基本権を危険にさらすのではなく強めることになる、というのである。ただし、形式的な議論だけでは十分ではなく、個人的権利の「実質的」理論がつけくわえられる必要があるという意味で、公共財に対する個人的権利の〈一応の〉優位を認めるのである。

さらにハーバーマスが、規範的タイプの言明を価値的タイプの言明へとひそかに同化することは、価値からはっきりと区別されるべき当為妥当の要求を法から奪うことになり、それによって「実定法が安定化のためによりどころとすべき正当化の強制力」を消し去ってしまうことになると、だが実定法は違反する人格の権利に対して厳罰をもって処することが許されているのだから、そうした普遍化可能な正当化の強制力にもとづくものでなければならないと主張するのに対して、[134]アレクシーはハーバーマスの基本権論では「政治的権利」が特権的な役割をになっていることを問題にしている。『事実性と妥当性』では、「時間的・人格的・事象的に偶然的な論議」が「普遍的な妥当要求」と結びつくときのさまざまな緊張関係が、つまり国家の強制と合理的な「根拠づけ」、実定性と正統性、私的自律と公的自律のあいだの緊張関係が重要な問題として検討されている。そこでハーバーマスは、自由で平等な市民という地位の「自己関係性」を強調するのだが、この「自己関係性」においては、いかに法的自由と事実上の自由との、法的平等と事実上の平等とのあいだの緊張関係が、「政治的自律」を行使することによって解消されうるかが問われる。つまり、ハーバーマスの「権利の体系」は、「政治的権利」を中心として構成された「手続き的な権利の体系」なのであり、しかしそこに問題があるというのである。[135]

アレクシーによるなら、基本権は一方において「民主的なもの」であると同時に、他方において「非民主的なもの Undemokratisches」でもある。基本権が「民主的」であるのは、「それが自由権と平等権を保障することによって、総じて民主的なプロセスを継続する能力のある人格の展開と存在を保障する」からであり、「それが、思想・報道・放送・集会・結社の自由ないし選挙権やその他の政治的自由によって、民主的なプロセスの機能的条件を保障する」からである。他方、基本権が「非民主的」であるのは、「それが民主的に正統化された多数者である立法者をも拘束することによって、決定権限を剝奪する」からである。[136] アレクシーは、ハーバーマスの「手続き的法パラダイム」には基本権の後者の性格が欠けていると批判するのである。理想的には、法共同体のすべての構成員の同意を見いだすにいたった法規則のみが効力をもつような政治的状況を想定することはできる。ハーバーマスがしばしば主張する「法の名宛人と法の作成者の同一性」は、このモデルにおいて完成されていることになる。この理想的なモデルにおいては、いかなる規範もすべての法共同体の構成員によって同意されているのだから、基本権の侵害は生じることはない。しかし、実際に政治的な意見形成・意志形成が成立する民主的プロセスを検討するなら、基本権と民主主義とのあいだにも「事実性と妥当性の緊張関係」が生じると理解しなければならない。[137] ハーバーマスは、多数決ルールは基本権による少数派の保護によって制限されうることを認めているが、アレクシーによるならこのことは具体的な憲法の基本権だけでなく、「権利の体系」そのものにも関係するのである。ハーバーマスが、「自由権」は「政治的自律」を行使することをはじめて可能にする条件なのであって、可能にする条件は、それが構築するものにいかなる制限を課すものではないと主張するのに対して、アレクシーは、この議論は自明のことを言っているにすぎないか、誤りであると批判する。もし政治的自律が自由権を顧慮しこれに違反することなく理想的なかたちで実現されているなら、立法者のこの意味で理想的な主権は、自由権を顧慮することが自由権の定義の一部になっているのだから、自由権によって制限されることはありえない。しかし、こうした理想化がなされないとするなら、自由権は立法者の主権の概念のうちに含まれていないのだから、ちょうど知性がチェスを構成するものではないのと同様に、自由権は立法そのものを構成するわけではない。自由権によって構成されるのは、選挙権から議会の議決についての規則にいたるまでの権限にかかわる規範のみであって、そうした規範によってあたえられる立法者の権限は、自由権によって制限されうるのである。[138] したがって、「事実性と妥当性の緊張関係」は、基本権と民主主義の関係においても不可避であり、これを解消しようとするなら、結局は理想主義かパターナリズムに、つまり、あくまで基本権が立法者の合理的な統制のもとにあるべきことを主張するなら理想主義に、いかなる者も自分の事件の裁判官になることはできないといった論拠をもちだして憲法裁判権を支持しようとするなら容認しえないパターナリズムに陥ることになる。問題は、憲法裁判の制度的な討議を、制度化されていない意見形成・意志形成の循環へといかに埋め込むかにある。アレクシーによるなら、それは憲法裁判所の制度化された討議と、市民の制度化されていない討議をたがいに関連づける「実践」によってのみ解決されうる。この解決はたしかに完全なものではないし、基本権と民主主義のあいだの緊張関係を解消するものではないが、この緊張関係を和らげてくれるはずのものなのである。[139]

ハーバーマスの「手続き主義的法パラダイム」のひとつの帰結は、「政治的基本権とその一部の基本権の重要性が、内容からいって私的自律のみを保護する基本権とその一部の基本権の重要性に対して優位にある」[140]ということにある。アレクシーによるなら、これはまさに民主的基本権論の核心にあるものであり、ドイツの憲法上の言説のなかで、以前から自由主義的基本権論に対して、民主主義的あるいは社会国家的基本権論が主張してきたものなのである。[141] ハーバーマスが、政治的基本権の優位が保障されないと、第三者の中立的な立場にある裁判官が決定的な役割をはたす司法の討議と、非当事者の存在しえない立法の討議との区別があいまいになり、立法と司法との権力の分立が維持されないと主張するのに対して、(142) アレクシーは、民主主義的な政治が行なわれるためには政治的基本権の優位が保障されるべきことを認める。しかし、政治的基本権はあくまで〈一応の〉優位として解釈されるべきものであり、政治的基本権の絶対的な優位をとなえることは、むしろ司法権を立法権に従属させることになり、その分立を脅かすことにつながると反論する。政治的基本権の〈一応の〉優位は、ひとつの秩序をあたえることになるとしても、それは絶対的なものではなく、対立する根拠がより強いものであれば再構築されうるものなのである。いかなる解決が正しいと見なされるべきかは、そのつど関連する根拠の重みによって決定され、そのときその根拠は、自由主義的基本権にも政治的基本権にも関係しうる。自由権が政治的自律の不可欠の前提であることは、それらが衝突しえないことを意味するわけではなく、むしろ、政治的自律はつねに自由権との衝突をつうじて適切に認識されるようになるのである。そのさいにどの原理に優位性が認められるかは、討議においてのみ決定されうる。したがって、政治的基本権と自由主義的基本権との緊張関係は、つねに討議をつうじてのみ適切な秩序へと導くことができるのである。(143)

自由主義的基本権論によるなら、主観的自由権はいかなる民主主義的討議に対しても上位にあるものとして主張される。他方、民主主義的基本権論によるなら、主観的自由権は民主的な参加権とコミュニケーション的権利に対する機能的な意味だけが強調される。しかし、自由主義的基本権と民主的参加権という概念は、これら二つの基本権相互の内的な概念的結びつきなしには不完全なままにとどまる。一方において、民主的討議は、自由主義的な基本権がすでに歴史的にあるいは制度的に具体化された形式のうちに承認されているときのみ成立しうる。つまり、そこでは基本権のある特定の制度化や具体化が、民主的討議の前提となっている。他方において、何がそのつど基本権の正しい解釈、具体化、制度化であるか、ということについては、民主的な討議をつうじて、つまり立法、司法、憲法裁判所をつうじてはじめて決定されうる。したがって、基本権と民主的討議とのあいだには、ハーバーマスが、またギュンターが主張するように循環的構造がある。しかし、主観的な自由主義的基本権なしに民主的な討議は成立しえないし、そうした自由主義的基本権がもっぱら民主的な討議をつうじてのみ解釈され具体化されうることは、相互に緊張関係にあることをも意味している。つまり、民主的な討議にとって、自由主義的基本権はその可能性の条件であると同時に不可能性の条件でもあり、民主的討議は、自由主義的基本権を具体的な法的、制度的形態をつうじて成立させると同時に制限するのである。

3　基本権と民主主義

ハーバーマスは、「人間」の権利としての「人権」は、「市民」の権利を保証する民主主義によってのみ実現されうることを主張する。形而上学的、宗教的世界像の権威が消滅したポスト形而上学的な時代においては、法の名宛人は同時に法の起草者でなければならない。市民は、政治的連帯を形成するための法体系が自分たちによってもたらされるかぎりで、みずからの義務もまた正当なものと考えることができる。人権は、民主的自律のこの基盤のうえに根拠づけられる必要がある。他方、アレクシーは、「権利の体系」は「非民主的なもの」を含んでいると主張する。「非民主的なもの」とは、主観的権利と政治的権利の循環的構造に還元されない権利を構成するものであり、政治的自律の不可欠の前提として「自由権」のうちに内包されているものにほかならない。アレクシーは、「非民主的なもの」は、とりわけ基本権を具体化あるいは適用しようとするときに現われてくるものであると論じるのである。

ハーバーマスによるなら、「人権」とは実定法のうちへと変換された法規範をつうじて保障されるときにのみ、行為を拘束する法として憲法の基本権のカタログへと組み入れられるときにのみ十全に展開されうる。しかし、そもそも人権は、「討議規則 Diskursregeln」から直接的に導き出されるわけではない。討議参加者の自由と平等は、論議に参加しようとするとき回避しえない前提であると考えることができるとしても、人権はそれではまだ根拠づけられたことにはならない。アレクシーは、「人権」を「行為規則」として討議理論的に根拠づけようとするなら、心的事象にかかわる「決断 Dezision」とは異なる意味での「決断 Entscheidung」という契機と必然的に関係することになると論じている[144]。一方において、自由権が自己決定を保障するための行為規則として、他方において、政治的権利が平等を保障するための行為規則として「権利の体系」へと導入されようとするとき、すなわち、「自律」と「合意」が「討議規則」から「行為規則」を導き出すための前提として討議理論的に根拠づけられるとき、「決断」という契機とかかわることになる。

一方において、ハーバーマスは自由権を討議参加者が前提とすべき「自律」の原理から根拠づけようとするが、「自律」の原理を行為規則として根拠づけるためには、「まじめに ernsthaft」に、すなわち「討議規則」にしたがって討議に参加するだけではなく、さらに他者の「自律」を尊重するように「決断」することが必要になる。たんに道徳的、法的な正しさに興味があるというにすぎない者は、まじめに討議に参加するとしても、かならずしも「自律」の原理を前提にするとはかぎらない。ハーバーマスも認めるように、討議によって生みだされた合意は、それが疑問に付されるときも、つねに討議によってコントロールされつづけなければならない。さまざまな紛争を、討議によって生みだされコントロールされた「合意」をつうじて解決しようとする者は、「対話のパートナーがみずからの行動を、十分な検討のすえに正しいと、したがって妥当だと判断する原理にしたがって方向づける権利」を受け入れる必要がある。社会的紛争を討議にもとづく「合意」によって解決しようとする者だけが、道徳的、法規範的な討議にまじめに参加するのである。しかし、紛争を自由に承認された諸原理をつうじて解決しようとするなら、行為をその諸原理にしたがって評価することをしめしただけでは、まじめに討議に参加する義務を根拠づけることはできない。アレクシーは、「他者の自律を尊重するように決断した者」に対してのみ、「自律」の原理は妥当することになると主張する。(145) ここで「決断」の意味は、主観的な動機づけを超えて妥当する。道徳的、法的な正しさや他者の「自律」に興味をもたない人間にとって、「自律」の原理はなんの重要な動機づけに関する力ともなりえない。しかし、そのような人間に対しても、この原理の客観的な妥当を根拠づけることができる。みずからの利益の最大化にしか興味のない者にとっても、みずからの社会的地位を正統化しようとするなら、あたかも自分が討議規則にしたがっているかのように振る舞わなければならない。つまり、討議をつうじて正統性を獲得しようとする者は、討議においてあたかも討議のパートナーの「自律」を受け入れているかのように振る舞う必要がある。またアレクシーは、他者を平等な権限をもつ討議の参加者として承認することの意味をつぎのように説明する。「個々人がさらに討議をまじめに遂行するとき、他者を自律的なものと見なしているのである。他者を自律的であると承認することは、他者を人格として承認することにほかならない。しかし、諸人格は価値と尊厳をになうものである」(146)。アレクシーが「権利の体系」の討議理論的根拠づけから行為規則としての「自由権」を導き出そうとするとき、「自律」の承認には二重の意味が、つまり、他者の「自律」を権利を構成する源泉として承認することと、他者を人格としてその価値と尊厳を承認することの二重の意味があたえられている。したがって、一方で「自律」が「権利の体系」を構築する原理として要求される、と同時に、他方でいかなる人格もいつも目的それ自体として扱わなければならない、というカントの原理に依拠する「非民主的なもの」が要請されるのである(147)。こうして、討議における自由は行為の領域へと拡張され、「自律」の討議理論的原理から「権利の体系」として「自律」への普遍的権利、つまり、「だれでも何が禁止され、何がよいかを自由に判断し、そのように行為する権利をもつ」という「普遍的な自由権」が導かれることになる(148)。

他方において、ハーバーマスは政治的権利を討議における「合意」の原理のもとに根拠づけようとするが、理想的な合意は「仮説的」にしか想定しえないとすれば、実際の討議においてはどのような討議的な可能性が受け入れられるべきか「決断」することが必要になる。ハーバーマスの「権利の体系」では、基本権は政治的プロセスに対してあらかじめあたえられているだけでなく、「自律」の公的使用をつうじて生みだされなければならない。つまり、「人権の平等」が討議理論的に根拠づけられなければならないのだが、そのためには、「合意の原理」が「自律の原理」の不可欠な補完をなすことがしめされる必要がある。たしかに、理想的な討議への参加者であれば、つねに「人権の平等」に同意するであろうことが、また討議の前提としての「自律」はかならず人権の平等な配分を帰結し、理想的な討議はかならず正当な利害関心としての「自律」に同意することになるであろうことが、明らかにされるかもしれない。というのも、理想的な討議において正しいと認識された規範が正しいことを否定する者は、そもそも規範が正しいと主張しうることを否定しなければならないであろうから、また、利益の最大化にしか興味のない者にとっても、みずからの社会的地位を正統化しようとするなら、あたかも正しさに関心をもっているかのように振る舞わなければならないであろうから、理想的条件において「人権の平等」に同意しない者は、そもそもすべての関与者によって検証不可能な論拠から「人権の平等」を否定することになるであろうと、考えることができるからであり(149)、また、人権の不平等な配分は、それがすべての者にとってより多くの「自律」へとつながる場合にのみ妥当することになるが、歴史的経験からそれはきわめて不確実であるがゆえに、討議の前提としての「自律」は人権の平等な配分を帰結するだろうと、また、「自律」は「合意の原理」によって強化されるかぎり、理想的討議における正当な利害関心と見なされるであろうと、想定することができるからである(150)。したがって、「合意の原理」と「自律の原理」の結びつきは、人権の平等な配分だけが、理想的な討議の可能な結果であることを帰結する。しかし、このように「人権」を討議理論的に根拠づけるためには、現実の人格が理想的条件でなければ到達することのできない「仮説的」な合意を想定しなければならない。したがって、「権利の体系」のこのような根拠づけは、そもそも理想状態を想定しなければならないがゆえに、「権利の体系」はけっして十分なかたちで具体化されえない。実際には誰も理想的な討議に参加したことはないし、参加することはないとすれば、にもかかわらずその結果としての「人権の平等」について言及しうるのか、という妥当性の問題と、すべての当事者の合理的な合意という理念は必然的であると同時に不可能であるとすれば、民主的な決定は、けっしてすべての当事者の討議をつうじた合意に依拠することはできない、という事実性の問題は区別されなければならない。アレクシーは、ここで問題となるのは「正当性への利害関心」、討議によって獲得された可能性に現実性をあたえることにかかわる「利害関心」であると論じている。(151) 理想的な討議参加者の利害関心が、すべてのものの境界を打破しようとする「普遍性」という性格をになっているのに対して、この利害関心は、対立する利害関心に対して貫徹されるかどうかについての「決断」とつねに結びついている。

したがって、討議の諸規則から行為規則としての「権利の体系」を根拠づけようとするなら、ハーバーマスは否定しているが、その根拠づけはいずれにせよ形而上学的な性格を拭い去ることはできない。アレクシーは、討議理論的根拠づけが形而上学をまぬがれない理由を、討議参加者の利害関心が、討議の「普遍的なもの das Universelle の打破する力」に依存するかぎり、それはそもそもカントの超越論哲学の考え方に沿ったものであり、内在的形而上学の可能性の地平にあることに認めている。(152) これは「構成的な形而上学」として、まさに個々人の自己解釈と自己形成にかかわるハーバーマス的な意味での「コミュニケーションの構造」に負うものであり、伝統的な形而上学に対置されるものにほかならない。法の起草者と法の名宛人の同一性というテーゼも、潜在的に要請されるべきものだとしても、けっして完全には実現されることはないという意味でひとつの「形而上学」だというのである。したがって、ハーバーマスは形而上学から自由な道徳が可能であると主張するが、アレクシーは「人権は合理的で普遍的な形而上学なしには不可能である」、と説明する。(153) しかし、まさにそれゆえに、アレクシーによるなら「民主主義原理」によってしめされるような政治的プロセスにおける解決が要求されるのである。「討議原理」は、意見形成と意志形成の民主主義的手続きを法的に制度化することをつうじてのみ近似的に実現されうる。つまり、民主主義においてのみ、正しさあるいは正統性への接近が可能になるのである。また同時に、討議的合理性の要請が近似的に実現されうるような民主主義は、政治的な基本権と人権が妥当し、十分に平等なチャンスをもって行使されうるときにのみ可能になる。政治的基本権と人権の行使は、生存の権利や最低収入の権利、教育の権利などの社会権が平等のチャンスをもって妥当し実現することをも含んでいる。したがって、「正しさと正統性に関心をもつものは、民主主義にも関心をもたなければならない」という命題と、「民主主義に関心をもつものは、基本権と人権にも関心をもたなければならない」という命題が同時に妥当しなければならない。(154)「民主主義の論拠」の意味は「基本権と人権のまなざしを民主主義的な手続きと制度化に向けること」にあり、それによって「討議の理念は基本権と民主主義があらゆる緊張にもかかわらず分離不可能なかたちで結びついている民主主義的な憲法国家においてのみ実現されうる」ことが明らかになる。(155)

こうしてアレクシーは、「人権」を行為規則として討議理論的に根拠づけようとするとき、すなわち、自由権を自己決定を保障するための行為規則として、また政治的権利を平等を保障するための行為規則として「権利の体系」へと導入しようとするとき、それらが「決断」という契機を含んでいることを、それゆえに民主主義という制度がこれらの権利を保障するための枠組みとして必要になることを明らかにするのである。それはつまり、ハーバーマスが「権利の体系」を自由権と政治的権利の「同根源性」、循環的構造から、すなわち民主的自律から構成しようとするとき、同時に、そこにはそうした「同根源性」、循環的構造には還元されない契機が含まれていることを意味する。民主主義の諸制度は、「権利の体系」がそもそもそうした事実性と妥当性との緊張関係を内在させているがゆえに要請されるのである。

したがって、一方において、討議理論が民主的自律を、民主主義的な憲法国家を要請すればするほど、民主的自律に還元されない人権の原理が不可欠なものとしてしめされることになる。チャールズ・ラーモアは、ハーバーマスが立法の民主的手続きよりも高い審級を認めないのに対して、リベラリズムの立場から、「人格の承認」という道徳原則の優位を主張している。(156) ハーバーマスが民主的自律を近代的法治国家の唯一の基盤と認識しているのに対して、ラーモアは、民主的立法は人格の承認という道徳原則にもとづいていなければならないが、この原則はあらゆる根拠づけの前提となっていて、いつもすでに妥当なものと見なされなければならないと主張するのである。ハーバーマスが、主観的権利を民主的自律を保障する政治的権利のもとに根拠づけ、民主的自律を近代的法治国家の唯一の規範的基盤と理解するのに対して、ラーモアはむしろ人民主権は基本的な「主観的権利の承認」に由来することを強調する。なぜ法の名宛人は法の起草者としても理解されうるのか、なぜすべての者が受け入れることのできる原理のみが、正統的な政治的原理でありうるのか、と問いかけるなら、そもそも法の起草者と名宛人との同一性を阻止していた慣習的な世界像の権威が消滅したとこたえるだけでは十分ではない。なぜなら、そうした世界像の権威は多くの人々にとっていまだなお生きているからであり、また、そうした世界像が信じられなくなったからといって、それは起草者と名宛人との同一性を根拠づけるのに十分な理由とはならないからである。たとえば、慣習的な世界像の権威が消滅したとしても、社会の福祉の総体を最大化する政治的原理を優先するという選択もありうる。そもそも、政治的正統性の概念、とりわけ政治的法原理は、場合によっては暴力によって貫徹されることも許されるという点で、道徳的規範から区別される。こうした政治的正統性の概念に対して、ラーモアはつぎのように主張する。「法の起草者と名宛人の同一性を要請することは、すでに妥当だと見なされねばならない道徳的原則に、つまり、だれもその行為規範の妥当性を理性的に認識できないときには、その行為規範にしたがうことを暴力によって強制されない、という道徳原理に依拠しているのである。この原則は、いかなる人格もいつも目的それ自体として扱わなければならない、というカントの原理を理解するやり方にほかならない」(157)。こうした原則は、慣習的な世界像にしたがって道徳原理の起草者と名宛人の同一性を信じていない人間によっても受け入れられうる。ラーモアは、この原則こそが、「主観的権利」と構造的に類似するがそれよりも根本的な権利を表現している、と主張する。道徳原則は、「人格の尊重」にもとづかなければならない。「市民は、この原則をすでに受け入れていて、その決定の妥当性をこの条件のもとで判断するときにのみ、法の起草者として理解されうるのである。この原則がわれわれの道徳意識のもっとも深い層のひとつを、われわれの考察の歴史的に位置づけられた出発点を、われわれが根拠づけというものを想定しうる枠組みを形成するのである」[158]。したがって、このような意味で主観的権利は、ハーバーマスが主張するように、人民主権の概念から演繹されるべきなのであり、民主的自律は、主観的な基本権の承認に依拠すべきなのである。ラーモアによるなら、ラディカル・デモクラシーはリベラリズムとしてのみ可能なのである。

マウスもまたラディカル・デモクラシーの立場から、ハーバーマスが近代法の正統化モデルの「循環的」な構造を明らかにしたことを評価しつつ、他方において、ルソーとカントを参照つつ「〈生来の〉人権」のもつ意義を強調している[159]。マウスによるなら、カントが実定法と「超実定法」の区別にこだわるのは、なにか前近代的な遺物を問題にしようとしているからではなく、これらの関係のうちにむしろ近代的なラディカル・デモクラシーを表現しようとするからにほかならない。カントは、平等な自由という「〈生まれながらの〉人権」を「超実定法の最小限の核」と見なし、同時に人民主権にも超実定法的－法制度的性格をあたえる。ハーバーマスの場合には、自由権と人民主権との循環は、法学的な「権利の体系」の内部のうちに位置づけられているのに対して、カントの場合には権利と人民主権との関係は法学的体系の外部においても問われるのである[160]。また、ハーバーマスはルソーが実存的にすでに前提とされている同質的な共同体のうえに政治的構造を基礎づけようとし、そのためにカントとは異なり人民主権と自由権との媒介がまったく過小評価されていると批判するが、ルソーの「社会契約」もまた、生まれながらの人権は「循環」への端緒であるだけでなく、超実定的自然法という性格をもつものと想定しているのである。ルソーは、たしかに孤立した個人から出発し、社会契約を人間は生まれながらにして自由であるという原子論的自然法から展開する。しかし、ルソーの「社会契約」は、人間は生まれながらにして自由である、という人権の保証を、正統的な政治的支配形式の基準としようとするものであり、それは人民主権の原理を、あらゆる法の名宛人の自由で平等な参加に依存させようとするものなのである。[161] 他方、ルソーに認められる社会的同質性は、政治的プロセスの前提なのではなく、その最小限の産物にすぎない。ルソーはむしろ、「あらゆる共有しえないもの alles Nicht-Gemeinsame」が国家の秩序の外部には残存することを前提にしているのであり、また社会はできるだけ少ない法規則でやっていくべきだという十八世紀の理想を共有している。異質なものへの利害関心は、取り除かれるべきものなのではなく、法制化の外部の領域を形成するのである。ここで問題となるのは、討議が自由権の超実定法的次元とどのような関係にあるか、この関係が人民主権の原理のもとに形成される民主主義理論に対してどのような意味をもつのか、ということにほかならない。

他方において、まさに「権利の体系」の討議理論的根拠づけが形而上学的性格をになっているがゆえに、「討議規則」から行為規則としての「権利の体系」を根拠づけようとするとき、必然的にハーバーマスの主張する近代法の正統化モデルもまた「決断」の契機と結びつくことを回避しえない。アレクシーは、「決断」は「正当性への利害関心」の問題であるとしているが、ヴェルマーはむしろ、民主的討議にはそもそも「討議を打ち切る〈行為遂行的〉な性格」がつきまとうがゆえに、法には「決断」の契機が内在すると主張している。[162] 「法には、法が発効されたり失効させられたりすること、特別な事例への法の適用、法の具体化や確定的解釈について決断されなければならないことが属している」[163]。実際に、合意について語るとき、いかなる合意も独自の持続性を保証することはできないという意味で暫定的なものである。それが意味するのは、合意においてすら「決断」が、規範的妥当要求の「請け戻し＝確証」に必然的に優先するということにほかならない。したがって権力関係は、民主的討議においても民主的な「承認関係」へは還元されえない。つまり、たしかに「民主的決定は承認された権力としてのみ存在する」、しかし同時に、「権力関係でありえない承認関係は存在しない」のである。[164]「決断」は、合理的討議の中断と法拘束的な事実の生成を意味し、とりわけ法を貫徹するための「暴力の正統化」を含んでいる。ハーバーマスもまた、討議の中断という契機に言及してはいるが、「決断」はその正統性をすべての当事者の合理的同意からのみ引き出しうることを、さらに規範的妥当要求の「請け戻し＝確証」という契機を強調することによって、この「暴力の正統化」の契機を覆い隠してしまうのである。民主的な法治国家では、権利はたとえその具体化、解釈、適用しか問題にならない場合であっても、むしろそうした場合にこそ、たえず新たに発明されなければならない。正義の理念は、成文化された法命題のうちに、個々のケースにおいて法解釈をつうじて新たに問われ解決されるべく強いるものとして含まれている。ヴェルマーはデリダを参照しつつ、正義の理念は、「理想状態への無限の可能な接近」、「規制的な理念やメシア的約束」という意味においてではなく、「そのつどいまここにおいて満たすことの要請でありながら、しかしけっしていまここにおいて決定的に贖われえない要請」として理解されるべきことを主張する。[165]正義の理念は、民主的法体系という条件においても、必然的になにかあらゆる具体的な法決定において解決を強いると同時に、どこまでも不可能なものでありつづけるのである。

ハーバーマスは、もはや形而上学的、宗教的世界像の時代は終わり、実践理性はコミュニケーション的にのみ理解されるのだから、善に対する正の優位、主観的権利の源泉としての人民主権といった政治的原理を受け入れるべきことを主張する。しかし、形而上学的理念がいまでも信ずるに値するか、宗教的世界像の権威があいかわらず拘束力をもつというわけではないにしても、現実には理想的な世界像や宗教的な理念をめぐっていまなお争われている。ラーモアは、理性はある特定の形而上学的な想定を超えてコミュニケーション的なものとして理解されているというハーバーマスの議論を正しいと認める。しかし、そうした理性概念はそれがいかに正当であろうと、正の優位という原理のうちに具体化されているのはひとつの「規範的態度」なのであり、それはまさに、政治的連合は理性的なすべての人間が解消不可能な不一致があるにもかかわらず受け入れるであろう「根元的道徳Elementarmoral」の原則に依存しなければならないというひとつの「信念Überzeugung」なのである。近代の根本経験とは、形而上学的、宗教的世界像の後退にあるのではなく、むしろ、理性的人間が善の本性あるいは道徳の基礎について論争するときの意識のあり方に、つまり、われわれが理性的にたがいに生の意味について議論すればするほど意見の相違にいたるという意識のあり方にある。そうした争いが増大するなかで、一方において、あいかわらず生のある特定の態度が保持されつつ、他方において、にもかかわらず政治的連合にとって適切な道徳的一致に達成しうるという期待と確信が、生のある特定の「規範的態度」を形成しているのである。(166) したがって、人権は実定法へと変換され法規範をつうじて保障されなければならないとすれば、それゆえにまた、多様な生の特定の「規範的態度」をつうじて決断の暴力の影響を受けつづけるのである。

ラーモアは、ハーバーマスは自由権と人民主権の「同根源性」を「権利の体系」の基礎として説明するというみずからのプログラムを、人民主権に優位性をあたえることで崩壊させてしまっているのではないか、と疑問をなげかける。民主的な立法を可能にする条件としての主観的自由権が、この条件を同時に制限することにもなりうるということを、ハーバーマスは考慮していないというのである。マウスもまた、一方で、人民主権の優位性を強調しながら、他方で、ハーバーマスが自由権を近代法の正統化モデルのもとに克服されるべきだとする主張を批判しつつ、人民主権と自由権のあいだに認められるディレンマを問題にしている。人民主権を具体化するすべての権利を討議理論的に根拠づけようとすると、自由権は、人権の二つの契機、一方において、人権一般は自由に処理できないものであり、他方において、人権はその内容を規定する権利があたえられている人々をつうじて開かれている、というディレンマに遭遇することになる。マウスは人民主権と自由権に、実定法と超実定法、国家的法原理と前国家的法原理と同じ構造を認める。人民主権は、規範的に見るならけっして自由にしえないものであると同時に、憲法のもとに制度化され解放された意見形成と意志形成の実定化されたた参加権に対しては従属する。他方、人権は、市民権をつうじてしかその内容的な規定を手に入れることはできないのだが、その超実定法的性格は国家の側から個人に対してあたえられうるものではなく、政治的な「構成員 Funktionäre」ではなく「〈たんなる〉人間」にふさわしいものとして認められるべきものなのである。(167)

たしかに、「人間」の権利を自然法的に根拠づけることはもはや不可能だとしても、またたとえ「市民」の権利が「間主観的」なコミュニケーションの「循環的」構造のなかに位置づけられなければならないというハーバーマスの主張は正しいとしても、しかし「人間」の権利は「市民」の権利の循環的構造へと還元されうるものではない。「人間」の権利と「市民」の権利が「同根源的」であるとすれば、それは自律的であろうとする人間の行為そのものが、むしろその行為と同じではありえないからであり、この非同一性においてこそ権利という観念が成立しうるからである。「権利の体系」もまたむしろ、そうした「人間」の権利と「市民」の権利のあいだの緊張関係をはっきりと認識することをつうじてのみ、適切にその役割をはたしうるはずである。

第四章　世界市民法と人権

第二次大戦後、国連憲章は、原則的な武力行使の禁止をうたいつつ、同時に、例外的に自衛権および集団的自衛権と、平和創出のための国連の承認のもとでの武力行使を認めてきた。一方で、「正しい戦争」というものはもはやなく、いかなる武力行使も不正であるという原則のもとに、戦後の国際秩序は構築される。他方で戦後、人権の保障が国際的に重要な課題として掲げられ、そのためには、国連憲章の第七章にしたがった「強制行動」をとることができる。ただし、軍事力を投入するためには、国連憲章の三十九条にしたがい安全保障理事会によってその行動が国際平和を脅かすこと（「平和に対する脅威、平和の破壊、および侵略」）が認定されなければならない。安全保障理事会は、南アフリカ共和国におけるアパルトヘイト、ボスニア紛争における人権侵害、ソマリアにおける公的秩序の崩壊に対して国際平和を脅かすとし、武力行使を容認する決議を採択している。しかしこうした状況は、たしかに一定の成果と結びついてもいるが、他方、国際法と人権とのあいだの緊張関係を緩和させるどころかむしろ増大させてもいる。国際法では、武力行使は「正当な例外」であることが明確にされないかぎり禁止されるのだが、人権保護が武力行使の「正当な例外」として主張されるからである。

ハーバーマスはコソヴォ空爆の直後、「ツァイト」紙に掲載した「残虐性と人間性」のなかで、空爆が戦後はじめてのドイツ国防軍による直接的な武力行使であることに言及しつつ、しかし、社民党と緑の党の連立政権下、フィッシャー外相とシャーピング国防相は、法平和主義と「諸国家間の自然状態を人権にもとづいて制御する」という理念のもとに行動していることを評価し、コソヴォ空爆を支持している。[168] ハーバーマスは、空爆を人道的介入であると主張し、「緊急援助」と「国際法から世界市民法への転換」という、おもに二つの理由をあげ正当化するのである。

まず、コソヴォ空爆は、湾岸戦争と同様に、安全保障理事会の委任もなくなされた行動であるとしても、迫害された民族的・宗教的少数派に対する「緊急援助 Nothilfe」として正当化することができる。たしかに、空爆という手段とその目的について、武力攻撃以外に選択肢はなかったのか、空爆という手段は適切だったのか、政治目的には不透明な部分があるのではないか、懸念すべき点はあった。しかし、「民族浄化」の悲惨な記憶が、民族集団の同等な権利のもとでの共存という目的の修正を不可避のものにしている。ハーバーマスの説明によるなら、コソヴォでは空爆のはじまる前の数ヶ月のあいだにすでに、殺人、テロ、迫害の被害を被った住民は、三〇万にも達し、その間、マケドニア、モンテネグロ、アルバニアなどへと故郷を追われた人々の映像は、念入りに計画された「民族浄化」の証拠をしめすものである。したがって、状況は「人権に対する犯罪」として認定されるべき事態にあり、安全保障理事会ものちに「強制行動」をとるべき「平和を脅かす行為」と認めていることからするなら、援助への権限は、安全保障理事会の委任がなくとも、万人に対する義務づけられた国際法の諸原則から導くことができる。「コソヴォ住民の同権にもとづく共存への要求」と「残忍な迫害への憤り」は、西側の軍事的介入に対してひろく同意を保証するものであったというのである。[169]

他方、そもそも人権は、政治的行為の道徳的な方向づけとしてだけでなく、法制度的に確立され、義務を強制する法秩序において実定的な妥当性をもつものでなければならない。そのためには人権は、国民国家における憲法の基本権と同様に、世界規模の民主主義的な法秩序のうちに位置づけられる必要がある。われわれはグローバルなレヴェルで、権利の名宛人が同時にその起草者として理解されうるなら、つまり「世界市民連合」の直接のメンバーである資格が確立するなら、国家市民は自国の政府の恣意的行為に対しても保護されうる。そのためには、世界政府を樹立し、世界国家によって暴力を独占する必要はないにしても、少なくとも安全保障理事会を正常に機能させ、国際司法裁判所に十分な拘束力をもたせ、政府の代表者による国連総会を世界市民による代表の第二のレヴェルによって補完しなければならない。しかし現実には、「民主的な世界市民法という枠組みの内部で正当化された法の強制にいたるまでの質」をいまだ獲得してはいないという点に、世界市民法という理念と国際法の現実とのあいだのディレンマがある。ハーバーマスは、国連改革はいまだその途上にあるのだが、むしろそれゆえにこそ人道的介入は、みずから促進しようとしている将来のコスモポリタン的状態の「先取り」として理解されなければならないと説明する。その行為は、目指すべき秩序とは矛盾するかもしれないが、その秩序を招き寄せるのに必要だというのである。[170]

ハーバーマスはこうして、かつての「正しい戦争」という理念を否定しつつ、しかし人道的介入を「正当な例外」として正当化する。だがその論拠は、まさに事実性と妥当性の二つの側面で問題をはらんでいる。

まず、正当であるためには公正でなければならないが、ハーバーマスのあげる論拠は、はたしてこの条件を満たしているといえるだろうか。三月二十四日の空爆以前の数ヶ月のあいだに三〇万人ものアルバニア人が迫害され追放されたというNATOの見解をとりあげているが、空爆前にコソヴォ解放軍のテロ活動によって犠牲となった、また追放されたセルビア人にはまったく言及していないし、三月十九日以降、国際監視団の撤退とNATOの空爆によって発生した七〇万にもおよぶ難民についても触れていない。(171) ハーバーマスはしばしば、空爆を正当化するために、ボスニア・ヘルツェゴビナの紛争で生じた、セルビア人によるムスリム人に対する迫害、スレブレニツァの悲劇を理由にあげているが、クロアチアのトゥジマンによるクライナの民族浄化の数十万におよぶセルビア人犠牲者については言及しない。したがって、介入の目的は「緊急援助」に、エスノ・ナショナリズムを停止することにあるとハーバーマスは主張するが、エスノ・ナショナリズムは、アルバニア人側にも存在するとすれば、一方的に、セルビア人への攻撃を正当化することができるのか、民族浄化について、もっぱらセルビア人側の責任を問うことははたして正当なのだろうか。

しかしとりわけ問題は、「世界市民法」をとなえつつ「緊急援助」に訴えようとするとき、人権はどのようなものとして理解されるべきなのかという点にある。ハーバーマスは、グローバルなレヴェルで、権利の名宛人が同時に起草者として理解されるような状況が獲得されうることを想定し、世界市民状態の「先取り」を主張する。しかし、世界が人権保護のための政策を推進しようとするとき、来たるべき権利を引き合いにだして、必要な場合には軍事力を投入してでも、他の諸国家を自然状態から解放する権利や義務があると主張することがはたしてできるだろうか。そもそも「緊急援助」は、迫害する者を攻撃するのではなく、迫害されている人々の救済を目的とするはずのものである。[172]とすれば、迫害されている人々の救済への義務は、他の諸国家を自然状態から解放する権利や義務とどのような関係にあると理解すればよいのだろうか。「世界市民法」は、迫害する者を攻撃する権利を擁護する根拠としてもちだされているとすれば、それはどのように理解すればよいのだろうか。ハーバーマスはまた、人道的介入をとなえながらバルカンの不安定化を理由にあげているが、そうであるなら人道的介入は個別の利益を追求しようとするものではないと主張しながら、結局は、ヨーロッパの平和圏を脅かさないための紛争圏の封じ込めをねらっているにすぎない、ということになりはしないか。[173]

ハーバーマスは「世界市民法」を、カントの『永遠平和のために』から発展させて議論を展開している。しかし、一九九〇年代では構築されるべき世界共和国の法として理解していたのに対して、その後、コソヴォ紛争、「九・一一」をへてその位置づけを変化させている。「世界市民法」は、九〇年代では国内法と「シンメトリー」（EA234, 二二八）な関係にあるものとして理解されていたのに対して、その後は「補完的」な関係にあるものとして論じられている。ここでは、ハーバーマスの議論の変遷をたどると同時に、ハーバーマスがとなえる「世界市民法」とはどのような性格をになうものなのか、「世界市民法」と人権とはどのような関係にあるのかを、カントの議論と関連づけながら「世界市民法」の意味について検討することにしたい。

1　法的義務化、権利主体としての個人の地位、新たな歴史哲学

ハーバーマスは一九九五年に法学雑誌に掲載され、その後、『他者の受容』（一九九六年）に収められる「カントの永遠平和の理念」のなかで、カントの「世界市民状態 das weltbürgerliche Zustand」という理念は魅力的な概念であると評価し、人権にもとづく民主的な世界秩序を構築するためには、「世界市民状態」を法的に構想することこそが必要であると論じている。[174] カントは『永遠平和のために』[175]のなかで、法理論に「国内法 das staatliche Recht」、「国際法（諸人民の法）das Völkerrecht」、「世界市民法 das Recht der Weltbürger」という三つの次元を導入しているが、一方において「国際法」をあくまで戦争を防止するための「消極的代替物」として構想するのに対して、他方においてカントが「世界市民法」を導入することになるのは、「戦争によって制御される国際関係という弱い国際法的拘束力」では不十分だからであると、ハーバーマスは理解している。カントの主張は、「戦争と平和とを規律する国際法の諸規範」は、「過渡的な」[176]ものであり、「法平和主義」が「世界市民状態とそれにともなう戦争の廃棄をもたらすにいたるまで妥当すべきものにすぎない」（Vgl. EA192, 一九〇）、ということにあるというのである。ハーバーマスはそうした観点から、カントの展開する諸国家間の法治状態としての「永遠平和」、「国際連盟 Völkerbund の法形式」、「世界市民状態という理念の実現」を再検討するのである。

カントの時代は、ハーバーマスが説明するように権力政治の時代であり、諸権力のシステムはもっぱら主権を有する諸国家が国際法の主体たりうるという前提のもとで機能していた。主権とは、対外的にはひとつの国家がその独立性すなわち国境の不可侵性を、緊急の場合に軍事力によってでも主張しうる国家の権能を意味し、国内的には、ひとつの国家が国内の安全と秩序を、行政権力と実定法という手段によって保持する権能を意味する。すなわち、主権は、権力保持者が軍隊と警察の力を自由にできるということにあり、それゆえにカントにとって「諸人民統一国家」は、もっとも恐ろしい専制への可能性を秘めているがゆえに選択肢たりえないのである。したがってカントは、諸国間の法治状態を「永遠平和」と「世界市民状態」のもとに要請するのだが、それはあくまで消極的なものにとどまることになる。一方において、カントが「永遠平和」における諸国間の法治状態としてもとめるのは、「戦争の撤廃」というあくまで消極的な状態にほかならない。カントがそもそも永遠平和を待望するさいにとりあげるのは、犠牲者の問題などではなく、傭兵隊の残虐行為や略奪、貧困、領土の荒廃、自由の喪失、他国の支配などの問題である。この背景には、一六四八年のウェストファリア条約以降の権力システムのなかで紛争解決の正当な手段として国際法上制度化されてきた「限定戦争」という考え方がある。カントが想定しているのは個々の国家間の、あるいは諸同盟間の戦争であり、世界戦争ではないし、民族戦争や内戦でもない。それは、政治的に明確な目的をもつ戦争であり、イデオロギー的に動機づけられた殲滅戦争でも防衛戦争でもない。「限定戦争」という前提では、国際法は、戦争中の戦争の遂行方法および戦争後の平和の締結の規範化を目指すのである。他方において、カントは「諸人民統一国家」ではなく、「国際連盟」という消極的な政治体制を目指し、したがって

「世界市民的状態」は、国内的法治状態とは異なり、諸国家が個々の市民のように上位の権力の公的な強制法に服するのではなく、それぞれの独立性を維持する「国際連盟」をつうじて構想される。さまざまな戦争の手段を防止する諸国家からなる「連邦 Föderation」は、参加国の主権には干渉しない。連盟する諸国家は、それぞれの権限を保持しているので、国家としての性質をそなえた「世界共和国」へと向かうことはない。カントは、ひとつの世界共和国という積極的理念に訴えるのではなく、あくまで戦争を防止し相互に干渉することのない諸国家の「連盟 Bund」という「消極的代替物」を媒体にして、世界市民状態を構想するのである。

ハーバーマスは、カントがこのように世界市民状態を消極的な永遠平和と国際連盟という理念をつうじて構想するのに対して、「永遠平和」が諸個人の契約モデルのアナロジーにではなく、あくまで諸国家間の法治状態、つまり諸国家間の戦争の撤廃のみにもとづいて認識されることから生じる問題点を検討し、またカントの「国際連盟」という消極的な政治体制が法的義務化という観念を欠いている点を、さらにカントのそうした議論の背景にある「自然の意図」という観念を問題にするのである。

カントによれば、国際法において諸国家のあいだでは、それぞれの国家の主権は守られねばならないがゆえに、諸個人のあいだのようにしたがうべき強制法はあるべきではなく、戦争を阻止するという消極的な同盟があればよい。カントの「連盟」は、「国際法上の契約の主権的な意志行為から生まれ、もはや社会契約のモデルでは考えられないもの」にほかならない。「なぜなら、この契約は参加国相互の提訴可能な主体の要求を根拠づけるのではなく、参加国をただ永続的に同盟 Allianz へと――〈持続的で自由な連合 Assoziation〉へと拘束するだけだからである」（EA196, 一九四）。ここでカントが訴えている実践的認識は、人間を目的のための手段として道具化してはならない、という「実践理性」的な認識ではない。カントはあくまで、国家間には戦争はあるべきではないという道徳的な理性認識にしたがって、「将来の平和において相互信頼を不可能にしてしまう」ような敵対的な行為は許されない、という実践的な格率を主張するのである。したがってカントはいまだ戦争を、人間の尊厳と権利を原理的に侵害するものであり、それ自身として無条件に禁止すべき行為であるとは考えていない。「戦争犯罪」とは、「戦争でなされた犯罪」であり、カントには「戦争＝犯罪」という観念はない。戦争が非限定的なものになり、平和概念が拡張されることによって、はじめて戦争自体が犯罪と理解されるようになるのである。したがって、ハーバーマスは、永遠平和とはたしかに重要ではあるが、世界市民状態をしめすひとつの徴候にすぎないのであって、たとえば第二次大戦後、「戦争＝犯罪」そのものが起訴されうるものと見なされ、刑法が「人間性に対する犯罪」にまで拡張されるようになったことは、カントの「国際法」という枠組みではけっしてとらえることのできないものであると指摘するのである。[177]

カントは、「国際紛争の公民的 zivil 解決の仕方が拠り所にする拘束の永遠性は、憲法に類比する制度の法的拘束なしにどのように保証されうるのか」(EA196f., 一九五)、説明していない。かろうじて「永遠」という特徴が、国際連盟を国際法の弱い拘束力を超えるものにしているにすぎない。ハーバーマスはそこにカントの矛盾を認める。「カントは一方で、契約の解消可能性を留保することで同盟国の主権を保護する。他方で、永続的に平和をあたえる連邦は、一時的な同盟とは、同盟国が場合によっては自国の理性をはっきりとした共通の目的にしたがわせることを義務だと感じるという点で、区別されるべきである」（EA197, 一九五）。つまりハーバーマスは、「義務という契機なしには、国家間の平和会議は〈永遠の〉ものとはなりえない」と主張するのである。カントは一方で、参加国の主権は契約の解除権をあたえることによって確保されなければならないと主張すると同時に、また他方で、義務という契機なしに諸国家の平和は「永遠な」ものにはなりえないことを認めている。しかしカントは、最終的に「法的義務化」という考えにいたることはなかった。ハーバーマスによるなら、「国際法が自然状態におけるすべての法と同様に暫定的にしか妥当しないのに対して、世界市民法は公認された国内法と同様に、自然状態を決定的に終結させるもので」（EA195, 一九三）なければならないとすれば、構成員の「よき道徳的拘束」に訴えるのではなく、構成員に義務を強制しうるものでなければならない。

ハーバーマスはさらに、そもそも「消極的代替物」のもとでいずれは永遠平和が構築されるというカントの議論の背景には、「自然の意図」という観念があることを指摘している。カントは、「国際連盟」が諸国家の利害関心になりうる理由を、共和国の平和的本性、世界貿易の共同社会化する力、政治的公共圏の機能をめぐる「自然の意図」に訴えることによって説明しようとするのである（Vgl. EA199ff., 一九七—二〇二）。つまりカントは、まず諸国家における共和主義的な統治様式が貫徹されるならば国家市民はみずからの利害関心から政府に平和を追求するように働きかけ、戦争をするかどうか決断をせまられればそうした負担を負うことには慎重になるであろうから、その度合いに応じて国際関係はその好戦的性格を失っていくであろうと、また情報と人と商品の流通をつうじて促進される社会の相互依存関係が促進されるなら「平和的関係を確保しようという利害関心」が生じるはずであり、とりわけ貿易が拡大するに応じて「人民Volkの平和的統合に向かう傾向」が生まれてくるはずだと、さらに市民的公共圏がコントロールの機能をもつにいたるなら、それに応じて公的な格率に反する行為を阻止することができるようになるであろうと、主張するのである。ハーバーマスは、カントがこのように共和国の平和的本性、世界貿易の共同社会化する力、政治的公共圏の機能をめぐる「自然の意図」という観念に訴えるのに対して、「国民Nation」という理念の形成、階級闘争と帝国主義の歴史、マスメディアの発達という観点から、それは歴史的に誤りであったと批判する。まず、戦争をするかどうか国家市民の同意が必要になれば、国家市民はそうした負担を負うことには慎重になるだろう、という仮定はその後、「国民」という理念が形成されることによって否定されることになる。ナショナリズムは、一方において臣民を「国家市民」へと変える機能をになうが、他方において、国家市民の「共和主義的心情」を「民族と祖国のために戦い死ぬ準備がある」ことをしめすというかたちで表現しようとすることになる。また、カントは情報と人と商品の流通をつうじて促進される社会の相互依存関係に、とりわけ貿易の拡大に、「人民」の平和的統合に向かう傾向を認め、そうした相互依存関係から、平和的関係を確保しようという利害関心が生じるはずだというのだが、その後の歴史的プロセスにおいて、資本主義の発展は、国内政治においては階級闘争を、対外政治においては帝国主義をまねいている。ヨーロッパの諸政府は、国内の社会的紛争を外にそらすために、ナショナリズムの推進力を利用してきたのである。さらに、カントは市民的公共圏がコントロールの機能をもつかぎり、公的な格率に反する行為を阻止することができると主張するが、しかしカントが前提にしていた公共圏とは、比較的少数の教養市民層という公衆によって支えられていたにすぎない。そうした透明で開かれた十九世紀の公共圏は、その後、さまざまなマスメディアに支配され、映像や仮想現実の浸透した公共圏へと構造転換をとげている。カントは、その後のマスメディアに支配された公共圏の構造転換を予見できなかったのである。

ハーバーマスは、このようにカントの「永遠平和」、「国際連盟」、「自然の意図」といった理念を批判するのだが、他方でカントの世界市民状態という理念を現在の世界状況にあわせて改良するなら、国際法から世界市民法への移行を主張することは意味があると論じている。ハーバーマスによるなら世界市民法は、諸国家の対外主権と国家間の関係の変質にともなって、各国政府を拘束しうるように法制度化され、諸国家の国内主権と古典的権力政治の規範的制限に対して、それらを飛び越えていく個人の権利主体の地位を確保すべく、新たな歴史哲学にもとづく平和の再構築を目指すものとして構想されるべく、修正される必要がある。

カントの主張する「国際連盟」には、個々の国家の主権を制限すると同時に保証しなければならないとする矛盾がある。ハーバーマスは、永続的なものとされながら国家の主権を尊重する国際連盟というカントの概念は首尾一貫したものではないとして、「世界市民法」についてつぎのように主張する。「世界市民法は、各国政府を拘束しうるように制度化されなければならない。諸人民共同体は、その構成国を制裁の脅威のもとに合法的行為へと少なくともうながすことができなければならない。そうすることではじめて、主権を主張する諸国家相互の脅威にもとづく不安定なシステムは、共通の制度をそなえたひとつの連邦に変貌し、国家的機能をになうことに、すなわち構成国の相互関係を法的に規律し、この規則の遵守をコントロールすることになる」(EA208, 二〇五—二〇六)。こうして、諸国家間の契約によって規律されていた国際関係は、「規約あるいは憲法にもとづく組織構成員のあいだの内部関係」に変容する。たしかに国連は、実際には各国の主権を制限すると同時に保証するという二義的な規定によって現在の状況に対応せざるをえない。国連は独自の軍事力を独占しているわけではなく、議決を遂行するにも加盟国の自主的協力に頼らざるをえない。安全保障理事会もまた、超大国の拒否権という障害のためにかならずしもうまく機能しているとはいえない。しかし、国連が国家の内政へ介入することが禁止され、いかなる国家も軍事的な自己防衛に対する権利を保持しているのは、国連があくまで「過渡的状況」にあることから生じるものだと理解すべきなのである。

カントは、国家主権を克服不可能なものと見なしているがゆえに、世界市民的統合を諸国家からなる「連邦」として構想し、世界市民からなる連合として構想することはない。しかしこのこともまたハーバーマスによるなら、カントがすべての法治状態の根源を、すべての人間の根源的な権利に認めるかぎり、首尾一貫していない。すべての人間が、実践理性の普遍的法則にしたがって平等な自由への権利をもっているとすれば、カントがこの「自由の保証」を永遠平和の意図するもっとも本質的なものであると考えるなら、個人は権利の担い手として、近代的法秩序において「譲渡不可能な個人」としての特徴があたえられ、「国家市民の自律」はその国家の主権によっても併合することのできないものと理解されなければならない。「世界市民法のポイントは、むしろ集団的な国際法の主体を飛び越えて、個人の権利主体の地位を確保することにあり、この地位のために自由で平等な世界市民の連合のうちに併合されることのない構成員の資格を根拠づけることにある」(EA210f.,二〇七—二〇八)。したがって、「最高の憲法権限 Kompetenz-Kompetenz」は、「世界連盟国家 Weltbundesstaat」に課せられ、個人はそこから直接的に法的地位を獲得することになり、国家はある特定の領域的機能のうちに現われる権限の担い手へと変貌する。こうした「国家主権を飛び越える権利」をつうじて、国務や兵役においてなされる犯罪に対しては、個人としての責任が生じることになる。ハーバーマスはこの点に関しては、一九四一年の北米憲章につづいて、一九四五年六月の国連憲章では全加盟国に人権の尊重と実現が義務づけられ、さらにそのために人権委員会に監視機関と報告手続きがあたえられることになったこと、また一九四八年一二月の総会では「世界人権宣言」が決議されたことをあげている。

カントがとなえていた、共和国間の平和志向、グローバル化した市場の統合力、リベラルな公共圏の規範的圧力、といった論拠についても、ハーバーマスは、「国民」理念の形成、階級闘争と帝国主義の歴史、マスメディアの発達といった歴史的契機を考慮に入れ検討しなおすなら、また新たな意味をになういうると論じている。ハーバーマスによるなら、そもそも「国内における民主的状態が対外的に国家の平和主義的な態度をうながす」というカントの考え方は、必ずしも誤りではない。自由主義的制度に慣れ親しんだ人民の普遍主義的価値志向が対外的な政治に影響をあたえることになるなら、その度合いにしたがって共同体の遂行する戦争は実際にその性格を変えることになる。軍事力の投入が、もっぱら自己中心主義的な国家理性からではなく、「非‐権威主義的 nicht-autoritär な国家形態と統治形態を国際的に普及しようとする願望」によって決定されることもありうる。したがってハーバーマスは、こうした価値が優先され、それぞれの国家の利害関心を超えて、民主主義と人権を貫徹するために拡張されるなら、権力システムが機能する条件は変化することになるだろう、と主張するのである（EA200f., 一九八―一九九）。また、カントが期待した世界経済における共同社会化も、ようやく第二次大戦後、社会国家の実現をつうじて階級間の対立や帝国主義的な対外政治が沈静化することによって、実現しつつある。たしかに、今日では世界規模に拡大したメディアや多国籍企業、世界銀行などの社会システムが、諸国家の統制力を失わせ国民国家を空洞化させると同時に、国際社会をグローバルなリスク社会へと変貌させている。しかしハーバーマスは、そのように世界経済が不本意ながらリスク共同社会となっている事態にこそ、世界の共同社会化の契機を認めるのである。さらに、カントの予測した公共圏の構想もまた、いまや「世界規模の公共圏」としてグローバルなコミュニケーションをつうじて実現しつつある。たしかにそうした試みは、依然としてそれぞれの国民国家の公共圏の構造をつうじて展開されていて、空間的に隔たりを超えた恒常的なコミュニケーションを実現するためにはそれを支える構造が必要であって、その意味でいまだグローバルな公共圏は存在しないし、ヨーロッパ規模の公共圏すら存在してはいない。しかし、たとえばエコロジー、人口問題、貧困、地球温暖化といった問題について、世界規模での世論が形成されつつあり、グリーンピースやアムネスティのような非政府組織が、超国家的な公共圏を発展させるために中心的な役割を果たしてもいる。とりわけ、カントが強調した出版と公共圏の役割は、憲法体制と共同体の政治文化との関係に、すなわち「自由主義的な政治文化は、自由の制度が根づく基盤を形成する」ことに目を向けさせてくれる。カントの理論では、いまだ道徳性と合法性とが分離したままだが、政治文化の実践が道徳と法と政治を媒介し、同時に「政治的な学習過程を促進する公共圏」のためのコンテクストを形成することを正当に考慮するなら、公共圏の構想も意義のあるものとなるはずである（Vgl. EA204, 二〇一）。

ハーバーマスはこうして、カントの「世界市民法」を、法的義務化、国家の主権を超えた個人の権利、新たな歴史哲学にもとづく平和的秩序という観点から再構築するのである。しかし、そもそもグローバル・レヴェルでの民主主義が実現していないなかで、どのようにして法的義務を課す民主的な体制を構築しうるのか、行政権が欠如するなかで、どのようにして国家の主権を超えた個人の権利の保障を実現していくのか、新たな歴史哲学は世界市民社会と国家との関係においてどのような意味をになうことができるのだろうか。

2　多層的システム、補完性原理、国際法の立憲化

ハーバーマスは、カントの「世界市民法」を、法的義務化、国家の主権を超えた個人の権利、新たな歴史哲学にもとづく平和的秩序という観点から再構築しようとする。しかし実際には、国際社会における民主主義の欠陥、行政権の欠如、国際社会と諸国家とのあいだの権限のあり方に対して、どのように対処すべきかをめぐって、これまでさまざまな議論が展開されている。ハーバーマスもまた、そうした議論を参照しつつ、「九・一一」以降、みずからの「世界市民法」の構想を部分的に修正している。

（1）ハーバーマスは、「カントの永遠平和の理念」では、国際法を世界市民法へと移行させることで国内法とのシンメトリーな関係を構築することを目指しているが、マーサ・ヌスバウムやマティア

ス・ルッツ－バッハマンなどのコスモポリタンたちもまた、政治的世界秩序は国家と同質な世界共和国という形式において設立されるべきことを主張している。[178] しかし、コスモポリス的な諸制度を国家とのアナロジーにおいて形成し、その諸制度になんらかの民主的なプロセスをつうじてあたえられた法貫徹的な力を付与するというコスモポリタンの構想は、たとえ国民国家の主権がますます疑わしいものとなりつつあるとしても、いったいどのようなプロセスをつうじてそのように強力な「超国家的」な諸制度が構築されうるのかという問題がある。[179] デヴィッド・ヘルドは、国際社会における民主主義の欠陥を、政治的権威をになう組織形態を拡張するのではなく、「国民横断的《トランスナショナル》」なさまざまな協定を新たな規範・制度として構築するという戦略をつうじて克服するという選択肢もありうることを主張している。ハーバーマスがグローバルな市場が統制されていない状況を政治的権威と法の貫徹能力の欠如の結果と見るのに対して、ヘルドは、カントの「消極的な代替物」としての「連合主義」にむしろ積極的な意味を認めるのである。「カントは、すべての人民からなる単一国家――諸国民からなる国家あるいは国際国家――が実現不可能であり、潜在的に危険な目標であるという理由から、国際問題における連合主義 confederalism の支持について強力に議論した。それが実現不可能だという理由は、諸国家が主権を完全に放棄することに同意することはありえそうにないし、世界の領域はひとつの最高権威によって規制するにはあまりに広大すぎるからである。それが危険なのは、単一の集権化された国家を形成することが潜在的に専制的な意味合いをもつからである」。[180] それゆえに、カントは実現可能な正しい解決として、戦争に反対するすべての国家からなる条約にもとづく「連合」をとなえるのである。ヘルドは、世界国家や諸人民国家がカントがあげた多くの理由から、またそれが

「官僚的な指令的政府」という性格をもち、さらに「同質的な文化、共有された言説領域、単一形態の（世界）市民権」の可能性を前提することから否定し、[181] むしろカントの「消極的な代替物」としての連合に、「重なりあう運命共同体」という性格を強めつつある国際社会に対応する「多層的 multilayered」、「多次元的 multidimensional」な諸制度の構築と政治・政策の展開の可能性を認めるのである。[182]

ヘルドによるなら、主権の問題は、政治的、経済的、軍事的、文化的権力のさまざまな場における「多重的な重なりあう multiple overlapping 相互作用のネットワーク」のなかで考察されなければならない。民主主義は、ある特定の共同体の内部にある権力域だけでなく、国民的、国民横断的、超国民的なそれぞれの権力の場、「共同体を横断する権力域」を背景に「多層的」に構築される必要がある。[183] 民主主義を維持することができるのは、境界領域的には国民国家の一部でありながら、その境界を横断する、カントの提案する「消極的な代替物」としてのさまざまな主体や組織なのである。「民主主義のコスモポリタン的構想は、共同体や市民結社の〈内部〉において民主主義を強化する手段であるが、それは、空間的に画定された場 locales を横断する地域的、国際的な団体や協議会のネットワークをつうじて、〈外部〉から民主主義を発展させ、補強することによって行なわれる」[184]。政治的活動はいつもすでに社会的に組織されたさまざまな活動のうちに埋め込まれている。つまり、国民国家的に法的に組織された諸制度、国民横断的な協議、国際的な公共性と政治的平等にもとづく制度化こそが問われるべき課題なのである。

（2）「世界市民法」は、それぞれの主権国家の頭越しに個人へと介入し、法的主体としての資格を

「自由で同等な世界市民Weltbürger」という連想のもとに根拠づけうるものでなければならない、とハーバーマスは主張する。チャールズ・ベイツやトマス・ポッゲのようなグローバリストもまた、自然的な権利主体である人間のみが「目的それ自身」であるという理由から、諸国家、さらに世界国家もまた、個々の人間と同等の法道徳的地位をもっているわけではないことを主張するのだが、[185]オットフリート・ヘッフェはこうした議論を、法形式的な観点と倫理的な観点から批判している。[186]ヘッフェはまず、むしろ諸国家も世界共和国も、いまだ法形式的に解決されていない課題のためにのみあたえられると主張する。たしかに、ベイツが個人にのみ自己目的ないし本来的な道徳的価値を認め、個別国家には「派生的」な重要性しか認めない点は正しい。しかし、個々の人間に目的それ自身の地位を保持するためには、やはり市民の権利を保障する国家が必要なのである。つまり、国家はあくまで「補完的subsidiär」に、諸個人の役に立つときにのみ正統なのだが、しかしそのかぎりで法道徳的な地位をになっているというのである。他方、個別国家は内的にも外的にも、他の諸国家との関係において、普遍的な法と民主主義の諸規則にしたがうという前提があるときにのみ、法道徳的な地位にふさわしいものとなる。カントは諸国家が解消することを望まないにもかかわらず、世界法秩序の必要性を説くのも、そうした点からである。「したがって、正義は個別国家がグローバルな共同体のために解消されることを命じるわけではない。少なくとも、法と正義のもとに義務づけられ、資格をあたえられた民主主義の要求を満たす諸国家は、引きつづき正統的な国家として妥当することが許される。そうした国家に対して、世界共和国はたんに追加的、補完的komplementär（subsidiär）な国家なのである」。[187]諸国家は国家としてすでに内的に法体制をもっているという理由から、諸国家にはたんになお欠けている「グローバル体制 Globalität」を、国際的な法の次元を、つまり国際法と世界市民法を、「補完的」に、「補完性原理《サブシディアリティー》 Subsidiaritätprinzip」にしたがって実現するのである。(188)

ヘッフェはまた、歴史、文化、伝統といった倫理的な観点からもグローバリストに反対している。人権のような普遍主義的な法原理を適用しようとするとき、たとえ理想的な立法者であっても正義の諸原理から唯一正しい解決を見いだすことはできない。民主主義的な討議の普遍主義的な諸原理は、数学などの自然科学とは異なり、「不確定性」をともなっているがゆえに「参加型民主主義」が問われるのである。したがって、一方において諸国家には、「分権性」への権限があたえられる。つまり、「国家は、内部では自由主義的な民主主義の要請に服し、外部に対してはグローバルな行為の必要性のために、補完的な世界民主主義に対してつねに開かれている」という二つの前提と結びついているのである。(189)それゆえに個別国家は「分権性」への権限のもとで、絶対的ではないが相対的な意味で、どこまでも正統的なものでありつづける。他方において世界共和国は、個別国家の代わりにではなく、個別国家を「補完」するために要求されるのであり、世界国家は国家的に「二次的」で「補完的」な地位をになうのである。そして、国際的なレヴェルの法のこの二つの次元にしたがって、世界共和国のになうべき役割もまた二つに分岐することになる。世界共和国は、「間‐国家的」で、「国際法的」な側面からするなら諸国家が共存するための法形式的な権限をもち、「間‐社会的」で、「世界市民的」な側面からするなら、国家ではなく自然的な権利主体のための法形式的な権限をもつ。前者では、すべての国家のあいだの法的関係が、後者では世界のすべての市民のあいだの法的関係が打ち立てられるのである。(190)

(3) カントは、個別国家とのアナロジーから帰結すべき「諸国家共和国」という理念をしりぞけ、「自由な諸国家からなる連盟」という理念を選択する。カントはその根拠を三つあげているが、ルッツーバッハマンはそれらの根拠について検討している。[191] ルッツーバッハマンの主張は、つぎの点にある。個々の国家が規制しえない政治領域における行為のみを「委任 Mandat」するというかたちであれば、「諸国家共和国」は構成員の自由と平等の権利と矛盾することなく構想することができる。カントの「根源的契約」という理念も、共通の意志作用をつうじて新たな法的妥当の領域を根拠づけることができるという点で、法治国家にも人間とのアナロジーにおいて適用可能であり、したがって「諸国家共和国」においても、「権限 Rechtstitel の委譲 Übertrag」をつうじてそれぞれの国家の根源的自由と法治国家としての性格は廃棄されることはない。そうであるなら、カントは「連邦制の諸国家連盟」を「消極的な代替物」として肯定し、「諸国家共和国」を拒否するが、むしろ法治国家と「諸国家共和国」の理念のアナロジーが成立するのであれば、理性法に照らして「諸国家共和国」ないし「世界共和国」の積極的な理念に対応する諸関係が政治的実践においてつくりだされることがもとめられる。

ルッツーバッハマンによるなら、カントの議論では、まず世界のすべての諸国家が法治国家的な共和国へと変貌をとげたあとで「諸国家共和国」にくわわり、個々の共和制国家が相互に融合しあう結果として、ひとつの新たな「世界国家市民法」がそれまで存在してきたすべての法的関係をいっさい廃棄しそれに取って代わることが想定されているが、それによって成立する「世界統一国家」は、事実上、それまで存在してきた諸国家の主権的な自由権すべてを解消してしまうことになる。こうした

「世界統一国家」は、たしかにカントが主張するように、個々の共和国が法治国家の条件として要請する、すべての構成員の自由を侵害してはならないし奪ってはならない、という制約に矛盾する。他方、法治国家とのアナロジーから「諸国家共和国」を構想するなら、「諸国家共和国」もまたその構成員の自由と平等の権利と矛盾することなく組織されなければならない。したがって、「個々の国家が自分では規制できないことがあるとき、そのつどそうした政治領域においてのみ、〈諸国家共和国〉は行為を委任される」ことを前提とするなら、この矛盾は解消されうる。[192] またカントは、いずれにせよ国家が、とりわけ共和制の「公共体」としての国家が、内政的にはすでに法的体制を保持しているのに対して、人間としての個人の内面にはそもそもこうした体制が欠けている点を指摘し、国家は個々人から区別されると、またそこから理性による契約も人間と国家でそれぞれ異なるものとして理解しなければならないと考えるのだが、ルッツ－バッハマンはカントのこうした議論に対して、法治国家と人間とのあいだにアナロジーを成立させる共通のものがあると主張する。「それはむしろ、両者が共通の意志作用 Willensakt をつうじて新たな法的妥当の領域を根拠づけることができると考えられる点に基礎づけられる。法治国家と人間は、契約を自由に締結することによって、まずそれぞれ個々に、他の国家や人間とに無関係に認められていたにすぎない諸権利をこの領域へと委譲するのである」[193]。このように「権限の委譲」をつうじて制定された法は、法制定者の自由を制限することも破壊することもないという点から正統であるといえる。したがって、「根源的契約」という理念は、「共和国」を根拠づけるために適用されたのとアナロジカルに、「諸国家共和国」にも適用されうる。「権限の委譲」によって、共和国に認められたその根源的自由あるいは主権と、法治国家としての体制とは、強制的に廃棄されるのではなく、「諸国家共和国」の新たな法体制のもとで保障されるのである。さらに、カントは第二確定条項で、「連邦制の諸国家連盟」を「消極的な代替物」として特徴づけ肯定しているが、代替物でしかない理由は、現存の諸国家はそれぞれの主権を主張し、事実上、「諸人民統一国家」を根拠づける新たな法を創設しようとはしないだろうということにある。それゆえに平和を保障するためには「世界共和国」ではなく自由な諸国家からなる連邦制的連盟を創出しなければならないと主張するのである。しかし、ルッツ－バッハマンによるなら、「理念にしたがって理性的だと証明された平和の構想を一歩一歩実現しうるかどうか」は、政治的実践の問題にほかならない。(194) 現実に照らすなら連邦制的連盟が理性の要求であるとしても、カントの議論から法治国家の理念と「諸国家共和国」の理念のアナロジーが成立するのであれば、「理性法」に照らして要求されるのは「諸国家共和国」にますます対応するような諸関係をつくりだしていくことにほかならない。ここに認められるのは、「歴史哲学的なパースペクティヴ」であり、このパースペクティヴによって、平和契約は、「それぞれの国家の人民がコスモポリタン的に行為するべく義務づける規範」としてしめされることになる。(195)

ハーバーマスはおそらくはこうした議論を念頭におきつつ、二〇〇四年、アメリカが「パクス・アメリカーナ」の名のもとに世界新秩序を展開しようとするのに対して、国際関係の法制化とはどうあるべきかを問う「国際法の立憲化はなおも可能か」というテクストのなかで、これまでの主張を修正している。(196) ハーバーマスはそこで、カントが「国際連盟」という構想を導入しつつも、最後まで「世界共和国」という形態における「国際法の立憲化 Konstitutionalisierung」という理念を保持していたと理解し、それに対して、「世界市民状態という理念を、世界共和国の具体的な形態との概念的な結びつきから解放し」（GW116、一六五）なければならないと論じるのである。

ハーバーマスは、カントが最後まで「世界共和国」という形態における「国際法の立憲化」という理念を保持していたにもかかわらず、なぜ「国際連盟」というより弱い構想を導入し、主権国家の自由意志からなる「連合」に期待を寄せるのか、その理由を経験的観点と概念的観点から説明している。カントは、戦争において行使される暴力の国際法的な規制から出発し、侵略攻撃に対する拘束力のある法制化をへて、最終的に世界市民的体制の構築へと展開していくという歴史的過程を念頭におきつつ、しかし人民はいまだ成熟していないし、なおも教育を必要とし、国民国家はみずからの主権に固執し、古典的国際法によって認められた権限を放棄しようとしない、という経験的観点から、「国際連盟」という弱い構想に訴えざるをえないと考えるのである。ハーバーマスは、しかしそれは世界市民状態という理念を放棄する十分な根拠にはならないし、国際連盟という「代替物」を導入することによって問題を解決しようとする理由にはならないと主張する。なぜなら、カントはそもそも、世界市民状態という理念を歴史哲学的に、共和国の平和な本性、貿易の平和構成的な力、また成立しつつある世界的公共性の批判的な機能といった傾向のうちに認めているからである。他方、カントは、諸国家を自由で平等な市民からなる連合としてのみならず、政治‐倫理的な視点のもとに国民国家と、すなわち言語、宗教、生活様式によって相互に区別される諸人民からなる「政治共同体」と見なすがゆえに、諸人民統一国家では諸国家の主権をになう諸人民は、すでに獲得した国民的な独立性を失い、それぞれの独自の集団的生活様式の自律を危険に陥れることになると判断し、「諸人民統一国家」という理念は概念的にも矛盾すると主張する（Vgl. GW123ff., 一七四—一七六）。しかしハーバーマスは、概念的な理由としてあげられた矛盾は誤りであり、その前提をなす「国際法の立憲化」を検討することによって解決されると説明するのである。カントは、中央集権的なフランスの共和国を模範にし、国家中心的な国際法を世界市民法へと発展させるという理念を十分に把握してこなかったがゆえに、「国家の主権の分割不可能性」というドグマによって、概念的な隘路へと陥ってしまった。しかし、人民は直接的に支配するのではなく、国家権力を選挙と投票において、立法・行政・司法の特別な機関をつうじて行使する。人民主権のこうした手続き主義的概念のもとでは、諸国家からなる世界共同体の正統性は「多層的システム Mehrebenensystem」として形成され、それは人民主権と問題なく両立しうるはずだというのである。ハーバーマスは、たとえば合衆国モデルからであれば、「分割された人民主権」というこの構想にもとづき、諸国家の「人民」はみずからの文化的独自性と同一性を失うことなく、主権を連邦政府のために制限する、という政治体制を構想することができたであろうと論じる。しかしカントは、グローバルな「諸人民統一国家」は「普遍的君主制」へと堕落する抵抗しがたい傾向をその機能的根拠のうちにもっているがゆえに、世界共和国は複雑化した社会においては「魂のない専制」に陥るのではないかと、世界共和国が文化的社会的差異の平準化へと向かうのではないかと疑い、その結果、「唯一統治する権力独占者による世界支配」か、「より多くの主権国家からなる体系」かという二者択一から、「代替的構想」としての「国際連盟」という打開策に訴えることになると説明するのである（Vgl. GW126f., 一七八—一八〇）。

ハーバーマスはこのように、カントが永遠の世界平和を「国際関係の完全な法制化」のもとに構想していると、したがって万人に対する平等な市民権と人権という共和主義的な国家体制において形成されてきた諸原理は、世界市民的状態へも適用されるべきであり、世界市民的状態のこの理念は、「世界共和国」の体制において具体的な形姿をとりうると考えていると説明し、しかし世界共和国の構造のうちには専制的な「平準的な権力」への傾向があることを不安に思っているがゆえに、「国際連盟」という代替物に訴えることになると論じる。「すべてを平準化する諸人民統一国家のグローバルな権力独占者」か「主権国家の共存」かという二者択一しかないのであれば、世界市民状態の確固たる理念は、「強制法」ではなく「自由意志」にもとづく「連合」という弱い形式において実現することが望ましいことになる。それに対してハーバーマスは、諸国家のあいだの自然状態の法制化という理念を十分に理解するなら、「国際法の立憲化」の自由で連邦主義的で多元主義的な形式を考えることができると主張する（Vgl. GW142f., 一九八―一九九）。つまり例示的なものにすぎないと断りつつも、「超国民的《スープラナショナル》」なレヴェルでは権力を独占する「世界統治」がなくとも平和と人権を保障し、「国民横断的《トランスナショナル》」なレヴェルでは「世界内政治」の諸問題を処理することができる、政治的な「多層的システム」の構想の可能性に言及するのである。

（1）国際社会の脱中心化された政治体制は、「多層的システム」として表象されうる。つまり、「超国民的《スープラナショナル》」なレヴェルでは、世界的諸機関が平和保障と人権政治という特殊な機能を、世界共和国という国家的形態をとることなく有効にはたし、「国民横断的《トランスナショナル》」なレヴェルでは、グローバルな行為能力をもつアクターが、世界経済やエコロジーといった「世界内政治 Weltinnenpolitik」の困難な問題を、継続的な会議と交渉システムという枠組みにおいて処理することになる。国連憲章は、諸国家の主権的平等を保障すると同時に、国際的安全と人権の保持と貫徹という二つの政治的領域で、国連の安全保障理事会に、市民の権利を場合によってはその帰属する政府に対しても保護する権限を認めている。国連憲章は、国家との関連では、諸国家が発展の推進者としてグローバルな法秩序と平和秩序において保持する強い地位を正当化するのに対して、個人との関連では「世界市民的地位の本来的な所有者」を指示するのである。他方、すでに国連の効果的な安全保障体制のもとでは戦争への介入が紛争解決の正当な手段として禁じられていることから、「国民横断的《トランスナショナル》」な中間的なレヴェルで、外交政治的な行為能力をになうEUのような大陸的政治体制が結成されなければならない（Vgl. GW133ff., 一八七―一九二）。

ハーバーマスは、超国民的《スープラナショナル》レヴェルでは国連憲章の平和保障と人権政治という目的を実現し、国民横断的《トランスナショナル》なレヴェルでは「世界内政治」の問題を制御された巨大勢力のあいだの妥協形成という様式で処理する、という「多層的システム」を、世界共和国に対するひとつの概念的な対案として提示する。平和と人権の強制を可能にする世界組織という枠組みにおける「世界政府なしの世界内政治」（GW135, 一八九）という考え方にしたがうなら、世界共和国や諸人民統一国家が唯一の制度を表現するわけではないことがしめされることになる。国民国家を構成する三つの本質的な要素、「国家体制」、「国家市民的連帯」、「憲法体制」は、国民国家を超えたところでは相互に対立し、国家のような形態は、世界社会の「憲法秩序」にとってけっして必要不可欠な前提ではない。国連やEUのような超国民的《スープラナショナル》共同体は、法的、行政的、税制度的に国内主権と国外主権を一致させる正統的な権力の適用手段を自由に独占することはできないが、国民国家的法秩序に対する超国民的《スープラナショナル》な法の優位を主張するのである。

（2）ハーバーマスによるなら、カントが世界共和国か世界政府かという二者択一に向かうのは、世界市民状態という理念を性急に具体化し概念形成を方向づけようと共和主義的市民体制とのアナロジーに訴えようとするからである。「かつて諸個人が自然的な自由を犠牲にして、国家的に組織された共同体へと強制的諸法のもとに連携しあったように、諸国家もまたその主権を犠牲にして〈最高権威者のもとでの世界市民的共同体〉へとまとまらなければならない。前者において国家がその解決であったように、後者においては諸国家からなるひとつの国家――諸人民統一国家――が解決をもたらすのである」（GW128, 一八〇）。しかしこのアナロジーは、理性法という観点からも誤解を招くものである。自然状態にある諸個人とは異なり、諸国家の市民は、それぞれ程度の差はあるとはいえ、すでに権利と自由を保障してくれる地位をある程度確保している。ハーバーマスはむしろ、「諸国家とその市民が古典的国際法から世界市民的状態への移行のさいに経ていかなければならない過程」と、「民主的な法治国家の市民がまず無拘束に活動する国家権力を法制化するプロセスにおいてなしとげてきたと振り返ることのできる過程」は、「アナロジー的」な関係にではなく、「補完的 komplementär」な関係にあると新たに説明しなおしている（Vgl. GW129, 一八一）。

国際法は、国内法における国家と憲法の関係とのアナロジーにおいては、つまり自然発生的に行使される国家権力を憲法のもとに「制御する Zähmung」というかたちでは構築することはできない。たしかに、国際関係の平和的な法制化をめざす古典的な国際法には、自由で平等な法的同胞からなる連合を設立するという意味で、国内法とのアナロジー的な関係が認められる。しかし、この国際法的な「原憲法体制」は、「超国民的《スープラナショナル》」、つまり、規則を貫徹するのに必要な権威や制裁の可能性が欠けているという意味で、共和主義的な憲法体制とは異なる。国際法が憲法体制としての機能を獲得するためには、主権国家のあいだで自由意志にもとづく相互的な法的義務の拘束力が形成されることが必要となる。そのためにはまず「国民横断的《トランスナショナル》」なレヴェルで、諸国家が部分的に主権を放棄し他の諸国家と協調関係にはいることで制裁の潜勢力をそなえた法制定と法適用の諸機関を創設し、そのうえで世界市民的な「超国民的《スープラナショナル》」秩序を形成するという、共和主義的な憲法体制を構築するのとは逆の過程をたどらなければならない。ハーバーマスは、かつて国内法と世界市民法とのあいだに「シンメトリー」な関係を構築しなければならないと主張していたのに対して、しかしその進化の過程は「非シンメトリー」な関係にあると説明しなおすのである。主権国家のゆるやかに結びついた共同体に「補完的」に「権限」を付与するというやり方は、こうして国際法の立憲化を性急にグローバルな「諸人民統一国家」という目的へと拡張することから保護してくれるというのである（Vgl. GW131ff., 一八四―一八七）。

（3）しかし、国連やWTO、EUといった国際機関には、共和主義的な国家体制とは異なり、そもそも自己立法という民主主義的な手続きが欠落している。正統化の民主的な手続きは、国家市民的連帯を必要とし、したがって任意に国民国家の限界を超えて拡張されえないという理由から、これまでもっぱら国民国家的なレヴェルでのみ制度化されてきた。それに対してハーバーマスは、脱国家的体制もまたその規範的な枠組みにおいて、少なくとも間接的には立憲国家の正統化の系譜に結びついていなければならないことを主張する。「超国民的《スープラナショナル》」体制もまた、民主主義国家という枠組みのなかで実証されてきた基本法、法原理、司法制度に、共和主義的な政治体制にもとづいて構築されなければならない。それは、人権の普遍的宣言をうたった国連憲章だけではなく、GATTやWTOといった「国民横断的《トランスナショナル》」な体制にも妥当する。「超国民的《スープラナショナル》」な世界組織が、すべてのメンバー国家がその民主主義的な体制を確立するとき、ようやくその課題を正当に評価することができるようになるとすれば、また「国民横断的《トランスナショナル》」なレヴェルでも、WTOや世界経済システムといった機構のように、政治的意志形成を可能にする交渉システムが世界内政治を推進することができるのは、ようやく民主主義的なプロセスの正統化の道が、国民国家のレヴェルから連邦諸国家にまで延長され、グローバルな行為能力をもつ諸国家共同体が成立するときである。実際に、世界貿易機構は法制定や紛争調停にさいして、非差別、相互性、連帯などの法的基本原則とともにますます人権の保護を尊重しつつあり、そのかぎりで民主主義的な立憲国家の協議的な正統化機能を保持している（Vgl. GW139f., 一九四―一九五)。

したがって、国際法の「脱国家的な立憲化」は、「超国民的《スープラナショナル》」レヴェルでも「国民横断的《トランスナショナル》」な交渉システムのレヴェルでも、民主主義的な意見形成・意志形成過程を反映する体制をそなえているときにのみ、世界市民状態の正統化条件を満たすことになる。しかし、こうした民主主義的な意見形成・意志形成過程が十分に制度化されうるのは、立憲国家においてのみであること、制度化された公共性、選挙、議会、その他の参加形態をつうじて、政治的に拘束力のある統治決定への平等な権限が市民に確保されるのは、民主主義的な立憲国家の内部でのみであることを考慮するなら、「超国民的《スープラナショナル》」体制のように立法の過程が欠けているところでは、支配的な利害関心が普遍的な法を装ってヘゲモニー的に妥当することになるという危険がつねに存在する。また、「国民横断的《トランスナショナル》」な交渉システムが正統性を確保するためには、このシステムの体制が権力の制限と権力の均衡のためにアレンジされていることが前提とされていなければならないが、安全保障理事会の常任理事国がもつ拒否権のうちに明らかに認められるように、そうした権力が、ふたたび世界組織の背後で強い影響力をもつこともありうる（Vgl. GW140f.; 一九五—一九七）。しかし幸運なことに、ハーバーマスによるならこうした問題は、けっして克服不可能なほど困難なものではないという。「諸人民共同体 Völkergemeinschaft」の政治的機能が、平和保障と人権擁護に制限されるにしても、世界市民の連帯は国家市民の連帯のように、共通の政治文化と生活様式の強い倫理的な価値評価と実践にささえられる必要はなく、人権の侵害と軍事的侵略行為による被害に対する「道徳的な憤激の協和」さえあれば十分だというのである。「世界市民の社会の統合にとって、大量虐殺という犯罪行為が認められたとき、その行為に対する一致した否定的な感情の反応があれば十分である。普遍主義的な正義のモラルという明白な否定的義務——侵略戦争と人権侵害の停止の義務——が、最終的に国際法廷の判決と世界機構の政治的諸決定に対する基準を形成するのである」（GW142; 一九八）。こうした共通の文化的構想のもとにつなぎとめられた判断基盤は狭いものであるとしても、十分に効果のあるものである。それは、「諸国家共同体」という構想にとって規範的に十分に対応しうるものであり、「世界公共性 Weltöffentlichkeit」にも正統化の力をあたえうるものなのである。

ハーバーマスはこうして、法的義務化、国家の主権を超えた個人の権利、新たな歴史哲学にもとづく国際的な平和秩序から、「多層的システム」、「補完性」の原理、国際法の「立憲化」にもとづくグローバルな民主主義の可能性について論じることになる。世界市民法はそこで、その位置づけは変化させるが、権利の名宛人が同時にその起草者である「世界市民」としての地位をあたえるはずの法であるという、その内容はそのまま保持されている。かつては世界市民法は、国内法との「シンメトリー」な関係にあるものとして実現されることが要請されていたが、いまや「多層的なシステム」のなかで、それぞれの領域において、また段階的に実現されることが要求される「統制的理念」としての役割をになうのである。したがって、諸国家とその市民が古典的国際法から世界市民法を構築していく過程は、民主的な法治国家の市民が国家権力を法制化していく過程と、「アナロジー的」な関係にではなく、「補完的」な関係を形成することになる。しかし、最終的にグローバルな平和秩序を形成するのに目指されるべきは、民主主義的な意見形成・意志形成を反映する体制を構築すべく世界市民法にもとづく国際法の「立憲化」なのである。

3　世界市民法とカントの永遠平和の概念

ハーバーマスは、こうして九〇年代の議論を修正し、「多層的システム」、「補完性」の原理、国際法の「立憲化」からなるグローバルな民主主義の可能性について論じるのだが、こうした構想に対してもまた依然として問題が指摘されている。

インゲボルク・マウスは、ヘルドの民主主義制度の複雑なモデルは、まさに民主的決定の法治国家的な手続き化を妨げる主権概念の構想と結びついていると批判しているが、(197) 同様のことがハーバーマスの議論にもあてはまる。カントが世界共和国を拒否するのに対して、ヘルドの提案は、グローバルな、国際的・超国家的、国家的・サブ国家的組織単位のさまざまに「重なりあう überlappend (overlapping)」権限からなる主権の分割システムによって代替することにある。しかし、こうしたグローバル秩序の複雑なモデルでは、民主主義国家と同様のグローバルな民主的な制御機能をどのように構築したらよいかという問題が生じる。人民は選挙と自由な討議の形式をつうじて立法府を、立法府はその法的拘束という枠組みにおいて行政府を正統化し制御するという、正統化と制御の関係が、グローバルな国際社会においても形成されなければならない。恣意的な権力行使を防止する民主主義と法治国家とのこうした関係によってこそ、グローバルな世界秩序もまた実現可能となり、暴力を保持する国家装置を民主主義的な法へと従わせることができるようになるのだが、マウスによるなら、ヘルドの「多層的システム」は、まさにこうした機構を組織化できないというのである。ヘルドは、制御可能性が失われてしまうことがないように、「国民横断的《トランスナショナル》」なレヴェルでの共同義務と「超国民的《スープラナショナル》」レヴェルでの権限の委譲を提案するのだが、それによってグローバルな法秩序はさまざまなレヴェルの主権をつうじて構成されることになるが、それゆえにこそ民主的な主権をどのように構築すればよいか、ますます不透明な状況に陥らざるをえない。

ハーバーマスは、民主的な法治国家の市民が国家権力を法制化する過程と、古典的国際法から世界市民的状態が形成されていく過程は、「アナロジー的」な関係にではなく、「補完的」な関係にあると、また国際法の立憲化は主権国家のゆるやかに結びついた共同体に「補完的」に権限を付与するというやり方によって、性急にグローバルな「諸人民統一国家」を実現しようとする傾向から保護されると主張する。たしかに、ハーバーマスが立憲国家の形成と世界市民状態の形成を「シンメトリー」な過程としてではなく、「補完的」な過程として理解していることは、性急に世界市民法を実現しようとする以前の議論を批判的に再構築しようとしている点で、クリストフ・メンケが論じているように評価すべきものである。(198) しかし、「補完性原理」による「超国民的《スープラナショナル》」な、「国民横断的《トランスナショナル》」な共同体の形成という構想は、EUのような政治共同体であれば実現可能かもしれないが、国際法の立憲化は、「補完性」という観点からはたしてどのように実現すればよいというのだろうか。そもそも「補完性原理」については、とりわけ個人や集団の地域的な社会経済的格差が大きいとき、はたして公正なかたちで自発的な政治的意志決定がなされうるのか、「補完性原理」が政治的な支配従属関係を覆い隠す装置として機能しはしないか、といった問題が指摘されている。(199) ハーバーマスの議論で「補完性」は、法治国家の形成の過程と世界市民状態の形成の過程とのあいだにある関係、諸国家の法体制と「超国民的《スープラナショナル》」あるいは「国民横断的《トランスナショナル》」な共同体の法体制とのあいだにあるべき関係という、二重の関係を意味する概念として理解されているが、それぞれの関係が問題になる。

ハーバーマスは、人権の侵害と軍事的侵略行為による被害に対する「道徳的な憤激の協和」さえあれば、平和保障と人権擁護に制限された世界的連帯は、共通の政治文化と生活様式の強い倫理的な価値評価と実践にささえられる必要があるとしても、政治的に機能しうると主張する。こうした共有された倫理的価値評価にもとづく連帯という観点から、二〇〇一年「九・一一」直後になされたインタビュー、さらに二〇〇四年のインタビューにおいても、(200) アメリカのアフガニスタン、イラクに対する軍事介入と比較しつつ、コソヴォ空爆を正当化している。インタビューでハーバーマスは、コソヴォへの空爆とイラクへの軍事介入との違いをつぎのように説明する。イラク戦争は、一般に言われているように、国連憲章で武力の行使・威嚇の禁止義務に対する例外として許容されている、直接的に武力攻撃を受けたときの個別的・集団的自衛権と安保理の決定による軍事的強制措置という軍事介入を正当化しうる二つの要件を満たしていないがゆえに国際法違反である。それに対して、ハーバーマスはコソヴォへの空爆については、ユーゴスラヴィア紛争におけるスレブレニッツァの惨劇を引き合いに出して、「ミロシェビッチのさらなる民族浄化を見過ごすのか――はっきりと認識しうるみずからの利益はないにもかかわらず――介入するのかを決定しなければならなかった」（GW85, 一二〇）と説明するのである。たしかにコソヴォ空爆の場合も、安全保障理事会の決議はなかったかもしれないが、「ジェノサイドの脅威がある場合の緊急援助の命令」と、NATOという「国連人権宣言の諸原理の尊重のもとに構成されている自由な諸国家の連合」を、正当化の二つの根拠として挙げると同時に、当時フランス・イタリア・ドイツなどのヨーロッパ諸国は、安全保障理事会による承認が事後的に期待できるであろうことを根拠にコソヴォの軍事介入を是認した点を強調し、「ヨーロッパ諸国はこの介入を、世界市民法を実効的なものにする〈先取り〉であると、自国の政府が犯罪的であるときにも市民の法的保護をあたえるはずの、古典的国際法からカントが志向した〈世界市民状態〉へと向かう一歩であると理解したのだ」（GW86, 一二二）と繰り返すのである。

ここで問題となるのは、グローバルな民主主義的世界秩序を構築しようとするとき、現実には依然として市民体制を構成する単位として機能している国家がどのような役割をになうべきなのか、多層的システムとして構成される国際秩序において民主主義はどのように確保されうるのか、人権と民主主義とのあいだの関係はどうあるべきなのかである。つまり、グローバルな民主主義的世界秩序においては、国家の存在のアポリアが、また国際社会において構築されるべき民主主義のはらむアポリアが、さらに人権と市民権とのあいだのアポリアが問われるのである。

カントがそもそも『永遠平和について』のなかで問題にしているのは、まさにこれら三つのアポリアにほかならない。カントは、予備条項ではこれらのアポリアを指摘しつつ、確定条項ではそこからグローバルな民主主義的世界秩序が前提とすべき諸条件をしめそうとするのである。カントは、国内法、国際法、世界市民法をそれぞれ区別すべき法体制として論じているが、そもそもこうした考え方の背景には、国家を「道徳的人格」と見なす国家観、「根源的契約 der ursprüngliche Vertrag (Kontrakt) の理念」、人間を目的のための手段として道具化してはならないという実践的な理性認識がある。カントは、道徳的人格としての国家、根源的契約、目的としての人間というこれら三つの理念にもとづいて、永遠平和を構築するための消極的な規範的内容をもつ「予備条項」と、積極的な規範的内容をもつ「確定条項」とを、つまり「客観的」に、すなわち「権力者の企図」に対して、「禁止の法 Verbotgesetze (leges prohibitivae)」という性格をになう予備条項と、永遠平和を構築するための法哲学的な一般原理として「命(令)法 Gebot (leges praeceptivae)」という性格をになう確定条項とを区別し、「永遠平和」のための条件は何かということについて議論を展開するのである。(201)予備条項には、所与の諸国家間の政治的状況において、平和を持続させるために即座に遵守されるべき条件を課す条項と、実践に移すには状況に制約されているため、あらかじめ一定の時間的猶予を必要とする条件を課す条項とが含まれている。カントは、前者を「きびしい法 leges strictae」と、後者を「ゆとりのある法 leges latae」と呼び、前者のグループに入るものとしては、敵対行為の延期にすぎない休戦のための条約締結を平和条約の締結と呼ぶべきではないことを趣旨とする禁止（第一予備条項）、国家による「他の国家体制や統治への暴力的な介入」の禁止（第五予備条項）、「将来の平和時における相互信頼関係を不可能にしてしまうような戦闘行為」、すなわち「殲滅戦」、「懲罰戦」、「征服戦」の禁止（第六予備条項）を、後者のグループに入るものとして、「継承、交換、買収、贈与」などの手段によって、「独立する国家を他の国家が取得すること」の禁止（第二予備条項）、「常備軍」の廃絶（第三予備条項）、戦時国債の発行の禁止（第四予備条項）をあげている。

予備条項で問題となっているのは、「権力者の企図」に対する「禁止の法」である。予備条項は、道徳的人格としての国家、根源的契約、目的としての人間というこれら三つの理念にもとづいて、いまだ永遠平和のための諸原理が承認され確立される以前にまず取り除いておかなければならない諸前提を記述するのである。それは同時に、国家の存在、民主主義、人権のそれぞれアポリアをしめすものでもある。

カントはまず、第二予備条項で「道徳的人格である国家の存在」について言及しているが、「殲滅戦」は、あらゆる国家、「あらゆる法＝正義 alles Rechtes」の滅亡のうえに「永遠平和」を構築しようとするものであるがゆえに（第六予備条項）、国家とは「土地」のような「所有物」ではなく、「国家それ自身以外のなにものによっても、支配されたり、意のままにされたりしてはならない人間社会」[202]であって、国家は「物件 Sache」のように譲渡されたり売買されたりしてはならず、「人民の法 Recht über ein Volk」を成立させるための条件をになうものでなければならないがゆえに、したがって、たとえば「継承国」とは、あくまで「統治権が他の身体的人格へと継承されうる国家」を意味するのであって、統治者がその国を「取得する」のではなく、国家がひとりの統治者を取得することになるがゆえに（第二予備条項）、永遠平和のための最大の障害となるとして禁止されるのである。カントが禁止されるべきものと考えている「殲滅戦」とは、たしかにハーバーマスが説明するように、ジェノサイドのように住民がというのではなく、「法的－政治的共同体」としての国家が廃絶させられるような戦争にほかならない。カントの念頭にあるのは、『永遠平和のために』の初版が出版された一七九五年までに三度にわたって行なわれることになる、プロイセン、ロシア、オーストリアによるポーランド分割である。カントにとって問題は、国家の存在の「廃絶 Vernichtung」によって、まさにこの「政治的共同体」において人間が実現してきたすべての法もまた消滅するということにある。

根源的契約は、確定条項では共和的体制を構成する理念として説明されることになるのに対して、予備条項ではまさに「道徳的人格としての国家の存在」を尊重せよというテーゼを根拠づけるための理念として要請されている。(203) つまり予備条項では、「国家の真の名誉」は、権力をたえず拡張することにではなく、いっさいの「敵意 Hostilität」を終焉させ平和を構築することにあり、敵対行為の延期にすぎない休戦のための条約締結は、まず根源的契約の理念に反するがゆえに（第一予備条項）、さらに戦時国債は、国家権力がたがいに競いあうための道具、戦争遂行の道具として機能し、その損害は他の諸国家との根源的契約を不可能にするがゆえに（第四予備条項）、禁止されるのである。つまり、国家の真の名誉は、拡張主義にではなく、相互の自律を尊重することにあることが、その意味で国家を道徳的人格として理解しようとする考え方が、さらにそうした国家を殲滅しようとする戦争、そしてまた戦時国債は、そもそも根源的契約を無効にし、民主主義の廃棄につながるものであるがゆえに、禁止されるべきことが主張されるのである。

カントはさらに、人間を目的のための手段として道具化してはならないという実践的な理性認識的要請から、常備軍は、それがたえず他の諸国家を戦争の脅威にさらしているというだけではなく、人間を殺すために金で雇うことは、国家が人間をたんなる機械や道具として使用することを意味し、それはわれわれ自身の人格における人間性の権利と調和しえないがゆえに（第三予備条項）[204]、禁止する。さらに、カントは第五予備条項で、たとえ内紛に苦しんでいるとしても、外部の諸権力が介入することは、「一人民の権利を侵害すること」であり、あらゆる国家の「自律 Autonomie」を危うくするものであるがゆえに禁止しているが、それはとりわけ外部の諸権力の介入がその国家の人民主権を脅かすからである。したがってハーバーマスは、カントが「殲滅戦」において訴えているのは、人間を目的のための手段としてはならないという実践理性ではないことを指摘し、カントはいまだ戦争を、戦争にかかわりをもつ人間の尊厳と権利を原理的に侵害するものであるがゆえに、無条件に禁止されるべき行為であるとは考えていないことを問題にしているが、カントが予備条項で論じているのは、法治状態を構築することではなく、あくまで法治状態を構築するために取り除いておかなければならない条件であり、このことを考慮すべきであると思われる。カントは『人倫の形而上学』で、そもそも「戦時法 ius in belle」について、「戦争のあいだ法は沈黙する inter arma silent leges」という命題が妥当するとき、どのようにして「自己矛盾に陥ることなく、この法を欠いた状態において法律＝法則 Gesetze を考えること」[205]が可能かを問題にしている。カントは、自然状態と法治状態、戦争と平和とを異なるというだけでなく相互に対立する妥当領域として分離することをつうじて、このアポリアに実践的な解決をあたえるのである。つまり分離することで伝統的な「戦時法」という概念を拒否しつつ、「将来の平和において相互信頼を不可能にしてしまうにちがいない敵対的行為[206]」を禁止することで、永遠平和を構築するための障害を取り除くことをめざすのである。

予備条項が、このように持続的な平和条約のための消極的な条件を提示しようとするものであるのに対して、確定条項は、永遠平和を積極的に構築するための法哲学的な一般原理を提示しようとするものである。つまり予備条項が、道徳的人格としての国家、根源的契約、目的としての人間というこれら三つの理念を否定する行為を禁止するための条件をしめすとすれば、確定条項はこれら三つの理念を前提としてそこから導き出される諸条件を記述するのである。カントによるなら、「自然状態」とは戦争状態であり、つねに「敵対行為」によって脅かされているのであって、したがって平和状態は「創設され」なければならない。予備条項であたえられた「敵対行為」の禁止だけでは、積極的に永遠平和を構築することはできない。永遠平和に到達する、すなわち永遠に戦争状態から解放されるためには、すべての人間が敵対行為に脅かされている状態の「無法（則）性」から「共同的－法（則）的な状態」へと歩みいり、すべての人間が相互に交流しあう「市民的体制」が構築されなければならない。その法体制は、それを構成する「人格」にしたがって、「国家市民法」、「国際法」、「世界市民法」にもとづく三つの体制として、すなわち「一人民における人間の国家市民法 ius civitatis にもとづく体制」、「相互的な関係にある諸国家の国際法 ius gentium にもとづく体制」、「外的に相互に交流しあう関係にある人間と国家は、普遍的な人類国家の市民と見なされうるが、その場合の世界市民法 ius cosmopoliticum にもとづく体制[207]」として構成される。人間が人格として相互の諸関係が問題になるときその法体制は国家市民法として、諸国家が人格として相互の諸関係が問題となるときその法体制は国際法として、人間と国家がそれぞれひとつの人格として相互に交流するとき世界市民法が検討されるのである。

(a) 人民主権と権力分立

カントは第一確定条項で、「各諸国家における市民体制は、共和的 republikanisch であるべきである」と、またその統治形態は「代表的 repräsentativ」であるべきだと主張しているが、ここで問われているのはマウスが主張するように、「人民主権」すなわち人民の自己立法の理念と、法適用の「権力分立」の理念であり、そこから共和制こそが、永遠平和を導く唯一の体制であることをしめそうとするのである。[208]

カントは「共和的体制」を、社会の構成員の「(人間としての)自由」、「(臣民としての)唯一の共通の立法による従属」、「(国家市民としての)平等」という法則によって創設された体制であり、それは「人民のすべての法的立法の基礎とならなければならない」「根源的契約」の理念から生まれた唯一の体制である、と説明している。つまり、一方において、「法的(したがって外的)自由」とは、「不正なことでなければすべて欲することをなすことができる権能」によって定義されるならトートロジーであり、「私が同意することができる外的な法則のみにしたがい、それ以外にはしたがわない権能」と定義されなければならない。[209] 他方において、ひとつの国家における「外的(法的)平等」とは、「どの国家市民も、相互に同じ仕方で拘束されることを可能にする法律＝法則に同時にしたがうことなくして、他の国家市民をその法律＝法則に法的に拘束することはできないという、国家市民の関係」をいう。[210] 社会の構成員の自由を、平等な「法律＝法則」のもとに「従属」させる「根源的契約」こそが、「あらゆる法‐権利の原理」であり、そのもとに「普遍的な人民の意志」が形成されるのである。啓蒙主義の民主主義理論においては、人民主権の「人民」という概念は「人民共同体」と「法共同体」を同一視するという意味合いをもつものであり、「住民 Bevölkerung」がその起源と土地から抽象され、その法的活動が民主主義的な主権の構造として規定され、住民が〈人民 Volk〉となってはじめて、国家市民の政治的活動が確立される必要があった。[211] 人民「主権」の理論は、人民の立法への権利、人民の分割不可能な主権が国家装置の暴力の独占と対立することによって、国家装置の暴政を妨げるという目的をになうのである。

カントはまた、統治形態が「代表的 repräsentativ」であることを要請するのだが、それは立法権と執行権の分離、すなわち「権力分立」を意味する。「代表的ではないすべての統治形態は、本来的に奇形であるが、それは立法者が同一の人格において同時にその意志の執行者となりうるからである」。[212] カントによるなら、立法者とその執行者とは厳格に区別されなければならない。君主制も、貴族制もまた同様の欠陥をもつが、しかし少なくとも「代表制システムの精神にかなった統治様式」をとることは、たとえばフリードリヒ二世が「自分は国家の最高の従僕にすぎない」と語ったような仕方で可能である。それに対して民主的国家体制は、すべてが主人であろうとするがゆえに、それを不可能にする。「国家権力に携わる者（支配者の数）が少なければ少ないほど、それに反して国家権力を代表する程度が大きければ大きいほど、それだけいっそう国家体制は共和制の可能性に合致し、漸進的な変革をつうじてついには共和国にまで高められることが期待できる」[213]。カントはこのとき、「共和的体制」と「民主的体制」とを混同してはならないことを主張している。「国家 civitas 形態」は、「最高の国家権力を所有する諸人格の違い」によるか、「その最高権力者による人民の統治様式」によって区別される。前者の区別による形態が、本来の「支配形態」であり、支配権をもつものがひとりか、少数か、市民社会を形成するすべての者かによって、「君主制 Autokratie（君主支配）」、「貴族制 Aristokratie（貴族支配）」、「民主制 Demokratie（人民支配）」の三つの形態が可能である。後者の区別による形態は、「統治形態 forma regiminis」であって、「憲法（多数者を人民とする一般意志の働き）」にもとづくやり方に、「国家がその絶対権力を行使する」ときのやり方にかかわり、それは「共和的」であるか、「専制的」であるかである[214]。「共和制」は、「執行権（統治権）を立法権から分離することを国家原理とするもの」であり、「専制」は、「国家が自分自身があたえた法律＝法則を専横的に遂行することを国家原理とするもの」であって、「公共的意志」であっても「それが統治者によって私的な意志として操作されるかぎり」、それは専制なのである[215]。したがって、「民主制」は支配権をもつ者の性格を決定する国家の支配形態に関係し、共和制は執行権と立法権を分離しているかいないかという統治形態に関係するのだから、「民主制的」であればかならずしも共和制的であるわけではないし、共和制的であればかならずしも「民主制的」であるわけでもない。むしろカントは、「民主制」統治のもとでは共和制統治が構造的に不可能になる場合があることを強調している。つまり、「民主制という国家形態は、ことばの本来の意味で理解されるなら、必然的に専制となる」というのだが、その理由は、「民主制が執行権を基礎づけるとき、すべての者がひとりの人間（つまりそのひとりが賛同しない場合に）を無視し、場合によってはその人間に反してまで、したがって、じつはすべてではないすべての者が決議することになり、それは一般意志が自己自身と、つまり自由と矛盾することになる」(216)からである。「民主制」は、ことばの本来の意味において、すべての者が支配する支配形態であると理解されるとき、統治者が立法権をも所有することになり、したがって専制となるというのである。そうした理由からカントは、フランス革命直後のヨーロッパの政治状況のなかで、「唯一完全な法的体制にいたること」は、君主制よりも貴族制のほうが困難であり、「民主制」では「暴力革命」による以外に不可能なのだと主張するのである。したがってカントは、統治様式が共和制という目的に適合的であるかどうかは国家形態によるところが大きいとしても、人民にとっては統治様式のほうが国家形態よりも重要であって、共和的な統治様式は代表制システムにおいてのみ可能なのであり、このシステムを欠くと、いかなる体制であろうと専制的で暴力的なものになることを強調することになる。カントが十八世紀に「民主制」という語によって理解された国家形態を批判するのは、「民主制」が権力分立を脅かす「専制」に陥る可能性を秘めているからにほかならない。

カントはこのように、共和制こそが「根源的契約」の理念から生まれた、永遠平和を可能にする唯一の体制であり、それは人民主権と権力分立という理念にもとづくものであると論じる。「国家Staat」とは、執行権を立法権から分離することをつうじて権力分立を実現し、人民主権にもとづく統治を可能にするための枠組みとして、同時に、人民主権にもとづく法と、立法から独立した統治者によるその執行とを結びつけ、人民の意志を実現する装置として要請されるのである。カントはそこで、臣民が国家市民でない体制では、戦争は国家の構成員ではなく国家の所有者によってなされるがゆえに安易に遂行されてしまうのに対して、共和制では「国家市民は戦争のあらゆる苦難を引き受けることを覚悟しなければならないであろう」[217]から戦争を遂行することに慎重になるであろう、という理由から、共和制こそが永遠平和へと導く唯一の体制であると主張する。カントの共和制モデルは、共和的な世界国家をもとめるのではなく、あくまで民主主義な諸国家、人民の手にある諸国家によって制御されることをもとめるものにほかならない。たしかに共和的な諸国家もまた対外的に拡張主義的な政策をとることがあるかもしれないが、共和主義の理念こそが、実際の世界規模の紛争において介入的権力を政治的自律の基準によって方向づけることができるというのである。こうしたカントの議論にしたがうなら、民主主義モデルを複雑な世界社会へと適用しようとするとき、ハーバーマスやヘルドのグローバル秩序は、マウスが指摘するようにむしろ法治国家の民主主義を脅かす可能性をもつものと見なされる。グローバルな、国際的・超国家的、国家的・サブ国家的組織単位のさまざまに「重なりあう」権限という主権の分割システムからなる民主主義制度の複雑なモデルは、民主的決定の法治国家的な手続き化を妨げる主権概念の構想と結びついている。立法はのちに法が適用される個々のケースを知ることできないし、また個々のケースを知る法貫徹の機関は、法を適用において新たに定義することは許されないという、権力分立との関係によってこそ、人民主権は実現可能となり、暴力を保持する国家装置を民主主義的な法へと従わせることができるようになるのだが、民主主義を権力と権威のさまざまな中心において保障するというハーバーマスやヘルドの「多層的システム」は、まさにこうした権力分立を組織化できないのである。民主主義を権力と権威のさまざまな中心において保障するというヘルドのプログラムは、法治国家を成立させている権力分立を考慮に入れていない。ヘルドが「グローバル・ガヴァナンスシステム」と見なすのは、「ネットワーク化されて〈重なりあう〉、〈連結的〉ないし〈横断的〉な構造とプロセスないし諸力と関係のあいだの主権の分割」であり、それはそれゆえに、権力分立をもはや組織化することができないものなのである。[218] ましてやハーバーマスは第一世界を中心に、グローバルな市場と自由な公共圏を構築しようとしているが、そのような社会では第二世界、第三世界の「人民」は、したがって人民主権の「人民」という概念は、社会政策の対象へと貶められ、人民主権の「主権」もまた、人民の立法への権利、人民の分割不可能な主権が国家装置の暴力の独占と対立することによって国家装置の暴政を妨げる、という役割をにないえないものと見なされてしまうのである。

（b）倒錯的手段の禁止と許容法則

第二確定条項では、カントは「国際法（諸人民の法）は自由な諸国家からなる連邦主義Föderalism に基礎をおくべきである」[219] と主張している。古典的な国際法が主権国家に「交戦権 ius ad bellum」を認めたがゆえに、侵略戦争への正当な根拠をあたえ、国家間の戦争を長引かせてきたのに対して、国家間の平和は実践理性にもとづく国際法をつうじて保障されなければならない。カントによるなら、実践理性にもとづく新たな国際法は、戦争を断罪し、平和の状態を直接的な義務とするものでなければならない。共和主義的な国家体制が構築されることで人間相互の国家内的な平和の締結がなされることのアナロジーで考えるならば、国家間の平和にもまたすべての人民の「根源的契約」にもとづくことが必要となるはずなのだが、カントが要求するのは、個々人のあいだの「根源的契約」にもとづくすべての人民の共和国、つまり「諸人民統一国家」ではなく、諸国家のあいだの「連盟」にほかならない。カントによるなら、「諸人民統一国家」には矛盾があるのだが、それは、「いずれの国家も上位の者（立法する者）と下位の者（それに従う者、すなわち人民）との関係を含んでいるとすれば、しかし、多くの人民からなるひとつの国家では、ただひとつの人民しか形成されないであろうから、それは前提に矛盾する」[220]からである。つまり、カントによるなら、「諸人民統一国家」は、その立法者との関係を含んでいなければならないが、諸人民はそれぞれの国家においてその関係を構築しうるのだから、「諸人民統一国家」というのは矛盾であるというのである。「諸人民統一国家」では、諸人民はひとつの人民に統合されなければならない。ハーバーマスは、カントが『永遠平和のために』（一七九五年）の二年前に書かれた『理論と実践に関する俗言について』（一七九三年）では、恒久的で普遍的な平和を獲得するためには、諸国家の力の均衡にゆだねるのではなく、「いかなる国家もしたがわねばならない、公的な、力をともなう制定法を基礎とした国際法」[221]という手段を主張し、「諸人民統一国家」をとなえ、その後、法的義務化という発想からはなれていったと説明しているが（Vgl. EA195, 一九三）、しかしすでに『理論と実践に関する俗言について』でも、国際法における「国家市民的体制」は「恐ろしい専制政治」に陥る可能性があり、「共同で締結された国際法にしたがう連邦という法的状態」について言及している。[222]カントは、あくまで「諸人民がそれぞれ異なる国家を形成すべきであり、ひとつの国家に融合すべきではない」という前提のもとに、「諸人民相互の法」について検討すべきことを主張するのである。[223]

個々人が理性の要求にしたがい、「根源的契約」によって戦争状態にある自然状態を脱し、個々人の自由をすべての他の市民の自由との調和のうちに実現しうるような法治国家を形成すべきであることとのアナロジーで考えるなら、諸国家は憲法にもとづく三権分立をそなえた国家体制を構築すべきであるということになる。しかし、カントがもとめるのはあくまで諸国家のあいだの「連盟」である。カントは第二確定条項の冒頭で、「諸国家からなる諸人民は、その自然状態において（すなわち外的な法律＝法則には従属しない場合には）、隣りあっているということによって、すでに傷つけあっていて、それぞれは自分たちの安全のために、それぞれの権利が保障されうるような市民的体制に似た体制へとともに入ることを他のものにも要求でき、要求すべきなのである」[224]、と述べている。他方、第二確定条項のなかでは、「無法な状態における人間たちには、この自然状態から脱すべしということが、自然法にしたがって妥当するのだが、諸国家にはそれが国際法にしたがって妥当しえない（なぜなら、諸国家は国家として内政的にすでに法的体制をもち、したがって法概念にしたがって、さらに拡大された法的体制のもとに入るようにとの他者の強制には応じないからである）[225]」とも述べている。前者と後者とは一見矛盾するように見えるが、カントは諸国家相互の関係と人間相互の関係とを区別し、国家が、とりわけ共和的体制をとる国家が、それ自身すでに法的体制をもっているがゆえに、そもそもこうした体制が欠けている人間としての個人の内面とは異なる点にその根拠をもとめている。

カントによるなら、無法状態にある人間は、自然法によって自然状態から離脱すべきであるということができるが、諸国家に対しては、そのように国際法にしたがっていうことはできない。なぜなら、それは法的体制をもつ諸国家に対して、諸国家間の「拡大された法的体制」に入ることを強要することになるからである。にもかかわらず、理性は道徳的立法という観点から「係争手続き」としての戦争を断固として弾劾し、平和状態を義務とするのだが、しかし平和状態は、「諸人民」間の契約なくして樹立することも保障することもできない。カントはそうした理由から、「平和連盟 foedus pacificum」と呼ばれうる「連盟」が存在し、それは「平和条約 pactum pacis」と、「後者がひとつの戦争を終結させようとするのに対して、前者はすべての戦争を永遠に終結させようとする」という点で区別されると説明する。[226]「平和連盟」がもとめるのは、「なんらかの国家権力の取得」ではなく、「ある国家それ自身のための自由と、同時に他の連盟した諸国家の自由とを維持し保障すること」であるが、諸国家は自然状態における人間のように「公法のもとでの強制」に服するのではない。つまり、カントは「消極的な代替物」としての「連盟」を、諸国家が内部においてすでに法的体制を備えていると同時に、不可侵の主権を約束する国際法の諸条件に服しているという、少なくとも共和国においては認められるであろう内的な適法性と国際法的なその認可という、国際社会において人民主権を可能にする条件として理解するのである。

カントはここで、「消極的な代替物」としての「連盟」に、「倒錯的手段の拒絶」と「許容法則」という機能を認めている。ヘッフェは、カントの「連盟」において国家は法道徳的な地位をになっていると主張しているが、カントが「消極的な代替物」と呼ぶこの「連盟」にあくまでこだわるのは、むしろ「連盟」に国際社会における人民主権の可能性の条件を認めるからであり、それは「倒錯的手段の拒絶」と「許容法則」のもとに実現されると考えるからである。

いかなる国家も他の国家と戦争状態にあるなら、理論的にはたがいに排除されるべき二つの秩序に、すなわち自然状態と法治状態に同時に位置づけなければならなくなる。つまり、そうした国家は内政的には最小限の法治国家であると認められるが、対外的には克服されるべき自然状態にある。しかし、国家の外交と内政とはたがいに交錯しあっていて、両者を区別することは現実には困難である。したがって、ルッツ－バッハマンは自然状態と法治状態との区別は法治国家を基礎づけるためには有効であるとしても、国際政治の領域ではひとつの国家の同一の行為が同時に自然状態と法治状態にあるということになり、もはやこうした区別は維持することが不可能になると批判する。しかし、カントが「国際連盟」にもとめるのは、まず法に敵対する傾向を阻止するという機能にある。「たがいに関係しあう諸国家にとって、理性によるかぎり、もっぱら戦争ばかりの無法状態から抜け出す方法は、国家が個々の人間とちょうど同じように、その未開な wild（無法な）自由を断念し、公的な強制法に順応し、ついには地上のすべての人民を包括するであろうような、ひとつの（ただしますます広がりつつある）諸人民統一国家を形成するしかない。しかし、諸国家は、みずからの国際法の理念にしたがい、こうしたことを欲しないし、したがって命題として in thesi 正しいことを仮定において in hypothesi 拒絶するので、ひとつの世界共和国という積極的な理念のかわりに（すべてが失われてはならないとすれば）、戦争を阻止し、持続しつつ拡大する連合という消極的な代替物のみが、法を回避しようとする敵対的な傾向を阻止することが、つねにそうした傾向が勃発する危険をはらみつつも可能なのである」[227]。カントは、個人ないし国家が自然状態から法治状態へと抜け出す方法を、必要とあらば暴力によって世界国家を設立することによって解決することを拒絶する。そうした行為は、世界体制が機能するかどうか不確かなままに、すでに現存する国内的体制を否定しようとするものであり、そうした世界国家の根拠づけの試みは、国家の根拠づけとは反対に、自然状態からの脱出ではなく自然状態への遡行を意味し、そうした平和創出はカントにしたがうなら戦争行為と同じなのである。平和が国際社会において設立されるべきであるとすれば、まず平和理念を実現するための「倒錯した手段」は排除されなければならない。カントの構想では、とても民主的とはいえないような国家であっても、国家の主権は人民主権という目的のための手段として擁護されなければならないことが前提となっている。そこには、民主主義ですら人民の意志に反して導入されることは許されない、というカントの一貫した民主主義の要請がしめされているのである。つまり、啓蒙の自律的なプロセスというカントの理論は、共和主義的な体制は、体制の内部でのみそのつど達成されうるという考え方と結びついている。そうした観点から、カントはいかなる国家も他の国家の体制や政権に暴力をもって介入すべきではないと主張するのである。

カントは、「連盟」が、ひとつの戦争を終結させるのではなく、すべての戦争を終結させようとするものであるという点で、「平和条約」とは異なるとしながら、「連盟」の契約は、国家体制を構築する場合よりもより控えめな機能をになうものであり、「たんにひとつの国家それ自身の、同時に同盟を結ぶ他の諸国家の自由の維持と保障(228)」と関係するにすぎないと主張する。したがって、カントは「連盟」にいかなる立法権、執行権、司法権も認めない。しかし、この諸国家連盟の構成員になることができるのは最終的には共和国、法治国家として組織され、市民的憲法によって市民の自由と平等を法の下に保障することができる国家である。つまり、カントが追求しているのは、諸国家の主権は放棄しないが、交戦権は相互に放棄しあう、自由な共和国からなる「連邦」にほかならない。カントは、こうした「連邦」はしだいにすべての国家に広がっていくことになり、「連邦」の理念の実現可能性が証明されることになるだろうと主張するが、その理由を「許容法則」にもとづき、つぎのように説明する。「なぜなら、もし幸運にも、ひとつの強力な啓蒙された人民が、ひとつの共和国（共和国はその本性から永遠平和への傾向をもつだろう）を形成することができるなら、この共和国は他の諸国家に対して連邦的な結合の中心的な役割をはたし、その結果、諸国家はこの結合に加盟し、諸国家の自由な状態は国際法の理念にしたがって保障され、連邦はこの種の多くの結合をつうじてしだいにさらに広がっていくからである[229]」。ラインハルト・ブラントによるなら、カントの「許容法則」は、「漸進的な改革という様式において、自然法的あるいは理性法的規範を現実に適用することを可能にする[230]」ものにほかならない。「これが、不正義を負う公法の状態を、すべてが完全な根本的変革にいたるべくおのずと成熟するか、あるいは平和的手段をつうじて成熟に近づくまで、依然として維持しつづけるという、理性の許容法則である。なぜなら、たとえわずかな程度でしか合法的でないとしても、ともかく法的な体制があることはまったく体制がないよりはましであって、性急な改革は後者の（無政府状態の）運命に見舞われることになりかねないからである[231]」。したがってカントの議論では、いかなる国家にも外部から戦争という手段によって廃棄することの許されないひとつの法体系があたえられていることが前提とされている。カントはここで法の承認を自由な共和国に限定しているわけではなく、平和を創出するためには、専制国家に対してもその主権を暴力的に侵害してはならないことを主張し、専制国家にも無条件的に尊重されるべき法治国家の最小限の性格を認め、そのうえで漸進的な改革がなされることを要求するのである。つまり、国家の不可侵性の要請は、将来自律的に共和主義的な体制に到達しうるというその国家のうちにある潜在性を顧慮し尊重することを含んでいる。カントは、それぞれの国家の特殊な社会的発展の道の承認を、国際社会における人民主権を可能にする条件と考えるのである。

ルッツ－バッハマンは、カントが「根源的契約」という理念を、確定条項では「真の法治国家を専制主義的な統治形態をもった諸国家から区別し、共和制的共同体を基礎づけるための決定的な基準」として記述しているのに対して、予備条項では「あらゆる国家の主権を無条件的に尊重せよ」というテーゼを基礎づけるためにもちいていることは矛盾であると批判している。つまり、「根源的契約」という理念が、確定条項では共和的共同体を根拠づけるはずの原理として要請されているのに対して、予備条項では専制主義的な統治形態をもつ諸国家をも承認する原理として理解されている点を問題にし、カントの体系からいって、理性法によって「あらゆる国家という国家の〈主権〉を無条件的に尊重せよというテーゼ」が要請されるということはありえないと主張するのである[232]。しかし、「根源的契約」が国家をもひとつの人格と見なすなら、あらゆる人格の相互承認の原理と同時に、共和的共同体を構成する原理としての役割をになっていることは矛盾ではない。契約という概念は、つねにそのパートナーの人格の承認と相互了解にもとづく合意との二つの原理を含んでいる[233]。カントは『人倫の形而上学』で、「根源的契約」とは「人民そのものがひとつの国家へと構成される行為」であり、根源的契約にしたがって、「人民におけるすべての者（全体と個々人 omnes et singuli）はその外的自由を、ある公共体 ein gemeines Wesen の構成員として、すなわち国家としての人民の構成員としてただちにそれを受け取るために、放棄する」のだと説明している[234]。また、『理論では正しいかもしれないが実践の役には立たないという通説について』というテクストでは、根源的契約は「原初契約contractus originarius」とも「社会契約pactum sociale」とも呼ばれ、「一人民において個別の私的意志を共通の公的意志へと結びつけるもの」であり、こうした契約は「事実」として前提とされる必要はないが、「それぞれの立法者に、彼がその法律＝法則Gesetzeを、あたかも全人民のひとつになった意志から生じえたかのように制定するように義務づけること、それぞれの臣民が市民であろうとするかぎり、あたかもそうした意志にともに同意したかのように見なすこと」は、たんなる理性の理念であるとしても、「疑う余地のない（実践的）なリアリティ」をになっているのだとも主張している。[235]カントの議論では、根源的契約はとりわけ共通の公的意志を形成するための原理として説明されているが、マウスが主張するように、同時にそこには「人民主権の端的な論理的優位性および絶対性」[236]が、つまり共和的共同体を構成する原理と同時にあらゆる人格の相互承認の原理がふくまれている。すなわち根源的契約は、まず予備条項で「道徳的人格としての国家の存在」を尊重せよというテーゼを根拠づけるための理念として、[237]さらに確定条項で「共和的体制」を真の法治国家として根拠づけるための条件として要請されるのである。[238]

（c）「歓待」の法としての世界市民法

第三確定条項では、「世界市民法は、普遍的な歓待Hospitalitätのための諸条件に制限されるべきである」[239]と述べられているが、世界市民法では、ひとつの人格としての人間とひとつの人格としての国家との相互の関係が問題になっている。ルッツ－バッハマンは、第三確定条項にはまったく触れることなく、第一、第二確定条項の読解をつうじて、「諸人民統一国家 Völkerstaat」に反対するカントの議論には説得力がなく、「新たな世界市民法が、〈国連憲章〉の基盤をなし、国家間の従来の法秩序の表現である法的諸原理を、より強い立法権、執行権、司法権をそなえた共和制的世界体制の方向へとさらに発展させるべきである」と主張しているが、しかし、カントが構想している歴史哲学的パースペクティヴは、より強い立法権、執行権、司法権をそなえた共和制世界体制へと発展させることにあるのではない[240]。むしろ、マウスが主張するように、カントの「世界市民法」という構想は、しばしば主張されているように、そもそも国民国家の原理と対立するものではなく、またすでに「世界共和国」を先取りするものでも、そのような理念に好意的なわけでもなく、「ある国民国家的な法秩序の妥当領域から他の国民国家的な法秩序の妥当領域へと移行のさいに顧慮されるべき諸規則」をしめすものにほかならない[241]。

カントは、「歓待」とは、「博愛 Philanthropie」ではなく「権利 Recht」であって、「異邦人 Fremdling が他国の者の土地に足を踏み入れたとしても、他国の者によって敵対的な扱いを受けない権利」を意味すると説明する[242]。「異邦人」は、場合によっては退去させることもできるが、その地で平和に振る舞うかぎり、敵対的な扱いを受けてはならない。「異邦人」の「他国の者の土地」への「訪問権」は、国民国家的な境界を消滅させるのではなく、むしろそれが現存することを前提としている。したがって、カントの「世界市民法」は、超国家的な秩序をしめすものではなく、むしろ国民国家的な法秩序のあいだの越境を問題にするものである。カントは、「歓待」の権利を「訪問の権利」へと限定するのだが、そうした権利を要求しうる理由は、すべての人間がもつ「地球の表面の共同で所有する権利」と「相互に交流すること」の権利という二つの権利にあると説明する。

　こうした要求をなしうるのは、客人の権利 Gastrecht（そのためには、この者をある期間のあいだ家族の一員とする、特別な恩恵的契約が必要となるだろう）ではなく、訪問の権利 Besuchsrecht なのだが、この権利は、地球の表面を共同で所有する権利 das Recht des gemeinschaftlichen Besitzes der Oberfläche der Erde にもとづいて、相互に交流すること Gesellschaft を申し出ることができるという、すべての人間に属する権利であって、地球の表面は球面で、人間はその上を無限に拡散していくことはできず、結局はたがいに並存して堪え忍ばなければならないのであって、そもそも人間はだれも地表のある場所にいる権利を他の者より多くもっているわけではないのである。海洋や砂漠といった地表の人間の住むことのできない部分は、こうした結びつき Gemeinschaft を分断しているが、船やラクダ（砂漠の船）はこうした無主の herrenlos 地域を超えてたがいに近づくことを可能にし、人類に共通に属している地表の権利をありうべき交流 Verkehr のために利用することを可能にしているのである。[243]

　したがって、海賊行為や砂漠での略奪行為、漂流する人間を奴隷にしたり非道な扱いをすることは許されず、「自然法」に反しているが、また「自然法」は、「歓待の権利、すなわち異国の地から到来した者の権限」を、「原住民との交流を試みる可能性の条件」を超えて拡張するわけではない。[244] カントはヨーロッパ大陸の文明化された商業活動のさかんな諸国家が、異国の土地や人民を「訪問」するさいの「非歓待的態度」、まさに「征服 Erobern」にほかならぬ行為を弾劾する。アメリカや喜望峰を発見したとき、あたかもその土地が誰にも属さないかのように征服したが、それはその土地の住民を無に等しいものと見なしたからだと、また東インドには商業拠点を設けることを口実に、軍隊を送り込み原住民を抑圧し苦しめることになったと非難するのである。「征服」ではなくあくまで「訪問の権利」を保証することによって、遠くの諸大陸はたがいに「平和な関係」を結び、そうした関係は最終的に「公的に法的なもの」となり、人類はついには「世界市民的体制」へといたる。こうした条件のもとでのみ、「世界市民法」は、けっして空想的で誇張された理念ではなく、「公的な人類法一般のための、したがって永遠平和のための、国家法や国際法には書かれていない法典を必然的に補足するもの」[245]として、永遠平和へと継続的に近づくことを可能にするのである。

カントはこうして、「歓待」、「訪問の権利」を正当化するために、「地球の表面の共同所有」という概念とあらゆる人間の「交流」の権利に訴えるのだが、セイラ・ベンハビブは『他者の権利』のなかで、これらの二つの前提を問題にしている。[246]

ジョン・ロックは『市民政府二論』（一六九〇年）で、一方において、世界は人類共有のものとしてあたえられている（「神は〈地球 Earth を人の子たちにあたえた〉、つまり地球を人類共有のものとしてあたえた」）と論じ、他方において、所有権を自分の身体と労働によって基礎づけることによって、土地の占有は勤勉な者やつつましい者によって、その土地の住民に危害をくわえることがなく、また万人の利益になるのであれば正当化されうると主張しているが、ロックの議論は、アメリカ独立宣言、フランス革命といったその後の市民革命に影響をあたえると同時に、ヨーロッパの植民地主義的政策を正当化するのにも役立ってきた[247]。カントはこうした「無主物」テーゼを拒否し、植民地主義を批判するのだが、しかしベンハビブが指摘するように、カントが「地球の共同所有」を主張しつつ、「地球の表面の私的占有apportionmentを根源的originary占有行為occupationに依拠することなく正当化していること」に、カントの議論のディレンマがある[248]。カントは一方において、「地球の表面の共同所有」という概念が西洋の植民地主義的な拡張の正当化にもちいられるのを回避したいと考えつつ、他方において、地球の表面は限られているのだからその資源を他者とともに享受することを学ばねばならないと主張し、人間相互に市民的連合に参入する権利を基礎づけたいとも考えている。しかし、「地球の表面の共同所有」という前提によって、地球の資源はすべての人間に帰属するという植民地主義的な拡張の正当化を回避しつつ、歓待の権利を基礎づけることは困難をともなう。ベンハビブは、むしろ「地球の表面の共同所有」という前提は、「コスモポリタン的権利」を説明する根拠ではなく、その「環境circumstance」、「正義の環境」を構成するものと理解すべきだと主張している。つまり「正義の環境」は、実際に「われわれの可能な行為の条件」を定義するのである。「ちょうどわれわれはすべて道徳的存在であり、身体的に同じ種の構成員であり、われわれの生存を保証する同じ基本的な必要によって悩まされているという事実が、正義に関するわれわれの推論における制約条件を構成しているように、地球の表面の球面性は、カントにとって〈外的自由〉を制限する条件として機能するのである[249]」。この「外的自由の原理」は、コスモポリタン的権利を直接的に正当化するのではなく、正当化の議論の前提をなし、「外的自由を行使すること」は、「われわれが境界線を越えて、他の土地や文化からきた仲間の人間と接触する必要がある」ことを意味する。つまり、「地球の表面の球面性」は、地球の表面は限られているのだから人間は相互に交流しなければならないという前提と、同時にその資源が限られているということからその自由な交流を制限する外的条件をあたえるのである。

しかし、「地球の表面の球面性」を「正義の環境」として理解するだけでは、カントが地球の表面の共同所有を主張しつつ、地球の表面の私的占有を正当化しているというディレンマは解消されない。カントは『人倫の形而上学』のなかで、共和国における原初の所有権の正当化を「許容法則」として論じているが、カントが『永遠平和のために』のなかでも議論しているこの「許容法則」こそが「世界市民法」を理解するための前提条件となっている。ロックにとって所有権は、自分の身体と労働によって基礎づけられているのに対して、カントにとって所有権とは、そもそも基礎づけ不可能なものとして理解されている。カントは『人倫の形而上学』のなかでつぎのように述べている。「この要請は、実践理性の許容法則 lex permissiva と名づけられうるものであり、それは権利一般のたんなる概念からは導き出すことはできないであろう権能 Befugnis をわれわれにあたえるものである。それはすなわち、他の者がわれわれの選択意思の特定の対象の使用を、それをわれわれがまず最初に占有したという理由から差し控えるという、それ以前には存在しなかったであろう拘束性を、すべての他の者に課す権能である」[250]。また、カントは『永遠平和のために』のなかでも、「命令 Gebot (leges praeceptivae)」と「禁止 Verbot (leges prohibitae)」のほかに、なお「純粋理性の許容法則 Erlaubnisgesetze (leges permissivae)」が存在しうるかどうか、問いかけている。カントは、しばしば民法において、「禁止の法則」がそれだけで存立するものとして理解され、「許容 Erlaubnis」が

「例外 Ausnahme」としてあつかわれてしまうことを批判し、「許容」とは、むしろ「制限する条件」として「法律＝法則」のなかに導入されるべきものであると主張している。「一般的 general な法律＝法則（一般的に im allgemeinen 妥当する法律＝法則）」は、そもそも「法律＝法則」という概念が要求している「普遍的 universal な（普遍的に allgemein 妥当する）法律＝法則」とは区別されなければならない。たしかに、「法律＝法則」とは一般に「客観的な実践的必然性の根拠」を含むが、「許容」が「ある行為の実践的偶然性の根拠」を含んでいると考えられるとすれば、「許容法則」は「誰も強制されえないこととへの行為の強制」を意味することになり、これは矛盾である。しかし、「前提とされる禁止」が「ある権利の将来における取得方法（たとえば相続による）」だけにかかわり、他方、この「禁止からの解放、すなわち許容」が、「現在の占有状態」にかかわると考えれば、「許容法則」が強制の法として機能するとしても矛盾することはない。この占有状態は、来たるべき市民状態においては不法ではあるが、「一般的に認められた占有（推定上の占有 possesio putativa）」として「許容」されるのである。しかし、こうした占有が市民状態への移行の過程で「侵害」として、その不法性が発見されるやただちに終止せねばならない。(251) こうしてカントは、私的所有にかかわる「許容法則」を、自然状態から市民状態への移行において、最初の占有に対する他の者の選択意思を制限する「法律＝法則」として論じることによって、地球の表面の共同所有という理念が、植民地主義的な拡張を正当化する手段として用いられることを回避しようとするのである。つまり、カントにおいて最初の土地所有者の権利、土地への権利は、あくまで植民地主義的な侵略に対する防衛権という意味において法的な権利を構成するのである。この権利は、領土の「不可侵性」をおのずから防衛するのではなく、「その土地の住人の自由と自己決定のための前提として防衛する」ものにほかならない。カントの場合には領土は、人民主権という目的に対する手段としてのみ主題化されるのである。

他方、そもそもカントの「歓待の権利」は、貧しい人々、弾圧された人々、迫害された人々への配慮にその関心があるわけではなく、他の人民との「交流」をもとめ、世界の他の地域の富を占有しようとするヨーロッパ人の啓蒙的関心のうちにある。人間的な「交流」をもとめる権利は、カントにとってひとつの基本的な権利であり、カントは、船やラクダが海や砂漠という人間相互の結びつきを妨げている「無主の地域」を超えて「交流」を可能にすることを、商業的な接触や宗教的、文化的、金融的な接触を啓蒙的なやり方で礼賛するのである。そのさい、カントは「訪問の権利」すなわち「一時的な滞在の権利 temporary right of sojourn（Besuchrecht）」と、「客人の権利」すなわち「永遠の居留 permanent residency の権利」を区別し、前者だけが「権利」として共和主義的な主権者に義務を要求するものであり、後者は「恩恵的な契約」を必要とする「特権」であるとしている。「異邦人」の権利は、他国の領土での生活手段の平和的な追求を超えるものではない。カントは、ヨーロッパの帝国主義を批判しつつ、商業活動の拡大は、それらの発展が人類により密接な「交流」をもたらすかぎりで、正当化したいと考えている。歓待の権利は、一時的滞在の権利をあたえはするが、優越的な力によって略奪し、搾取し、征服する権利をあたえるものであってはならない。ベンハビブは、カントの「歓待」という概念を、移民や難民がある政治共同体とのあいだで遭遇する権利の問題、「政治的構成員資格 political membership」の問題と結びつけて論じようとしているが、そもそも市民の「構成員資格」にはアポリアがあるとしてつぎのように主張する。「カントは、人類のすべての構成員が市民的秩序への参加者となり、相互に法的交流lawful associationの条件へと入る世界的条件を思い描いている。しかし、法的共存のこの市民的条件は、共和制的政体における構成員資格と同等のものではない。カントのコスモポリタン的市民は、依然として完全な市民となるために、それぞれ個別の共和国を必要としている[252]。それゆえにカントは、ひとつの共同体としての「世界政府」ではなく、あくまで境界づけられた共同体の内部での市民資格の行使を容認する「連邦的統合」を構想するのである。ベンハビブは、コスモポリタン的権利が権利であるのは、それが「それぞれすべての人格の共通の人間性」と、「みずからの文化的、宗教的、自民族中心的な壁の制限を超えて旅する自由をも含む意志の自由」にもとづいていると主張し[253]、「歓待」を「われわれがすべての人間を世界共和国の潜在的参加者と見なすかぎりにおいて、そのすべての人間に帰属する〈権利〉」として説明する[254]。「歓待の権利」は、「ある特定の市民的統一体のメンバーである諸個人のあいだの関係」を規制するのではなく、「異なる市民的統一体に属しながら、たがいに境界づけられた共同体の周辺で出会う諸個人の相互行為」を規制する。つまり、「歓待の権利」は、「政体の境界」に位置づけられ、「構成員と異邦人strangerとのあいだの関係」を規制することで「市民的空間」を画定し「人権と市民権とのあいだの、われわれの人格における人間性の権利とわれわれが特別な共同体の構成員であるかぎり生じる権利とのあいだの空間」を占有するのである[255]。

そもそもカントの世界市民法に「歓待」の法としての性格を認め強調したのはデリダであり、ベンハビブもまたその議論の多くをデリダに負っているが、デリダはカントが「普遍的な歓待」の権利を一時的な滞在の権利、「訪問の権利」へと制限するのに対して、これを「条件つきの歓待l'hospitalité conditionelle」と呼び、「純粋な無条件の歓待 l'hospitalité inconditionelle」と対置して論じている。[256]「条件つきの歓待」、「招待 invitation」の歓待は、他者がわれわれのルール、生活様式、言語、文化、政治システムなどにしたがうという条件においてのみ提供されるのに対して、「純粋な無条件な歓待」は、期待も招待もされていない、絶対的な他者としての「訪問者」、名も姓も家族もなく、社会的地位さえない、同定も予見も不可能な「到来者 arrivant」として、誰に対しても開かれているのでなければならない。[257]「無条件な歓待」は、危険なものかもしれないが、危険のない歓待、約束された歓待、まったくの他者に対する免疫システムによって保護された歓待などは歓待とは呼べない。デリダは、実際には「無条件の歓待」を生きることは不可能であることを、また純粋な歓待がいかなる法的な地位も政治的な地位ももちえないことを認めている。しかし、この純粋な無条件の歓待の概念なしには、歓待一般について論じることすらできないであろうと、純粋な歓待は法的でも政治的でもありえないが、法的なものと政治的なものの条件であると主張するのである。「条件つきの歓待」と「無条件の歓待」は、「異質 hétérogène」であると同時に「分離不可能 indissociable」であり、そのあいだにはパラドックス、アポリアがある。つまり「無条件の歓待」は、政治的なもの、司法的なもの、倫理的なものに対して超越的であるという意味で、「条件つきの歓待」とは異質なのであり、しかし、「無条件の歓待」に開かれることなく、他者の到来をもたらすことができないという意味で、分離不可能なのである。政治的、司法的、倫理的責任は、「無条件の歓待」と「条件つきの歓待」の「相互交流 transaction」によってのみ生じうる。そして、この「無条件の歓待」は、「異邦人 étranger」に対して、「異邦人」の到来によって喚起されるのである。

デリダは、この「無条件の歓待」の法、「絶対的な、無条件の、誇張法的な歓待の唯一なる法 *la loi*」は、「条件つきの歓待」の法、「歓待のもろもろの法 *les lois*」を、条件づけられた権利や義務を、侵犯すると同時に必要とするのだと説明する。また、この「無条件の歓待の唯一なる法」は、「思いがけない訪問者、到来者の特異性 singularité」のもとに、すなわち「絶対的な特異なもの singulier」の到来とともに、条件づけられた権利や義務の「多数性」と結びつくのだと主張する。つまり、「特異なもの」としての「到来者」の周りに、もろもろの共同体が出会い、その条件づけられた権利や義務が再構成されるのである。「特異なもの」としての「異邦人」は、「無条件の歓待の唯一なる法」をもたらす者として到来し、歓待の「もろもろの法」に新たな条件を見いだすべく問いかけ問いただすのである。[258] したがって、ハーバーマスがカントの「世界市民法」を、最終的に近代的な正統性の循環的な構造のうちに世界のすべての人間が市民権を獲得するであろう法体制として理解しようとするのに対して、デリダは「世界市民法」を、「歓待の条件づけられた法」、諸国家の法に対する、無条件の「歓待の唯一なる法」として、「特異なもの」としての「異邦人」の到来をつうじて、諸国家の法の正統性を問いただす「唯一なる法」として理解するのである。マウスもまたそうした意味で、カントの世界市民法とは、超国家的な秩序をしめすものではなく、むしろ国民国家的な法秩序のあいだの越境を問題にするものであるというかぎりで、近代の「国際私法」を、「国民国家的な法秩序と、私法的主体間の国際交流との同時性を衝突法的 kollisionrechtlich に扱い、関連するどの国家のどの法規範が、そのつど特異な法的事例において妥当すべきなのかという問いに、いつもすでに領域外的な法的妥当を前提としなければならない近代の国際私法」を先取りするものなのだと主張するのである。[259] したがって、カントの「世界市民法」という理念はまた、デリダによるなら「たえず永遠平和へと接近していくための条件」でもある。古典的なコスモポリタニズムは、世界国家のような国家主権の形態を前提としているが、そうした形態は、「政治的‐神学的」概念の世俗化した形態にほかならない。国家とは、そもそも市民権を保障することによって、「さまざまな力や危険に対する最良の保護」としても機能するものなのだから、一方的に対立すべきものと考えるべきではない。「来たるべき民主主義」とは、コスモポリタニズムの、「市民権 citoyenneté」の限界を超えるものである。それは、「特異な存在者たち（誰か）が、いまだ市民権によって規定されることがなくとも、すなわちある国家の法的〈主体〉という、国民国家のさらに連邦や世界国家の合法的な構成員という条件によって規定されることがなくとも、〈共生する〉ことを可能にするもの」なのである[260]。この無条件なものをある条件のなかに「再び‐書き込む」べく市民権を拡張していくための条件こそが、「世界市民法」という理念にほかならないというのである。

カントは「永遠平和」を、国家、民主主義、市民社会が根源的にアポリアをはらんでいるがゆえに、民主主義社会を実現するための不可欠の条件としての人民主権と権力分立、それらを国民国家を超えて実現するための倒錯的行為の禁止と許容法則、世界国家が不可能である以上、国内法と国際法とのあいだを補完するために必要とされる世界市民法、という三つの条件のもとに構想する。とりわけ世界市民法が国際法とはべつに要請されるのは、個人があるひとつの国家の「法的（外的）自由」を実現すべく、つねに自由の源泉として非固有化されていることが、「永遠平和」のための不可欠の条件となるからである。法の形式は、個人を全体化しようとし、法的安定性のうちに拘束しその自由を規制しようとする。それに対して、カントは世界市民法という概念をもちだすことによって、個人を自由の源泉としてその特異性において理解しようとするのである。個人は、ひとつの形式的な法のもとにあると同時にけっしてそのような法の形式によって全体化されないという、あらゆる形式的な法を免れていると同時に法を条件づけてもいるという特異性をになっている。個人のトポスを非固有化することは、個人をいかなる共同体にも属さないと同時に、共同体のあり方を条件づける特異点としてとらえることにほかならない。世界市民法は、特異性のになう権利を、アーレントの主張する「諸権利をもつ権利」を保証する法として、特異性はたしかに主体化の可能性のなかでしか展開されない、しかし同時に特異性はいかなる主体化をもまぬがれている、というアポリアのなかで構成されるのである。

第二次世界大戦後、平和秩序を構築すべく国連憲章は、あらゆる加盟国の主権的平等を国連機構の基本的原理とし、国家の領土的不可侵性と政治的独立を保証してきた。一方で、「強制行動」は、「平和に対する脅威」あるいは「平和の破壊」と認定されたときにのみ許容され、他方で、国連が国内問題に介入する権限は極力制限されることになる。「人権の尊重」もまたこうした民主的な平和原理という枠組みにおいて強要されてはならないということが前提となってきた。しかし、冷戦終結以降、国連は積極的な介入にもとづく秩序構築という政策に転じようとしている。[261] 国連の安全保障理事会は、ますます国内の人権侵害を世界平和と国際的安全の脅威と解釈しなおしている。人権を尊重しない政府は他の政府の権利を尊重しないだろうから、人権保護は一種の国際的な社会福祉活動であるだけでなく、われわれの安全性のために不可欠なものなのだというのである。国家の正統性の二つの源泉である人民主権と人権はいつもすでに緊張関係にあるが、この関係は人権へと方向づけられた外交政策によって大きく転換しようとしている。ハーバーマスはこうした状況のなかで、コソヴォ空爆を人道的介入として、国際法の世界市民的な法秩序への転換を意図するものであるという条件のもとで許容されうるとし、正当化するのである。

人権とは、政治的行為の道徳的方向づけとしてだけでなく、司法的な意味で履行されるべき普遍的な権利として理解されなければならない。ハーバーマスは、「人権政治」の普遍主義もまた古典的な主権概念にしたがうなら、結局は諸国家の個別の利益を追求しているのではないか、「人権政治」とは政治の道徳化ではないか、という批判に対してつぎのように反論している。前者の議論に対しては、「人権政治」において問題になっているのはそのような普遍主義ではないと、普遍主義的な正当化は、そこに利益が局在することを、けっしていつも粉飾しているわけではないと、その意味で、ユーゴスラヴィアへの攻撃は合衆国がその影響力を確保し拡張しようとしているとか、NATOがその役割を見いだそうとしているとか、ヨーロッパが移民の流入を阻止しようとしているといった批判はあたっていないと主張する。後者の批判に対しても、世界市民状態を設立することは、人権に対する違反が道徳的に非難されるだけでなく、犯罪行為として国家の法秩序と同様にその内部で追及されることを意味するのだと反論する。(262) 国際関係を徹底的に法制化するためには、紛争解決の確立された手続きが必要である。人権は、純粋に道徳的なその内実にもかかわらず、徹底的に強制法の秩序のもとに実定的な妥当性をもつものでなければならない。そのためには、国民国家における憲法の基本権と同様に、世界規模の民主主義的法秩序のうちに位置づけられる必要がある。われわれはグローバルなレヴェルで、権利の名宛人が同時にその起草者として理解されうるとき、世界市民共和国の直接のメンバーである資格が確立するとき、自国の政府の恣意的行為に対しても保護されうる。しかし、いまだこうした状況は達成されていない。世界市民状態がいまだその途上にあることは、たとえば平和を保障し平和を創出する介入の正統性と効果とのあいだの隔たりのうちにしめされている。スレブレニツァでは、国連が「安全地域」に指定しながら、配備された平和維持軍は国連によって正統性をあたえられていたにもかかわらず、セルビア人勢力の総攻撃ののち、大量殺戮を防ぐことができなかった。ハーバーマスは、しかしだからこそ「人権政治」は、まさに促進しようとしている将来のコスモポリタン的状態の「先取り」として理解されなければならないと主張するのである。コソヴォ紛争におけるNATOは、まさに安全保障理事会をつうじた手続きをとるという合法的な制約を顧慮せずに行動したのだが、それゆえに、ユーゴスラヴィア政府に対して効果的に対処することができた。正常な法的手段が、効果的に集団的人権侵害を防ぐことができない場合には、そのかぎりで当事者である諸国家はみずからの手にゆだねる権利をもつ。そうした条件のもとで、諸国家もまた「当事者」として世界市民秩序への「先取り」において行動することが許されるというのである。(263)

ただしハーバーマスもまた、こうした「逆説的」な状況において、人道的介入が無条件で許容されるわけではないことを認めている。いずれにせよ介入は、最後の手段でなければならないが、さらに可謬性への「感受性 Sensibilität」、近さの基準、例外的行為という三つの条件が満たされる必要がある。(264)第一に、本来であれば独立した機関にのみあたえられるはずの権限を行使するためには、可謬性に対する特別な「感受性」が必要である。つまり、人道的介入を決意する者は、みずから行使する権力がいまだ世界市民社会という枠組みにおいて正統化された法の強制という質をいまだ所有していないことをも知っていなければならない。まさにそれゆえに、世界市民的な状況が未完成であることは、ある特別な「感受性」を要求するのだが、ハーバーマスによるなら、平和的で裕福なOECD諸国のみが、その国民的利害関心をいまだ未完の世界市民的要求に合致させることができる。古典的な権力政治から世界市民的な状況への移行は、たとえ武力介入による犠牲をともなおうとも、「共同で克服されるべき学習課程」として理解されなければならないのである。(265) 第二に、ハーバーマスは、クルド人、チェチェン人、あるいはチベット人のために、つまり世界中いたるところで介入することは不可能だとしても、少なくとも限定された近隣諸国、分裂状態にあるバルカンにおいてであれば可能だと説明する。アメリカは、人権のグローバルな貫徹を権力政治という前提のもとで世界的覇権を追求する「国家的ミッション」として推進するのに対して、EUは「人権政治」を、むしろ権力政治を変化させる「国際的諸関係の徹底的な法制化のプロジェクト」として理解しているのである。(266) 第三に、ハーバーマスはNATOによる介入はあくまで例外的なものでなければならないと主張する。国連は、「強制法の適用と民主的な法措定とのあいだの循環」をいまだ形成する途上にある。コソヴォへの介入は、人権が自国の政府によって踏みにじられた人間たちの要求を、武力をつうじて実行に移そうとするものである。しかし、NATOがみずからに権限をあたえることが、通常のケースとなることは許されない。ハーバーマスは、ユーゴスラヴィアの場合には、地上部隊を投入してでも継続することが必要であるように思われるかもしれないが、「しかし、いつの日か他の領域——アジアのことを考えてみよう――の軍事同盟が、まったく他の説明、国際法あるいは国連憲章の説明にもとづいた武装した人権政治を推し進めるとき、われわれはどう言えばよいだろうか」、と懸念を表明するのである。[267]

ハーバーマスはこのように、人道的介入をその条件を制限しつつ正当化しようとするのだが、しかし、はたして可謬性への感受性、近さの基準、例外的行為という条件のもとであれば、軍事的介入はそもそも世界市民法の「先取り」として、国際法の世界市民的な法秩序への転換の契機となりうるのだろうか。むしろ、まさにこれらの条件こそ、カントが人民主権の原則、倒錯的行為の禁止と許容法則、歓待の権利のもとに、平和的秩序を構築するために拒絶したものだったのではないか。

ウルリヒ・ベックは、平和な世界市民社会を夢見たすえにいかなる悪夢が到来するかを問題にし、ハーバーマスを批判している。[268] コソヴォ戦争が勃発してから、「軍事的ヒューマニズム」の新たな政治、国境を越えて人権の尊重に妥当性をあたえるという目的で軍事力を投入するという新たな政治が生まれるにいたった。そこでは、「ヘゲモニー的権力が、権利とはなにか、人権とは何かを決定する」[269]のであり、戦争は道徳を推進する手段となる。まさに権利とは何かを決定する決定権はヘゲモニー的権力にあたえられるがゆえに、人民主権という原則は無視されてしまうのである。ベックはつぎのように言う。「軍事的ヒューマニズムの無制限な自己権限付与はきわめて危険である。道徳的要求を掲げて他国へと侵攻する権限は、人権という新たな十字軍の起源になりうる」[270]。またベックは、すでに「九・一一」以前に、ネオリベラリズム勢力がこのコスモポリタン的政治行動を帝国主義的に悪用する危険性があることをも指摘している。

また、ヴォルフガング・ケルスティングは、ハーバーマスは世界市民秩序の「先取り」をとなえることで、「未来の宝くじの配当を担保に貸しつけたがっている」ように見えると批判しているが、[271] ロタール・ブロックは、「はたして、みずからの判断で行為する諸国家が、そのときみずから克服されるべきものと考えられている〈自然状態〉の主体として振る舞うことなく、意図された世界市民秩序の擁護者となりうるのか」という、「その諸国家が国家当事者 Partei として、世界市民法的な裁判官 Instanz となりうるのか」という点を問題にしている。[272] 民主主義を強制することは、民主主義の原理そのものに矛盾する。したがって民主主義の強制は、平和な世界をもたらす普遍的な戦略とはなりえない。介入への義務は、国際法的な発展の水準に依存させることはできない。人道的介入の義務があるとすれば、権利の名宛人が同時にその起草者であるという世界市民としての地位が形成されることによってはじめて正当化の根拠があたえられる、というのではなく、その根拠はあくまで端的に人権侵害を妨げるために何をなしうるかという観点から検討されるべきはずなのではないか、と主張するのである。

　さらにブロックは、人道的介入が道徳的要求にささえられているがゆえに、むしろその行為によって発生する人的な「付帯的被害 Kollateralschaden (collateral damage)」が低く見積もられる危険があることを指摘しているとすれば、[273] またマウスは、人道的介入は「暫定的でヘゲモニー的な国境越境行為」となり、一般市民は、「爆撃可能な領域をしめす領土の――むしろ邪魔な――付属品」として再発見されようとしている、と警告している。[274] そうした世界規模の軍事的介入は、「超国民的《スープラナショナル》」なレヴェルで、ほとんど民主主義と法のあらゆる成果を破壊してしまう危険性をはらんでいる。実際に、国連憲章によって保証された人民の自己決定権は、民主的な自律の権利から、増大する民族的ナショナリズムによって新たな領土的な境界設定の権利へと、前政治的同一性への権利へと変容しつつある。西欧諸国、とりわけドイツは進んで、クロアチアの分離を承認したことによって、多文化的ユーゴスラヴィアの国民国家を民族的-ナショナリズム的共同体へと崩壊させてしまった。人道的介入というプログラムが残虐なプロセスへと導かれていったことは、政治的グローバル化が、まさに回避しようとしていたものへと、つまり空間的、民族的な支配へと回帰しつつあることをしめしているのである。[275]

ハーバーマスもまた、軍事力の投入が失敗すれば、介入は諸国家間の法制化というプロジェクトを何十年も遅らせることになりはしないか、結局は、この戦争はバルカンを破局へと陥れるだけではないのか、「最終的には、法平和主義そのものが誤ったプロジェクトではないかという厳しい疑い」が、もっとも不安をかきたてる問題であることを認めている。コソヴォへの軍事的介入が、迫害と大量殺戮を妨げるのではなく、むしろ実際に助長する結果を招いてしまったとすれば、そうした事態をどのように考えればよいのか。そもそも暴力の行使は計算可能であり制御可能だとするのは幻想であり、暴力は不可避的に暴力を生みだす結果になるだけではないか。たしかに、安全保障理事会がうまく国際秩序を維持すべくその機能をはたしていないとしても、安全保障理事会を回避した軍事的介入は、少なくともその改革を妨害することによって世界市民秩序を阻止することにつながり、世界市民秩序の「先取り」ではなく目指すべき秩序をもたらす妨げになるだけではないか。グローバル化の時代に、国際社会は以前よりもまして、国際関係の規制を必要としている。それは同時に、諸国家の行為の自由を留保しなければならないことをも意味する。しかしこの矛盾は、世界市民秩序の「先取り」という提案によってはけっして解消されはしないだろうし、むしろますます解決困難なものになるのではないだろうか。

第五章　正統性と人権の概念

ハーバーマスは人権について議論しようとするとき、人権を基本権として、まず法秩序のうちにある国家市民の権利として理解し、そのうえで世界市民社会へとどのように拡張すべきか、というかたちで議論を展開している。人権はまず基本権として、道徳規範と同様に人間にかかわるすべてに関係し、法規範としては、特定の法共同体に属する個々の人格、一般に国民国家の市民を保護する。したがって、人権の普遍的な意味とそれを実現するローカルな条件とのあいだにはある種の緊張関係が存在する。ハーバーマスは、人権がそうした緊張関係のもとですべての人格に無条件に妥当するにはどうすればよいかを問うとき、「すべての現存する国家が民主主義的な法治国家へと移行し、同時に個々人に国籍に関する選択の権利をあたえる」というような人権のグローバルな拡張を考えることは現実的ではないので、「すべての者たちが直接的に、すなわち世界市民として、人権の効果的な享受へといたる」というかたちでしか考えられないだろうと主張するのである（Vgl. PK178）。国際法における主権を有する国民国家が、そのまま国民国家的な秩序からコスモポリタン的な秩序へと移行するなら、「超国民的《スープラナショナル》」な諸制度や国際会議はその役割をうまくはたすことができないだろうし、いずれ超大国や力をもった同盟の手にゆだねられてしまうほかない。ハーバーマスはそこで、人権こそがこのような不安定な状況のなかで、国際的共同体の政治のための、唯一すべての人々によって承認された正統性の基盤をあたえることになると主張するのである。

人権とは道徳的内実をになうと同時に、構造上、「提訴可能な主体の権利」要求を根拠づける実定的な法秩序に属していなければならない。そうした意味で人権には、現存する法秩序の枠組みのなかで保障される基本権としての地位が必要であることが含まれている。人権が道徳的権利と混同されるのは、「人権が、その普遍的な妥当要求にもかかわらず、これまで民主主義国家の国民的な法秩序のうちにしか、明確な実定的形態をもつことができなかった」からであり、また国際法上は弱い実効性しかもっていなかったからであって、「ようやく成立しつつある世界市民法の枠組みのなかで制度化されること」が期待されているのである（Vgl. EA225, 二三〇）。世界市民状態が設立されることは、人権侵害が直接的に道徳的観点から判定されるというのではなく、犯罪行為と同様に、国際秩序という枠組みのなかで、制度化された訴訟手続きにしたがって訴追される、ということを意味する。国家間の自然状態を法制化することによってはじめて、シュミットが主張するような法の道徳的な「無差別化」が予防され、他方でまた、戦争犯罪や人間性に対する犯罪のような事例であっても、被告人に対して完全なる法的保護が保証されるのである。しかし、コスモポリタン的社会はいまだ達成されていない過渡的な段階にある。したがって人権の概念は、来たるべきコスモポリタン的法秩序という形式においてのみ具体化され完成されるであろう法的地位をいまだ待っているのである。われわれは過渡的な地位にある国家を、ロールズのように、決定的なものとみなすわけにはいかない。人権はむしろ国際的正義のレヴェルで、完全な法的地位を獲得する途上にある権利として、政治的に要請され、場合によっては「先取り」されるべきなのである。

ハーバーマスはそこで、人権がしばしば西欧文明の特別な文化的背景との関係において批判されるのに対して、むしろしだいにグローバル化していく近代社会との関係において理解されるべきことを主張する。近代社会の成立条件は、われわれには選択の余地のないものとなっている。このことは、それを回顧的に正当化する必要もなければ、できもしない事実を表わしているのである。したがって、人権の適切な説明をめぐる論争において問題なのは、近代の条件が望ましいかどうかではなく、他の諸文化からも正当に評価できる人権の解釈であるかどうかである。自由権と市民権の関係の再構築は、いかに自由で平等な市民が共生を実定法という手段によって正統的に規律しうるか、を共同で協議するという状況から生まれてくるのである。ハーバーマスもまた「人権」という構想は、かつてヨーロッパが諸宗派の分裂から生じた政治的争いを克服するために形成されてきたものであることを認めている。また、西欧的な正統化の類型をかならずしも唯一で最良のものだと考えているわけではない。ハーバーマスはむしろ、さまざまな文化的起源をもった参加者たちのあいだでの人権をめぐる討議の規範的な内実は、個々人が了解志向的な討議に対してになっている暗黙の「先行仮定」のうちに含まれている、という前提から出発すべきことを主張するのである。「すなわち文化的背景とはべつに、すべての関与者の直観的に、確信をもってなされる合意は、コミュニケーションの参加者たちのあいだのシンメトリックな関係――相互承認の関係、パースペクティヴの相互交換の関係、みずからの伝統をも異質な者の目で観察し、たがいにまなぶ共通の用意といった関係――が存在しないかぎり成立しえないことを知っている」(PK192)。このような基盤のもとに、人権の偏狭な解釈や適用のみならず、特殊な利害関心を普遍主義的に覆い隠す人権の道具化も批判することができる。人権はこうして、法的な「構築物」として、道徳的権利とは異なる政治的な拘束力をになうことができるというのである。

しかし、ハーバーマスの主張するように、人権とはたんなる道徳規則ではなく、法的な「構築物」として機能しなければならないとすれば、人権とはそもそも正統性とどのような関係にあるといえるだろうか。ハーバーマスは政治的自由をもっぱら正統性との関係において論じているが、そもそも政治的自由にはどのような意味があるのか。また、人権を法的に保障するはずのコスモポリタン的社会はいまだ過渡的な段階にあるとすれば、そこにはどのような問題があるだろうか。さらに、そのように構想された人権の概念はどのような性格をになうことになるだろうか。

1　市民資格のアポリア

近代の国民国家においては、人権の問題はある特定の共同体における市民の権利の問題として把握され、市民資格が構成員としての権利を構成してきた。人権は「権利の体系」として、合理的な正統性をになった法体系を構築するための出発点としての意味をにない、したがって、法共同体の内部においては、人権の侵害は法体系のなかで承認された基本権の侵害の問題として、人権はおもに民主的な法体系の内部における問題、市民的基本権をどのように解釈するかという問題として理解される。他方、人権は、基本権として実定的な法コードの内部で権利として現われてこないときでも、潜在的な権利として認められなければならない。それゆえに、人権という概念と市民的基本権という概念とのあいだには本来的に緊張関係がある。人権の問題は、普遍的な世界市民社会が形成されることで人権と市民権とのあいだの緊張関係が消滅することがないかぎり、市民権の問題のうちに解消されることはない。つまり、ヴェルマーが主張するように、人権という理念のうちには、基本権の特定の成文化や解釈を超えた「過剰なもの」が隠されている。[276] したがって、市民権は、普遍的人権と主権的な自己決定とのあいだでつねに構成的なディレンマをかかえるものとして現われてくる。すなわち、まず市民資格の正統性は、人権という潜在的な権利の普遍性にもとづくものでなければならないにもかかわらず、つねにすでに地域的、文化的、慣習的な特殊性をになうものとして形成される。また市民権としての基本権は、正統性との関係において包括－排除という機能をにない、つねに「非－市民」の権利の問題、司法上の権利へと変換する必要性が認められているにもかかわらず、いまだ司法上は明らかな意味をもたない権利についてどのように考えればよいのかが問われなければならない。さらに、主権的な自己決定という観点からは、市民資格をもつ者たちによってなされる決定が、市民資格をもたない者たちにも影響をおよぼしうるという、市民権によって排除の影響を受ける人々が定義上それらを表明する当事者ではありえないという問題に、どのように対処すべきか問う必要がある。[277]

ハーバーマスは、市民資格の構成的ディレンマの問題を、あくまで「国家市民資格 Staatsbürgerschaft、citoyenneté、citizenship」とは、普遍的人権と主権的自己決定の「同根源性」

のもとに形成されると主張することで解決しうると考えている。人々は、正統性を自己立法のもとに根拠づけ、国家市民の地位を民族意志と分離し、「連帯的結合 Assoziation」を「相互承認 reziproke Anerkennung」のもとに構築することによって、「民族的あるいは文化的集団の成員」、「市民、すなわち政治共同体の構成員」、「代替不可能な個人」という三重の承認のあり方において、平等な保護と平等な尊重を享受しうるようになるというのである（Vgl. FG637f., 下二七七）。

ハーバーマスは、血統やロマン主義的な精神によって結びつけられた「人民 Demos」と「民族 Ethnos」とのあいだの関係を断ち切るために、「人民主権」の系譜学的な説明に訴える。ハーバーマスによるなら、共和主義とナショナリズムは歴史的に社会心理学的には関係しあってきたが、概念的には区別されなければならない。そもそも、古代ローマ人にとって出生と出自の女神であった「ナツィオ natio」に由来する「国民 Nation」は、古典的な用語法では血縁共同体を意味し、地理的には定住や近隣関係によって、文化的には言語、習俗、伝承の共有によって形成された、政治的にはいまだ「政治国家 civitas」としての組織形態をとっていない人々の集団を意味していたのだという。近世にいたって、「諸身分 Stände」は「君主 König」に対して「国民」を「代表する repräsentieren」という意味から「主権 Souveränität」の担い手としての「国民」という用語法が生まれ、十八世紀半ば以降、「血縁共同体」としての「国民」と「国家人民 Staatsvolk」としての「国民」の二つの意味が結びつくようになる。さらに、フランス革命において「国民」は、いまや政治的な「自己決定権」があたえられ、「国家主権」の源となり、前政治的な民族的な関係にかわって、「民主主義的共同体」の「市民 Bürger」の「政治的アイデンティティ」を構成する契機として理解され、十九世紀末には、民主主義的に構成され後天的に獲得された「国家市民資格」が、「生得的なナショナルアイデンティティ」を条件づけるようになる。ハーバーマスは、「日々の人民投票」というルナンのことばこそが、みずからの民主主義的な参加権とコミュニケーション的権利を積極的に行使する市民たちの実践を意味することになると論じることによって、「国家市民 Staatsbürger という共和主義を構成する要素は、出自や、共有された伝統、共通の言語によって統合された前政治的な共同体から完全に解放される」（FG636, 下二七六）と説明するのである。そのさい、たしかにロマン主義的な歴史意識によって、フランス革命では国家市民にとって機能的な役割をになうものにすぎなかった「集団的アイデンティティ」が形成されはする。つまり一般的兵役義務が、市民権の裏面として、祖国のために戦い死ぬ用意があることのうちに、ナショナルな意識と共和主義的な心的態度を結びつけ、このことから、ナショナリズムと共和主義はたがいに相補的な関係にあること、たがいの成立のための補助手段であったことが説明されることになる。しかしハーバーマスは、社会心理学的にはナショナリズムと共和主義はたがいに関係してはいるが、それは概念的なものではないと主張する。他の国民に対する国民的独立性や集合的自己主張もまた、自由の集合主義的様式をとりうるが、そうした「ナショナルな自由」は、「国家市民の真正な政治的自由」とは区別されなければならない。それゆえに、共和主義的自由の近代的理解は、ナショナルな自由意識という母体から再度切り離すことができたのだと、すなわち、「国民国家は、一時的にのみ、〈民族《エトノス》〉と〈人民《デモス》〉の密接な連関をつくりだしたにすぎなかった」のであり、「その概念からするなら、国家市民資格はナショナルアイデンティティからいつもすでに独立している」、というのである（Vgl. FG632ff., 下二七四―二七七）。

ハーバーマスは排除の問題もまた、文化的統合と政治的統合とのあいだの問題として、つまりもっぱら政治的に支配力をもつ多数派文化が少数派にみずからの生活様式を強制し、それによって文化的に他の出自をもつ市民の平等な権限を拒絶するときに生じる問題として理解している。「市民の倫理的自己理解とアイデンティティにかかわる政治的問題」においては、多数派原理は限界にぶつかる。「なぜなら、市民の偶然的な構成が、見たところ中立的な手続きの結果を先取りしているからである」(EA172, 一六九)。つまり、多数決ルールを採用する集団がそもそも正統的な集団なのかどうかは、多数決原理自身が正当化することのできない前提であり、その意味で多数決原理はすでにみずから正当化しえない前提に依存している。ハーバーマスはそこで、「自己決定」で問題になるのは「国民の自己決定という推定上の集団的権利の侵害」ではなく、あくまで「個人の基本権の侵害」であることを、自己決定の要求はどこまでも「平等な市民権の貫徹」にかぎられることを強調する。たとえばカナダのフランス語系住民やスペインのバスク人など、少数派による多数派文化に対する文化闘争が展開されるような場合、分離独立の要求は、国家権力がある地域に集中している住民たちからその諸権利を奪っているときにのみ正当化されうる(Vgl. EA170, 一六八)。他方、分離独立は、あくまで共和主義的な意味での民主的な「自己決定」に依存するものであり、そのかぎりで現状の正統性を無視して正当化されえない。国連憲章は、すべての人民に自己決定の権利を保証するが、「人民 Volk」とは民族的な意味をもっているわけではない。ハーバーマスはそこで、一般には差別は独立によってではなく、多文化社会における「差異に敏感な包括 Inklusion」によってのみ撤廃されうると主張するのである。文化の自律性の保証、集団に特化した諸権利、平等待遇の政策、少数派保護といった具体的な政策、あるいは連邦主義的な権力分立、国家権限の機能の委譲といった制度的な政策などさまざまな方法がある。市民は、こうした方法によって民主的プロセスに関与することによって、民主主義原理を侵すことなく社会を変化させることができる。したがって、多様な民族共同体、言語集団、宗派、生活様式の平等な権限をもった共存が、「社会の分断化」という代償を払って贖われることがあってはならない。つまり、一方で、普遍的な政治文化が多数派文化へと融合されてはならない。さもないと、多数派文化がみずからの自己了解を少数派に押しつけ、多数派が民主主義的な手続きを恣意的に利用する可能性があるからである。他方で、共通の政治文化は、多文化社会における生活様式の多様性や不可侵性に対する共通の分母であるためにはますます抽象的なものになるが、国家市民からなる法共同体を崩壊させないために十分に強い拘束力をもちつづけなければならないと主張するのである（Vgl. EA174f., 一七二）。

したがって、自由で平等な市民の「連帯的結合」という民主主義的な法治国家の理念にしたがうなら、共和主義にとって「自由意思」の原理にもとづき、どのように法共同体の自己組織化がなされるかが最大の問題となる。普遍的人権と主権的な自己決定とのあいだの構成的ディレンマは、すべての者が共同で間主観的に共有された政治的な実践のなかで解決されなければならない。一方において、憲法によって保障された自由の諸制度は、政治的自由に慣れ親しみ、自己決定実践の「われわれ」のパースペクティヴに慣れた「国民」が形成されてはじめて価値をもつことになる。他方において、法的に制度化された国家市民の役割は、自由な政治文化のコンテクストのなかに埋め込まれていなければならない。このことは、共和主義とナショナリズムとのあいだには歴史的に偶然的な関係があるだけで、概念的な関係は存在しないというテーゼと矛盾するように見えるが、それが意味するのは、民主主義的法治国家の普遍主義的原則は、なんらかの政治文化的な背景的コンテクストを必要とするということにほかならない。自由で平等な人民からなる「連帯的結合」は、憲法原理が市民の動機と心的態度と結びつくように社会的実践において具体化し、国家市民からなる「国民」の歴史というコンテクストに位置づけられるときはじめてダイナミックなものとしてつくりだされる。アメリカやスイスの多文化社会は、憲法原則にもとづく政治文化が、共通な民族的、言語的、文化的起源にささえられる必要はないことをしめしている。自由な政治文化によって形成されるのは、「憲法パトリオティズム」という共通分母だけであり、この共通分母のもとに多文化社会における生活形態の多様性や不可侵性に対する感覚がつちかわれるのである（Vgl. FG641ff., 下二八〇—二八二）。たとえば、ハーバーマスは外国人や移民・難民の問題を、彼らに対する「特別な義務」という観点から説明している。自由主義的モデルは、ロールズの「原初状態」という考え方にしたがうなら、「移住の権利」は「無知のヴェール」のもとで誰もがそうした自由の制限という観点からもっとも不利な状態におかれた者のパースペクティヴをとることをつうじて根拠づけられる。しかし、移住の権利を認めたとしても、そのような権利だけでは、移民や帰化の「特権付与」を、つまり彼らの、彼らへの積極的義務を根拠づけることはできない。それに対して、共同体主義的モデルでは、そうした自由主義的な議論を批判し、政治的共同体の社会的境界、つまり国境は機能的な意味をもつだけではなく、国家市民のアイデンティティにとって構成的な、歴史的運命共同体や政治的生活形式への帰属性を規定するのだと論じる。しかし、それゆえにたとえばマイケル・ウォルツァーは、むしろ移民の権利を制約することが、みずからの生活様式の不可侵性を保持するための政治共同体の権利であると主張することになる。ハーバーマスは、移民によっても侵されてはならない政治共同体のアイデンティティを根拠づけているのは、自由主義的モデルに対しては、あくまで政治文化に根ざす法原理であると、他方、共同体主義的モデルに対しては、特殊な民族的あるいは文化的な生活様式ではないと主張し、「協議的 deliberative 政治モデル」をとなえるのである。移住者にもとめられるのは、新たな定住国の政治文化に関与することだけで、祖国の文化的生活様式を放棄する必要はない。むしろ、移住者はみずからもちこんだ新たな生活形式をつうじてその社会の政治文化を多様化し、そこから共通の政治的な「憲法体制」が形成される。自己決定という民主的権利は、たしかにみずからの政治文化を擁護する権利を含んでいるが、特権的な文化的な生活様式を自己主張する権利を含んでいるわけではない。民主的な法治国家の憲法体制のもとでのみ、多様な生活様式が対等な権利をもって共存しうるというのである（Vgl. FG658f., 下二九六）。

ハーバーマスはこうして、市民資格の構成的ディレンマの問題を、人民の形成、差異に敏感な包括、憲法パトリオティズムに訴えることによって解決しうると考える。一方において、共和主義とナショナリズムが結びつくのは社会心理学的な問題であることを系譜学的にしめすことによって共和主義の理念を救済しようとし、他方において、自由で平等な市民の民主主義的な法治国家を形成するために、「連帯的結合」という政治文化的な背景的コンテクストの必要性を強調する。つまり、「国民 Nation」と「市民 Bürger」とを区別し、政治的統合を文化的統合から分離することによって、構成員資格のディレンマは解消しうるというのである。しかし、構成員資格の問題は、むしろ「市民」という概念そのもののうちに、政治的統合の内部に、つまり人権と自己決定との関係のうちにある。ハーバーマスは、人権と自己決定を「同根源的」なものと見なすがゆえに、そのあいだに存在するディレンマを、共和制そのものに内在するディレンマを考慮しない。そこでは特異性は特殊性へと還元され、「代替不可能な個人」は、もっぱら自己立法の構成要因としてのみ問われるのである。

セイラ・ベンハビブは、ウォルツァーが正義論と民主主義理論において構成員資格の重要性を指摘しながら、文化的統合と政治的統合とを混同しているがゆえに、難民や移民の権利を正当にあつかえていないと批判しているが、[278] ハーバーマスに対してもまた同様のことがいえる。たしかにハーバーマスは、ウォルツァーがみずからの生活様式の不可侵性を保持するために移民の権利を制約しようとする点を批判している。しかし、問題をあくまで文化的な生活様式の自己主張の相違としてとらえているがゆえに、政治共同体の構成員でない人々が、政治共同体の包括と排除によって受ける影響を問題にすることができない。ウォルツァーは、市民資格における政治的統合をもっぱら市民のアイデンティティという文化的統合へと還元しようとするのに対して、ハーバーマスは文化的統合と政治的統合とを区別はするが、政治的統合をあくまで「自己決定」の問題として理解しているために、構成員資格における正統性と人権とのあいだの緊張関係を前景化しえないのである。ベンハビブは、構成員資格における正統性と人権とのあいだのこの緊張関係を「民主的反復 democratic iteration」という概念によって理解することによって、まさにリベラルな民主主義体制に内在する問題としてとらえている。一方において、普遍的人権は「文脈を超越した提訴力」もっているが、他方において、人民主権および民主的な主権は自己自身を統治すべく行動する「デモス demos」を構築しなければならない。

「民主的反復」とは、「リベラル民主主義体制の法的・政治的諸制度とその公共的領域をつうじて、普遍主義的な権利要求が議論され、文脈化され、提訴され、取り消される、公的議論、協議 deliberation、学習の複雑な過程[279]」にほかならない。「構成員資格の政治」は、まさにこうしたプロセスをつうじて、デモスの自己定義と構成にかかわり、デモスはそこで、普遍主義的な地位と民主的な囲い込みとのパラドクスに直面する。「民主的反復」によって、デモスの構成員でない人々が、デモスの包括と排除によって影響を受けつづけるというパラドクスはけっして解消されないとしても、「その効果は、自己自身の排除の実践を批判的に検証し変更する人民 people によってなされる民主的反復の再帰的な行為をつうじて緩和されうる」と説明するのである[280]。

ベンハビブの「民主的反復」の概念は、デリダの「反復可能性 itérabilité」の概念を、ハーバーマスが「循環的」と特徴づけた近代の民主的な政治体制の「正統性」の概念と結びつけて、政治哲学に導入したものにほかならない。デリダが、「条件つきの歓待」と「純粋な無条件の歓待」とを区別し、「条件つきの歓待」、「招待」の歓待は、他者がわれわれのルール、生活様式、言語、文化、政治システムなどにしたがうという条件においてのみ提供されるのに対して、むしろ「純粋な無条件な歓待」を強調し、それは期待も招待もされていない絶対的な他者としての「訪問者」、同定も予見も不可能な「到来者」に対しても開かれていなければならないと説明する。それに対して、ベンハビブは、「無条件の歓待」を「倫理的なものの秩序」に属し、「条件つきの歓待」を「政治的なものの秩序」の属するものとして理解し、むしろ「法-政治的なものの条件つきの秩序とその秩序がこうむってきた変形 transformation」こそを問題にすべきだと主張するのである[281]。ただしベンハビブもまた、「倫理的なもの」を無視しているわけでも、その力を政治的なもののうちに覆い隠しているわけでもないことを、境界づけられた共同体の「構成員資格」から帰結する道徳的義務や責務と、人間として無条件に採用されなければならない道徳的パースペクティヴとのあいだには、必然的で避けがたい緊張関係があることを認める。しかし、すべての人間を道徳的行為者として、政治的構成員資格の領域に受け入れることはできないし、その必要もない。したがって、むしろそれゆえに倫理的アプローチは、主権的な政治体制の内部における包括と排除の実践に意味的限界をもうけるべきだと主張するのである。[282]ベンハビブはそこで、無条件なものと条件つきのものの秩序は、倫理的なものは「異質な heterogeneous」ものとして主権的な政治体制を活気づけることができ、活気づけるべきなのであって、もとめているのは、倫理的なものと道徳的なもの、道徳的なものと政治的なもののあいだの「媒介 mediation」なのだと説明する。「民主的反復」という概念は、諸権利が「異質なもの」のそれまで知りえなかった経験をつうじて、政治的実践のなかで新たな世界を開き、新たな意味を創造することを意味する。たとえばフランスのスカーフ事件で、ヘッドスカーフを着用した移民の少女たちは、フランス革命のシンボルであるフリギア帽をかぶってバリケードを突き進むドラクロアが描いたマリアンヌを「再意味化する resignify」とき、「フランス市民のアイデンティティを再占有し、〈新たな世界〉を、ほとんどフランス市民の範例と考えられてこなかったマグレブとアフリカからの移民の女性の世界を内包するものとして変形している」のである。[283]ベンハビブは、ヘーゲルによる「抽象的普遍」と「具体的普遍」の区別を参照している。「抽象的普遍」の弁証法のみを強調するなら、「構成的他者の契機」を内包する普遍性の形式を過小評価することになり、普遍性はもっぱら「包含」としてしか理解されない。他方、普遍性なしには特殊性は存在しないし、「包含」は一般に「概念」というものがそうであるように偏在しているという点から、「具体的普遍」について考えることができる。たとえば、〈木 tree〉という概念が、カエデやブナやナラ等々を抽象化し、一般的なカテゴリーへ「包含」することによって構成されるように、「具体的に普遍的なもの」の諸概念は、特殊なものを「包含」するというだけではなく、特殊なものは普遍的なものの弁証法にとらえられていて、普遍的なものの内部における「矛盾 contradiction」の表明であることをしめしている。「具体的普遍」は、特殊なものが普遍的なもののなかに編成され、また普遍的なものが再構成される動的なプロセスを表現しているのである。たしかに、いかなる市民権資格の秩序も、いかなる構成員資格の秩序も、類型化と排除をたえず生みだすことになるのだが、重要なのは、「構成員資格の体系の内部におけるあらゆる制度と規範的、文化的資源を動員し、排除の論理を徐々に掘り崩し、リベラルな普遍主義の自己－矛盾をあらわにすること」なのである。(284) 法と行政にもとづく公的な公共的領域と、市民活動と社会運動の非公式的な公共的領域のあいだの相互作用こそが、「民主的反復」と「法生成的政治」を特徴づけているのである。(285)

したがって、ハーバーマスは民主主義体制を、討議理論的に「合意」、民主主義的「手続き」、「連帯」といった概念に訴えることによって構想するのだが、これらの概念を市民資格のアポリアのもとに問う必要がある。つまり、「合意」はいずれにせよなんらかの権力関係と排除を含んでいることを、民主主義的な「手続き」では、論議における公正さの確保ではなく、最初から無視され排除されている者の権利に対してどのように対処すべきかを、「連帯」においては、和解によって抑圧や暴力の不在を演出するのではなく、抑圧や暴力に対して異議をとなえ制限することを可能にする諸制度をどのように構築するかを、問わなければならない。

シャンタル・ムフはハーバーマスの議論の問題点を、一方で公的な論議において合意を形成しようとするとき理想的な発話状況を想定し、他方で理想的な討議の実現への障害を「経験的」なものとして考慮するという理論構成にあると説明している。[286] ハーバーマスは、「われわれ」が「普遍的で合理的な自己」と完全に一致しうる理想状態を想定し、その状態に到達しえないのは、あくまで社会生活の実践的、経験的限界から、すべての特殊な利害関心をわきにおくことができないからだと理解している、というのである。ムフは、むしろ包括－排除の関係は人民の政治的な構成に必然的に内在するものであり、「理想的な発話状況への障害、つまりそれによってもたらされるであろう排除なしの合意への障害は、民主主義の論理それ自身のうちに書き込まれている」と説明する。[287] ハーバーマスの理想的な発話状態が、ムフが指摘するように、ほんとうに「普遍的で合理的な自己」との完全な一致を要請するものであるかどうかは疑わしいが、ましてハーバーマスがすべての特殊な利害関心を捨象した理想的な社会を構想していると理解しているとすれば誤解だが、しかし、民主主義における「合意」の「障害」は構造的なものであるという指摘は正しい。ハーバーマスは、自由で強制のないコミュニケーションにもとづく民主主義的な「合意」を「統制的理念」として理解し、「合意」の「障害」はあくまで経験的なものであると主張するのに対して、ムフは、正義と調和が具体的に実現されるような民主主義は「概念的」に不可能であることを強調し、「合意」の「障害」は民主主義に内在する構造的なものであることを主張する。[288] 民主主義の論理は、民主主義の諸権利の行使そのものの条件として、つねに政治的共同体に帰属する人々とその外部の人々の区別、あるいは政治的共同体そのものに内在する地位の区別をともなっている。実際に、人民主権の具体的な担い手は、歴史的に特定の状況のもとで人権がどのように定義され解釈されるかによって区別されてきた。現在でも選挙権のあたえられる年齢や、生活保護といった社会権があたえられる条件など考えてみれば、そうした区別は存在するし、これからも依然として存在しつづけるであろう。市民権をもっているはずの「われわれ」にとっても、「われわれ」は普遍的な市民と一致するわけではなく、したがって、すべての特殊な利害関心をわきにおいたとしても、普遍的な市民ではありえないことは、実践的、経験的限界ではなく、民主主義の論理そのものに内在するのである。したがって、まさしく民主主義の行使の可能性の条件が、同時に「合意」にもとづく民主主義的正統性の不可能性の条件を構成している。リベラルな個人は、民主主義原理の共同体主義的な潜在力とリベラルな基本権のアンチ共同体主義的な潜在力とのあいだの緊張関係をみずからのうちに内在させている。それはまた、民主主義社会における「合意」は、「暫定的なヘゲモニーの一時的な結果」であり、「権力関係の具体的な現われ」であることをも意味する。「合意が正統的なものと正統的でないものとのあいだで確立する境界は、政治的なものであり、それゆえにつねに争われるべきものにほかならない」[289]。したがって、まさに協議民主主義において問題になるのは、異質性、不合意、争いであり、それは近代社会にとって構造的に不可避の問題なのである。リベラルで民主主義的な諸個人は、一方において民主的連帯と社会的責任を負うと同時に、他方において異質性、不合意、争いの暴力に曝されているのである。

それゆえに民主的な行動様式は、ハーバーマスの主張するようにある程度「手続き的」に規定されざるをえないとしても、「合意」が権力関係の具体的な現われであるとすれば、「手続き」もまた同様に権力関係を内包している。民主主義的な共同体という概念が逆説的なのは、その連帯性が「実体的」にではなく「形式的」に、「手続き的」に規定されるというだけでなく、その「手続き」が個人的基本権や自由権を保障する場合であっても、具体的にはそのつど歴史的に特定のやり方で制度化されているからである。ハーバーマスは、民主的討議の外部には、批判をまぬがれた決定をなしうるようないかなる審級、哲学者も憲法裁判所も存在しないと、また何が基本権であるかは、民主的討議を媒介にしてのみ保障され持続的なものになりうると主張する。したがってハーバーマスもまた、基本権のいかなる解釈も、いかなる制度化も、歴史的状況のインデックスを、過去の争いの痕跡とある特定の解釈を内包していることを認めている。とすれば、いかなる形式民主主義的「手続き」も、不合意や争いとのコミュニケーション的あるいは討議的なかかわりあいをもち、したがって、そのつど特定のコンテクスト的な前提のもとに、具体的なコンテクスト的要求のもとにあるはずである。つまり、ハーバーマスは民主主義的「手続き」を、討議の「先行仮定」の「循環的構造」のなかに位置づけようとするのだが、「手続き的」とは、むしろ争いと不合意とのかかわりあいの様相をしているのであり、この様相のもとで民主的討議の規範的条件を検討することが必要なのである。

したがって、近代社会の「連帯」が必然的に「手続き的」な性格をになわざるをえないことは、それがもはや「和解した全体」という理念とは両立しえないことを意味する。「和解した全体」という理念は、ヴェルマーの主張するように、むしろ「全体主義的 totalitär」な傾向をもつことになる。[290] このことは、相互的な承認にもとづく共同体のあらゆる近代的形式に認められるものなのである。統合への欲求は、さまざまな「決断」のプロセスとコミュニケーション的プロセスへの民主的参加をつうじてのみかろうじて満たされうるのであり、それはハーバーマスが主張する自律的な公共性と政治制度とのあいだの相互作用にも妥当する。したがって、民主主義的な共同体は、たがいに競合しあう善の理念の多様性が平等主義的に共存する場なのであり、それは善の不和、否定性、争いに満ちた多元性を必然的に内包している。ヴェルマーはつぎのように述べている。「民主主義の有限性を主張することは、民主主義を無価値なものにすることを意味するわけではない。むしろそれは、民主主義に正しいやり方で敬意をはらうことである(291)」。民主主義は、相互関係と権力関係を無視しえないものとして、理論を構築しなければならない。合意は、他者の他者性と他者との権力関係を和解と調和のうちに解消するのではなく、つねに権力関係の再構成を必然的にともないつつ形成されるものであることを顧慮する必要がある。ひとたび差異を解消し、他者に対して責任をとりさえすれば、あたかも暴力と排除は消えてなくなるかのように考えることはできない。暴力と排除は、いかなる対話や契約によってもけっして消え去ることはなく、構造的にまた新たにつくりだされるがゆえに、つねに問いなおされなければならないのである。

2　政治的自由のアポリア

構成員資格の構成的ディレンマに関するこうした議論の背景には、政治的自由の問題がある。ハーバーマスは人権を、「コミュニケーション的自由」への基本的権利として理解しているが、「コミュニケーション的自由」は、「言語能力と行為能力をもつ sprach- und handlungsfähig 主体にそなわった性向 Disposition」としての「合理性」にもとづいて構成される（TkH44, 上四七）[292]。人権はそこで、「コミュニケーション的自由」をつうじて民主主義の問題としてとらえられるのだが、そこにもまた自由の政治的な意味をめぐるディレンマが存在する。

ハーバーマスは、自由の権利の制度化にこそ政治的自由があるという観点、「制度自由 Institution Freiheit」という観点から、「コミュニケーション的自由」を古典的な「主観的自由」から区別し、そこに人権の概念を構築する可能性を見いだそうとする。ハーバーマスによるなら、「コミュニケーション的自由」とは、了解志向的なコミュニケーション的行為のもとに開かれる相互行為の可能性として理解することができる。「コミュニケーション的自由は、行為遂行的な態度においてたがいになにごとかについて了解しあおうとし、相互的に掲げられた妥当要求に対する態度表明をたがいに期待する行為者たちのあいだでのみに成立する」（FG152, 上一四九）。コミュニケーション的自由は間主観的な言語行為に依存するがゆえに、発語内的な義務と結びついている。そこでは、コミュニケーション的に行為する主体にとって、相互に掲げられた妥当要求の間主観的な承認にもとづく決定のみが重要であるがゆえに、共通に受け入れられうる根拠だけが合理的な動機づけの力をもつのである。この合理的に動機づけられた同一の根拠にのみもとづき、他のいかなる強制にも拘束されない、という意味で、コミュニケーション的自由は自律的で自由な相互行為の可能性として理解される。それに対して、「主観的自由」のもとに行為する行為者は、自分に決定的な影響をあたえた根拠が他の者たちにも受け入れられうるかどうか、を考慮しない。それゆえに、主観的自由の権利によって保障された私的自律は、間主観的な発語内的義務の公共的空間から、公共的に受け入れられる必要のない主観的な行為領域へと後退する「消極的自由」として理解される。「主観的な行為自由は、コミュニケーション的行為から離脱 Ausstieg し、発語内的な義務を拒絶する権限をあたえる」（FG153, 上一四九）。つまり、主観的な行為自由は、コミュニケーション的自由の負担から解放された「私事性〔欠如性 Privatheit〕」の領域を保証するのである。

カントの場合には、権利は主観的な行為自由へと位置づけられ、コミュニケーション的自由の要求に対しては、主観的自由一般への権利と平等な主観的自由への権利を一致させる「普遍的法則」をもってこたえることで、法コードが構成される。カントの法原理では、各個人の自由と万人の平等な自由とを一致させる「普遍的法則」が、正統性の負担をになうのである。つまり、その背後にはいつもすでにカントの定言命法があり、主観的行為自由の分配はこの理性の普遍化テストによって吟味されている、という理由で正統化される。したがって、カントの場合には、法は道徳に従属する。しかし、ハーバーマスによるならこの従属は、法という媒体それ自身のもとで実現されるべき「自律」の観念と矛盾する。「というのも、市民による自己立法という理念は、名宛人として法に従属している者が、同時に法の作成者として理解されうることを要求するからである」（FG153, 上一五〇）。つまり、法が道徳に従属するものであるとすると、平等な主観的行為自由への権利は道徳的に根拠づけられうるだけであり、したがって、道徳的に根拠づけられた権利がただ政治的立法者によって実定化されうるにすぎないということになる。われわれは道徳的に判断する人格としてすでに「根源的な人権」の妥当性について確信しているとしても、しかし道徳的立法者としては、われわれは自分が名宛人であると同時に作成者としてそうした権利をあたえられた権利主体であると理解することはできない。コミュニケーション的自由にもとづく政治的に自律的な法制定をつうじてのみ、法の名宛人もまた権利主体としてみずからを認識することができるのである。

しかしハーバーマスは、権利主体はコミュニケーション的自由にもとづく政治的自律をつうじて構成されると主張しつつ、他方で、コミュニケーション的行為から「離脱」する主観的自由への権利をもひとつの権利として認めている。とすれば、コミュニケーション的自由と主観的自由とはどのような関係にあるといえるだろうか、また自由権とはどのようなものとして理解すればよいだろうか。クラウス・ギュンターは、ハーバーマスの討議理論と自由権をめぐる議論について、コミュニケーション的自由の義務から「離脱」する権利とは、あくまでも私的領域へと退場する権利以上のことを意味するわけではないことを強調しつつ、同時に、主観的自由もまたコミュニケーション的自由を前提にしていると、そのことによってはじめて主観的自由は権利としての意味をにないうるものであると説明している。(293)

ギュンターによるなら、主観的自由への権利はコミュニケーションからの離脱の権利として、およそ離脱しなければならない状況など考えられないとしても、あるいは離脱することが道徳的根拠から許されないような場合でも、あくまで無条件なものとしてあたえられなければならない。もしコミュニケーションからの離脱の権利が、公的自律をつうじて根拠づけられなければならないとすれば、離脱の権利はたんに条件づけられた許可としての機能をあたえられるのみで、個人の自由への権利は、公的自律に対して従属的価値しかもたないことになる。とすると個人の自由への権利は、政治的自律に役立つというかぎりにおいて使用されるということになる。したがって、コミュニケーションからの離脱の権利は、たとえいかなる状況があろうとも、離脱そのものを意味するものとして認められなければならないのである。[294]他方、ギュンターはまた、そもそも主観的自由の自由主義的な権利は、事実上の社会的諸前提と結びついているのであって、前社会的な、個人主義的なアトミズムという意味で理解するのは誤りであると指摘する。「主観的自由の（自由主義的な）権利は、社会化の事実的諸関係を規範的に抽象化したものである。もちろん、自由主義的《リベラリズム》イデオロギーはこの権利をあいかわらず、社会存在論的に前社会的、個人主義的アトミズムという意味において説明するのだが、このアトミズムによって主観的自由とその社会的諸前提との事実上の依存関係（とりわけ主観的自由を社会のなかで実際にも行使する個人の機会の不平等）が曖昧なものにされるのである」[295]。自由主義的な「所有的‐個人主義的」な解釈にもとづく私的自律を普遍化することは、逆に私的自由の機能を曖昧なものにしてしまう。個人的な自由への権利は、たんに所有的、個人主義的な自由によって汲み尽くせない意味をもっている。ギュンターは、ヴェルマーによる「消極的自由」の議論を引用しつつ、「完全に合理的ではないということはひとつの権利である」と説明している。ヴェルマーによるなら、「消極的自由」はある意味で、「利己主義的に、狂ったように、エキセントリックに、無責任に、挑発的に、強迫観念的に、自己抑圧的に、偏執狂的に」振る舞う権利をも内包している。[296]つまり、ある特定のパースペクティヴから見るなら、狂っていて、エキセントリックで、常軌を逸しているように見えるものが、他のパースペクティヴからするなら「理性的」で正当でありうる可能性をつねに前提としているのである。「消極的自由」は、近代社会において、まさにそれが諸個人に完全に合理的ではないという権利をあたえる条件をどれだけしめすことができるかという程度に応じて、同時に「共同的kommunal」自由の前提となりうる。というのも、「共同的合理性」の手続きへの参加権は、参加することができるがしなくてもよい個人的自由の権利としてのみ有意味であり、そのときにのみ共同的自由が個人の自由の表明となりうるからである。個人的自由は、参加への権利がコミュニケーションからの離脱への権利をも内包しているというかたちで承認されなければならない。

しかしギュンターは、コミュニケーション的行為の義務から離脱する権利がコミュニケーション的行為の最終的な放棄を意味するわけではないことを強調する。完全に合理的ではないということはひとつの権利であると認めつつ、しかしこの権利はコミュニケーション的自由と合理性にとってあくまで「道具的 instrumentell 機能」をもつにすぎず、コミュニケーション的合理性そのものに内在する価値をもつわけではない。ここで問題となっているのは、「コミュニケーションに義務づけられない権利、望まないときには公的に立場を表明しなくともよい権利」であり、コミュニケーション的自由の義務から離脱する権利は、「市民が政治的プロセスへの参加を拒否しプライベートな領域へと退却する権利をもつ」ということ以上のことを意味しない。(297) 国家市民は、「発言 voice」と「誠実さ loyalty」のほかに「退場 exit」という選択肢をもっている。しかし、それゆえに平等な国家市民の地位を失うことは許されない。個体化は「社会化」をつうじてのみ可能なのであり、コミュニケーションからの完全な退場は、必然的にカスパール・ハウザー・シンドロームに陥らざるをえない。〈いいえ〉と発言する個人の自由が認められるためには、〈はい〉〈いいえ〉の態度表明を選択しうる発語内的空間が開かれていなければならない。〈いいえ〉と発言することは、発言者によって掲げられた妥当要求を、説得力のある根拠があれば承認する可能性もあるという選択肢を視野にいれつつ拒絶するということを意味する場合にのみ、個人の自由を前提としているのである。そうした発語内的空間が開かれるためには、一方で発言者は、みずからの言明が場合によっては〈いいえ〉という態度表明によって拒絶されうることを考慮に入れつつみずからの妥当要求を根拠づけ、合理的に動機づけられた妥当要求の承認から生じる義務を引き受ける用意があることを、他方で〈いいえ〉と発言する者もまた、根拠をもって可能な疑念に対して弁明がなされるなら、その言明を受け入れる用意があることを保証しなければならない。発語内的義務の承認がなければ、〈いいえ〉と発言するコミュニケーション的自由はありえないし、コミュニケーション的自由がなければ、妥当要求の根拠づけられた承認や拒絶もありえない。ただしギュンターによるなら、個人の自由への権利とコミュニケーション的自由にとって構成的な発語内的義務との関係は、あくまで「非シンメトリー」なものにとどまる。個人の自由は、「機能的」にはコミュニケーション的行為の前提となっている。というのも、「個人の自発性とファンタジーがなければ、理想的な討議も無内容なものになってしまう」[298]からである。慣習的に受け入れられてきた規範を疑問に付し、新たな生活実践をつうじて変革しようとするエネルギーがなければ、社会生活は硬直してしまう。しかし、ヴェルマーが指摘するように、個人の自由のエキセントリックな態度が、変革をもたらすものであるか破壊的なものであるかは、しばしば最初はまったくわからないという意味で、個人の自由は、「機能的」にはコミュニケーション的行為の前提になっているとしても、コミュニケーション的行為そのものを構成するものではない。つまり個人の自由は、妥当要求をめぐる論議の必要条件であって十分条件ではありえない。(299) したがって、発言者はみずからの表明を、必要な場合には疑いをかけている聞き手に対して根拠づけるという義務は、コミュニケーション的行為にとって構成的な意味をもつのである。この義務はまた、自由への権利はけっして根拠の申し立てなしにコミュニケーションを拒絶するというかたちで行使することは許されない、という意味で主観的自由の権利にとっても構成的なのである。したがって、一方において、個人の自由への権利は発語内的空間そのものを構成するものではなく、あくまで「機能的」な意味しかもつことはなく、他方において、発語内的義務は個人の自由にとって、〈いいえ〉と発言するコミュニケーション的自由にとって構成的な意味をもつことから、両者は「非シンメトリー」な関係にある。

主観的自由は、「機能的」な根拠から必然的であるというだけでは法的に保護されえない。いかなる個々人も、〈いいえ〉と言うか何も言わない権利、コミュニケーションへの参加を拒絶する権利を無視することはできないとしても、しかし政治活動への普遍的な権利で補強されないなら、むしろ主観的自由への権利は、民主主義に対して「派生的で弱い地位」しかもちえない。そのときには、公的自律と私的自律の同根源性は、もはや維持されなくなり、前者が後者に優先することになる。「個人権 Individualrechte」はコミュニケーション的合理性からは概念的に演繹されないとしても、しかしそれによってまた、主観的自由権が討議原理と結びつきうることが、しかも「討議への参加者が、私的自律をになう権利主体として、つまり主観的参加権を行使しうるが行使しなければならないわけではない権利主体として現われること」、また「権利主体が討議をつうじて個人的な自由権の作成者となりうること」が、排除されることはない。(300) むしろ、平等な主観的自由への権利は、とりわけ複雑な社会ではある程度不確定であり、主観的自由権はたゆまぬ政治的な営為によってのみ具体化されうるのである。つまり、われわれは人間の尊厳、人格の自由・生命・身体の不可侵性、移転の自由、職業選択の自由、財産の保障、住居の不可侵といった基本権を、普遍的自由権を平等な主観的自由の権利という意味において解釈し具体化することによって獲得してきたのである。

しかし、たしかにコミュニケーション的自由にもとづく法制定をつうじてのみ、政治的に自律的な権利主体もまた構成されうるというハーバーマスの主張、また主観的権利を構成する主観的自由は間主観的な言語行為におけるコミュニケーション的自由を前提にしているというギュンターの説明は正しいとしても、はたして自由への権利は、コミュニケーション的自由という枠組みのなかでのみ構成されうるものなのだろうか。

そもそもヴェルマーが「消極的自由」において問題にしているのは、コミュニケーション的行為からの「離脱」という消極的な権利だけではない。ギュンターは「消極的自由」に「機能的」な意味しか認めていないが、ヴェルマーの論じる「消極的自由」はけっしてギュンターの説明するような「私事性」へは還元されない。ヴェルマーは、近代社会において合理的でないことはひとつの権利として認められなければならないと主張するとき、つぎのように説明する。「消極的自由の領域に関して他の人間がになっている道徳的義務、すなわち消極的自由のわたしの領域を尊重するという道徳的義務という表現によってしか説明しえないような道徳的権利が存在しなければならない（これに対応する権利を合理的ではないやり方で行使する場合ですら）」[301]。つまり、法形式には「消極的自由」という概念が内包されていなければならないというヴェルマーの主張には、法形式は根拠づけ不可能であるがゆえに発語内的義務の公的空間から自由に行為する可能性が含まれていなければならないことと、そうした「消極的自由」の「わたしの領域」を尊重しなければならないことの二重の意味が含まれている。

ハーバーマスは、コミュニケーション的あるいは討議的合理性と「共同的 kommunal 自由」という理念のあいだに内的な関係があることをしめそうとするのに対して、ヴェルマーは、近代世界においては理性と自由は一致しないことを主張する。(302)「共同的自由」は、社会の制度や実践、市民の自己理解や利害関心、慣習をつうじて、共通の目的となった自由である。「共同的自由」は、いったん伝統的な社会の倫理的な社会的統一が崩壊したあと、合理的な論議のもとにその「手続き的合理性」をつうじて、自由で平等な個人のあいだの倫理的な統合を回復するのである。こうして「手続き的合理性」は、「共同的自由」にもとづく脱慣習的連帯を規範的に保証するための中心的な役割をになうことになる。消極的自由はそのとき、われわれがそれぞれ自分自身の自由だけではなく、すべての者に共通の集団的自己決定を欲するべく、その性格を変える。しかし消極的自由は、集団的自己決定の制度と実践をつうじて「共同的自由」へと変換されるとしても、「手続き的合理性」の構想には包摂されない。というのも、消極的自由の原理は、合理性のメタ原理の一部とはなりえないからである。ヴェルマーによるなら、近代社会において合理的ではないことはひとつの権利として認められなければならない。それが理性と自由は近代においては一致しないということの意味にほかならない。「合理性の手続き的概念は、理性的自由とは何かを言うことができるが、理性的な自由とは何かを言うことはできない(303)」。「手続き的合理性」の概念は、連帯の脱慣習的理念を根拠づけるのに十分ではない。

「手続き的合理性」は、共同的自由のあらゆる近代的形式のもっとも重要なひとつの構造的条件を定義するのだが、それはひとつの条件を定義するだけで、いまだ共同的自由の十分な条件を構成するものではない。したがって、そうした意味で「手続き的合理性」という立場から、人権の普遍主義的原理を演繹することもできない。消極的自由が合理性原理の一部ではありえないとすれば、人権という原理は直接的に合理性原理のうちに内包されえない。つまり、道徳的権利なるものが合理性のメタ原理のうちに内包されていると考えることはできないのである。[304]

他方、近代社会において共同的自由は、それが「〈特殊性の権利〉の（普遍主義的）承認」にもとづかなければならないという点で「自己反省的」な性格をもっている。ヴェルマーは、つぎのように言う。「脱慣習的に理解された連帯は、われわれは消極的自由の空間を、すなわち、われわれがみずからの生を決定し、みずからの決定に対して責任を負うことができることを前提とするような、〈いいえ〉と言うと同時に、そのように振る舞うという自由を内包するような、消極的自由の空間を、すべての他の者たちに対して欲す̇る̇ことを要請する。そうした自由を基盤にしてのみ、相互承認のシンメトリーな形式、自由な意見の一致、平等な者たちのあいだでの合理的な合意が考えうるのである」[305]。消極的自由は、近代社会における非統合と紛争の原因であり、連帯の潜在的脅威でもあると同時に、「〈特殊性の権利〉の承認」という意味で共同的自由の前提をなすものでもある。つまり、ヴェルマーによるなら人権という原理は、「実質的な道徳原理」であり、その正当化は合理性原理の正当化からは区別されなければならない。つまり、それは民主主義的合意の正統的な内容であろうものを制限する条件をあたえるのである。ヴェルマーは、ハーバーマスが「〈可能にする〉条件」は〈制限する〉条件ではありえない」と述べているのに対して、「この（可能にする）条件を傷つけるであろう民主主義的討議は、もはや純粋な民主主義的討議ではないであろう、そのかぎりでおそらくは〈立法者の主権〉はそれを可能にする条件によって制限されることもある」[306]と反論している。人権という原理は、合理的な民主主義的合意のもとに正当化されうるような特殊な規範のひとつではない。人権の原理はこの意味において、民主主義的合意の「道徳的正統性」の条件をあたえるのである。ヴェルマーが消極的自由で主張しているのは、ありうるかもしれない「合理的な共同性」においてその人間の人格を肯定することである。ヴェルマーによるなら、近代のプロジェクトとは、消極的自由と共同的自由のあいだの「和解のプロジェクト」なのであり、それゆえにいつか完成しうるようなプロジェクトではない。このプロジェクトを完成させようとすることは、「人権の破壊か自己抹消の可能性」へとつながり、そもそもそうした可能性は考えることができないのである[307]。

ハーバーマスは、「自由 Freiheit」はそれが保持されるためには制限されなければならない、というパラドクスのうちに、その事実性と妥当性の緊張関係を認める。ハンナ・アーレントは『革命について』（一九六三年）のなかで、みずからを形成する人間の精神的活動を意味する「自由 freedom」について、何ものかからの解放を意味する「自由 liberty」から区別し論じているが[308]、ハーバーマスの議論はそうしたアーレントの議論にしたがっている。アーレントは、フランス革命に対するアメリカ独立革命の意義を、暴政からの「解放」を意味する「自由《リバティ》」に対して、革命の第二の段階の「自由《フリーダム》の創設 the foundation of freedom」に認める。アメリカ独立革命の理念は、市民的「自由《リバティ》」の保護ではなく、まったく新しい権力システムの構築に、そこでの問題は権力をどのように制限するかではなく、どのように確立するか、政府をどのように制限するかではなく、どのように新しい政府を樹立するかにあった。したがって、「政治的自由political freedom」は、「解放」としての「自由《リバティ》」ではなく、「自由の創設《フリーダム》」にこそ、つまり政治体制の組織化にこそある。ハーバーマスの「制度自由Institution Freiheit」という概念もまた、アーレントのこの「自由の構成Constitutio Libertatis」という概念のもとに構想されたものと考えられる。コミュニケーション的自由は、ある者に対する他の者による恣意的な強制が、自由な論議からなる公的な合意にもとづく正統的な強制によって克服されるところに形成される。すべての人間が公的な強制のもとに連帯しあうという自由の権利の制度化は、ハーバーマスによるなら、民主的手続きの枠組みのなかでのみ可能なのである。ベンハビブもまた『他者の権利』のなかで、アーレントの「諸権利をもつ権利」を、「意見opinion」と「行為action」にもとづく「コミュニケーション的自由」に結びつけて解釈し考察することによって、人権をまさに「コミュニケーション的自由」への基本的権利として理解している。ただしベンハビブはまた、「コミュニケーション的自由」を「諸権利をもつ権利」に内在する権利のアポリアとの関係において解釈することによって、「政治的自由」に内在するアポリアにも言及している。ベンハビブの「民主的反復」は、みずから認めるように、いかに正統性の内部から正統性を批判的に再構築するかという議論にほかならない。しかし、たしかにデモスを市民へと再統合することは、司法上の権利の獲得という視点からは必要であるかもしれないが、再統合はつねにその外部の排除という原理を含んでいる。したがって、ベンハビブも指摘するように、デモスはそのつど正統性の外部に存在しつづけるのである。人間の権利は、市民の権利にとって過剰なものでありつづける。人間の権利を市民の権利として実現しようとすることは、同時に、権利の名宛人がその起草者であるような世界市民社会が達成されないかぎり、つねに権利をもたない者の排除をともなうことになる。そもそもデリダの「反復可能性 iterability」は、主体中心的な発展とはまったく異なる理論と実践が意図されている。〈無条件なもの〉、普遍性に還元されない〈残余〉は、われわれの未来についてなんの約束もしてくれないかもしれないが、諸権利を可視化し、それによってあらゆる条件つきの秩序を再構築するのである。デリダにしたがうなら、歓待の無条件な秩序によって方向づけられた民主的なコスモポリティクスこそが、いまだ未来が保証されていないというアポリアによって開かれたデモスとその諸権利こそが問われなければならない。

したがって「政治的自由」をそのアポリアにおいて問う必要がある。アーレントは「自由《フリーダム》の創設」に認められる「政治的自由」を強調するが、同時に、つねに「自由《フリーダム》の構想」の外部にある者の「自由《リバティ》」への訴えをもまた「政治的自由」として理解することが必要なのである。ジャック・ランシエールは、「自由 liberté」とはそれ自身はむしろ空虚なものであり、共同体の当事者たちの「被害＝間違い《トール》 tort」をつうじて「表明 manifestation」されるものであることを強調している[309]。ランシエールの場合、「自由」とは、富や徳にかかわるいかなる資格ももちえない者たちが、にもかかわらず資格をもつ者たちと同じであると訴えるその訴えにこそある。したがって、自由はそれが「表明」されるためには、その侵害、「被害＝間違い《トール》」が知覚されなければならない、というパラドクスのうちにこそ、自由の事実性と妥当性の緊張関係がある。ランシエールは「政治的自由」を、「分け前 part」とその当事者とがあたえられている布置を、「分け前をもたない者 des sans-parts」を顕在化させることによって切断し再配置するところに認めるのである。アーレントもまた、「卓越の光り輝く公的領域の光」から排除されてしまうこと、「無名状態 obscurity」の「暗黒 darkness」こそが「自由《フリーダム》」にとって最大の問題であるとし、[310]「政治」の領域においてこそ、われわれの「存在 being」と「現われ appearance」はひとつのもの、同一のものとなると論じている。[311] アーレントはそこで、フランス革命が「人民 people」をすべての人間にパンをという合言葉によって「必要＝貧困 necessity」の単一の声へと、むき出しの欲求と怒りの声へと統合してしまうのに対して、「人民」の「その尊厳がまさにその多数性 plurality にあるような多数者 multitude の無限の多様性 variety」をこそ、「対等者 equals のあいだの意見の交換」によって構成される「共和制における公共的領域」[312] をこそ保証すべきだと主張するのである。しかし、たしかにアーレントの主張するように、フランス革命が恐怖政治へと陥る要因が「人民」を「解放」しようとしつつ、その「多数性」を保証しえなかったことにあるとしても、「多数者」の保証は「多数者」への参加の問題を、さらに「多数者」への参加、「公的関係への参加」はつねに「多数者」の「解放」の問題を含んでもいる。アーレントは、アメリカ独立革命を評価しつつその社会にはなおも奴隷制度の問題があることを認めながら、奴隷制度が社会問題の一部でなかったことはアメリカ人だけの問題ではなくヨーロッパ人にとってもそうであったことを強調することによって、[313] またアメリカの公民権運動を政府からの「解放」としてのみ理解することによって、そこに「多数者」の参加の問題があることを認めようとしていない。しかし、「公的関係への参加」の問題は、「多数者」の「解放」を無視して考えることはできない。たしかに、アーレントの主張するように、「自由《リバティ》」は「自由《フリーダム》の構成」なしには、終りのない暴力の反乱へと陥らざるをえない。しかしまた、「自由《フリーダム》の構成」は「自由《リバティ》」の問いかけに応答することがなければ、どこまでも抑圧的な政治権力にとどまらざるをえない。「自由《リバティ》」と「自由《フリーダム》」は、それぞれ還元しえない政治的原理として、同時にまた相互に条件づけあってもいる。「政治的自由」は、「解放」と「創設」の二重の要請のもとに理解されることが必要なのである。

ハーバーマスの議論には、民主主義なしには国家市民、さらに世界市民がみずからの要求や期待を法形式をつうじて権利として表現することができないであろうことを、民主的な合意という枠組みにおいてのみ権利は適切に表現されうることを強調するあまり、まさにヴェルマーやランシエールが主張するような「政治的自由」の観念が、さまざまな利害関心を対話において調整する合理性の前提となる自由の観念ではなく、ある者の訴えが対話の相手の訴えとして承認されるときの自由の観念が欠けている。ハーバーマスのコミュニケーション的自由は、あくまで社会的な統合を可能にする正統性との関係のなかで主張されるのである。

3　リベラル民主主義のアポリア

ジョン・ロールズは『万民の法』で、世界のすべての人間を対象とする「世界市民的正義《コスモポリタン》」ないし「グローバルな正義」を批判し、「諸人民 peoples」の「多元性の事実」を前提とした「諸人民の法 the law of peoples」を提案しているが、その議論はカントの「平和連邦 foedus pacificum」の理論にかなり忠実にしたがっている。[314] ロールズは、国際的正義をめぐる政治的概念の根拠づけを、第一段階の理想論のなかで二段階の「原初状態」にもとづいて展開するのだが、「原初状態」においては、第一に、リベラルな体制のもとで生活する諸人民の代表者が、第二に、「良識ある decent」、しかし非リベラルな体制で生活する諸人民の代表者が、「無知のヴェール」のもとで諸人民の平和な共存を保証しうる、正義の政治的諸原理を構想するのである。ロールズの戦略は、リベラルで民主主義的な社会のための正義の政治的構想を「秩序ある諸社会」からなる社会のための正義の政治的構想へと拡張することにあるのだが、それは『正義論』と『政治的リベラリズム』のなかで展開されたリベラルな社会の政治的正義の概念を、まずリベラルな諸社会へと、さらに「秩序ある非リベラルな諸社会」へと拡張することによって展開される。そこでは国際的正義は、リベラルな人民と非リベラルな人民、民主的な人民と非民主的な人民、平等主義的な人民と非平等主義的な人民のあいだで達成される「重なりあう合意」として構想されることになる。

トーマス・マッカーシーは「道理的な諸人民の法という理念について」（一九九七年）というテクストにおいて、ロールズのこうした正義の世界秩序の構想に対して、「リベラルな社会は、リベラルであれ、非リベラルであれ、多くの異なる世界観や生活様式を許容できるのだが、それは唯一、リベラリズムの線でしか構造化できない」とロールズを批判し、ハーバーマスの討議理論にもとづく世界秩序を提唱している。[315] マッカーシーのロールズに対する批判は、とくにロールズの「重なりあう合意」が「リベラルで民主主義的で平等主義的」ではないという点にある。マッカーシーは、なぜそうした「重なりあう合意」が「理想的」と呼ばれるのか、そもそもそうした合意がリベラルで民主主義的で平等主義的な社会にとって受け入れられうるのか、なぜそうした社会は「自分たちの基本的な政治原則を放棄してまで、それを共有しない人民と合意を達成すべきなのか」と問うのである。[316]

マッカーシーの議論は、その多くをトーマス・ポッゲの議論に負っている。ポッゲはすでに「平等主義的な諸人民の法」（一九九四年）というテクストのなかで、「われわれの社会は多くの種類のコミュニティ、結社、善の観念を包括しうるのであり、ある社会はリベラルな性格をもち、ある社会はそうでないこともありうるのだが、他方において、リベラルな社会はただひとつのやり方でしか構造化あるいは組織化されえない」と主張している。[317]ポッゲは、現在の世界秩序に関して、異なる諸人民の構成員に、自分たちの生活を形成するはずの「国民横断的《トランスナショナル》」な政治的決断に影響をおよぼす平等なチャンス、生まれとは関係なく教育と職業的地位を獲得する平等なチャンス、したがって世界のもっとも恵まれない人々の最大限の利益になるような国際的な社会的経済的平等があたえられていないことを問題にし、ロールズの「格差原理」にもとづく平等主義的な世界秩序を提案するのである。[318]マッカーシーが世界秩序はリベラリズムの線でしか構造化できないことを主張し、とりわけ民主主義的な政治原則がグローバルな世界秩序となるべき点を強調するとすれば、ポッゲもまた「国民横断的《トランスナショナル》」な政治的決断に影響をおよぼす平等なチャンスを主張するのだが、具体的に問題にするのは「格差原理」にもとづく配分的正義にほかならない。

マッカーシーにとって問題なのは、ロールズが『正義論』から『政治的リベラリズム』をへて『万民の法』にいたる過程で、カントの啓蒙のプロジェクトから遠ざかっていくことにある。ロールズは、「道理の負荷」、「道徳的多元性」、「重なりあう合意」という概念のもとに、『正義論』から『政治的リベラリズム』、『万民の法』へと議論を発展させていくことになるが、マッカーシーはそこで、カントの啓蒙や批判の理念が、つまり「道理的な一致 agreement という理念」が薄められ、「それによって客観的妥当性という理念が、その現実を超越する理念性のほとんどを失ってしまうことになる」と批判するのである。[319]

マッカーシーは、「リベラルな社会は、リベラルであろうと非リベラルであろうと、多くの異なる世界観と生活様式を寛容に許容しうるが、リベラルな社会はただひとつのやり方、すなわちリベラルな線に沿ってしか構造化されえない」と主張する。「つまり、リベラルは隣の原理主義者に対して寛容でなければならないが、同時に、そうした原理主義者に対してリベラルな実践と制度を擁護しなければならないのである。同様に、国際的領域におけるリベラル理論は、ある種の非リベラルな社会に余地を残しておかなければならないが、同時に、リベラルな諸人民の法を排除せず、それどころか支持するように命じなければならない」[320]。つまり正義の世界秩序は、さまざまな仕方で構造化された社会を寛容に許容しなければならないが、それ自身はさまざまな仕方では構造化されえない。したがって政治理論は、非リベラル、非民主的、非平等主義的な信念や実践は次第にこうした取り決めを受け入れるべく変化することを期待しつつ、国際的正義のリベラル、民主的、平等主義的な原則と、それが支持するグローバルな取り決めをはっきりと支持すべきなのである。こうした戦略は、リベラル、民主的、平等主義的な正義の理念を無前提的に擁護するものであるがゆえに、「自民族中心主義的」であるという批判にさらされるかもしれない。しかしマッカーシーは、「自民族中心主義的」ということが、「正義論を自分自身の観点から展開し擁護すること」を意味するのであれば、むしろ積極的に「自民族中心主義的」であるべきだと主張する。共通の基盤を見いだすという課題を、論争の外にいる「重なりあう合意」の理論家に譲り渡すのではなく、参加者自身に委ねるべきだというのである。参加者として、十分に根拠があると考えられる見解を提案し擁護することに対して、「自民族中心主義」だと批判される理由はない。相互に尊重しあい意見の相違について議論し、進んで反対の見解を聞き真剣に受け取り、賛成意見と反対意見を思慮分別をもって比較考量し、それにしたがって意見を変えたり、必要な場合には妥協したりするといった「道理的」なやり方によってこそ、「道理的な不一致」や「道理的な多元性」は解決されうるのである。

マッカーシーによるなら、コスモポリタン的秩序は、基本的人権、民主主義、法の支配を超国家的レヴェルで制度化することを、すなわち、「多文化的なコスモポリタン的討議」の条件が改善されることを要求する。つまり、一方において、諸人民のあいだには信念や実践に関する根本的な相違があり、にもかかわらず協力し共生することを望むのならば、こうした相違を裁定する「どこからでもない視点」というものなど存在しないのだから、さまざまなタイプの「公共的対話」のうちに共通の基盤をもとめつづける以外に「非強制的な代替案」はない。他方において、多文化的な討議はいまやグローバルなネットワークのなかで国内法と国際法の「非シンメトリー」な関係を克服することがもとめられる。コスモポリタン的な理想が、いくらかでも実践や制度において具体化されるなら、カントの啓蒙のプロジェクトはたんなるヨーロッパ中心主義的な幻想以上のものであることが判明するだろうというのである。[321]

他方、ポッゲは「信頼できるグローバル正義の構想は、国際的な社会経済的不平等に対して敏感でなければならない」というロールズの比較的弱い主張を強調しつつ、現実的に「正当な世界秩序は、それ自身の政治的リベラリズムとは非政治的か非リベラルであること、あるいは両方であることによって異なる正義の概念のもとに統治された社会を含んでいる」という ロールズの説明、また方法論上、「ロールズの原初状態という理念が、どのようなかたちでわれわれの相互に依存しあう世界に適用されるのがもっともふさわしいかを語るのはまだ早すぎる」という主張に同意する。[322] しかし、ロールズはそこでリベラルな社会の代表者は「諸人民の法」が諮問階層制社会にも受け入れ可能なものであることを望むと考えるのだが、ポッゲは、それによって階層的であることにもっとも対立的であるはずの平等主義的原理に反することを決断することになると批判するのである。

ポッゲはロールズの議論の誤りを、「リベラリズムは寛容とリベラルな概念のグループを超えた多様性への責任を含んでいる」ことを前提としつつ、「したがって、リベラルな社会秩序はある種の非リベラルな国民体制への余地を残すであろう」とする観点と、「かくして、われわれのリベラルな価値を共有しない多くの人々を含む世界に、リベラルなグローバル秩序を強制することは、非リベラルなことになるであろう」とする観点を区別しないことに認めている。前者を認めることは、われわれのリベラルな確信を危うくはしないし、世界秩序は、もしある非リベラルな国民体制への余地を残さないのなら、純粋にリベラルではないであろうから、前者の観点からリベラルな世界秩序を構想しないのなら、むしろわれわれの確信を危ういものにする。しかし、後者を認めることはリベラルな確信を、それを共有しない者たちに便宜をはかるために危うくすることになる、というのである。[323] 実際にロールズは『政治的リベラリズム』のなかでは、国内における政治的正義を論じるとき、「リベラルな社会はある非リベラルなコミュニティとライフスタイルのための余地を残さなければならない」、という主張を受け入れ、「われわれのリベラルな価値を共有しない多くの人々を含むひとつの社会に、リベラルな諸制度を強制することは非リベラルである」、という主張を拒絶する。[324] たとえば、ある者がカトリックであり、他の者が無神論者だとする。このとき、どちらもそれぞれのやり方、信念にしたがって生活することができる。しかし、一方が国家をカトリック教会のように組織することを望み、他方がリベラルな国家として組織することを望むとするなら、和解の余地はない。したがって「もし現実に平等主義的でリベラルな原理を信じるなら、政治的に平等主義的でリベラルな諸原理を、その反対勢力に対抗して、その原理によって裏づけられた諸制度を支持すべきなのである」。[325] 国際社会においても、同様の議論を展開することができる。ポッゲは、「世界は多様なやり方で、つまりある社会はリベラルであり、ある社会はそうではない、というやり方で構造化された社会を包括しうるのに対して、世界そのものは多様なやり方では構造化されえない」と主張し、つぎのように説明する。「アルジェリア人は彼らの社会が正義のグローバル秩序と矛盾することなく宗教国家として組織されることを望み、われわれは自分たちの社会がリベラルで民主的であることを望むとすれば、われわれはどちらもそれぞれのやり方を押しとおすことができる。しかし、アルジェリア人が世界がコーランにしたがって組織されることを望み、われわれは世界がリベラルな原理に一致することを望むならば、そのときそれぞれのやり方を押しとおすことはできない。そこには和解の余地はなく、そして、もしわれわれが現実に平等主義的でリベラルな原理——すべての人格の自由と尊厳に対する平等の権利要求——を信じるなら、われわれは政治的にはこれらの原理を支持すべきであり、その反対勢力に対抗して、そうした原理に裏づけられた諸制度を支持すべきなのである」。[326]

ポッゲはこうして、「ロールズはリベラルな社会が選好する〈諸人民の法〉と階層社会によって選好された諸人民の法がまったくの幸運によって一致すること、あるいは道徳的にもっともらしい構想によって一致するとされうることをしめすことに失敗している」と結論づけている。[327] したがって、われわれは非リベラルな体制に寛容な態度をしめしながら、他方、われわれのものとはまったく異なる正義の世界秩序の理想をもつ階層社会と対立しつつ、リベラルなグローバル秩序に向かって、個人の人格を平等な道徳的関心の単位として活動すべきだというのである。そのうえでポッゲは、ロールズの「諸人民の法」が平等主義的な格差原理を含んでいないことを指摘しつつ、「グローバル資源税 a global resources tax」なるものを提案するのだが、たしかに実現するためにはさまざまな困難をともなうものであるとしても、しかし少なくとも正しい方向へのひとつのステップになるであろうと主張するのである。

ハーバーマスの議論もまた、マッカーシーがみずからの議論を展開するさいにハーバーマスを参照しているように、リベラルな社会はリベラルな線に沿ってしか構造化されえないという原則にしたがっている。たしかに、グローバルな世界秩序や諸制度は、いずれにせよリベラル民主主義の線に沿ってしか構造化、組織化されえないであろうという主張は正しいかもしれない。しかし、ロールズがとりわけ「諸人民の法」において問題にするのは、そもそもリベラルで民主的な政治原則を他の社会へと強制することは、そうした政治原則に矛盾する、ということにある。そうした国際的正義の概念は、もはや世界規模の「包括的 comprehensive」構想の投影にすぎないものとなり、過去においてたとえばカトリック教会によって全世界をキリスト教化しようという意図のもとに追求された企てと変わらないというのである。ロールズは、国際的正義の主体がなぜ「諸人民 peoples」とすべきであって、『正義論』で展開されたような「個人 individual」でないのかについて、もし世界のすべての当事者からなる「原初状態」を想定するなら、「すべての人格が、立憲民主制における市民の平等で自由な権利を有するべきである」ことが正義の政治的構想の前提となり、「非リベラルな社会はつねになんらかのかたちの制裁を受けて当然である」と見なされ、そうした正義の政治的構想は、「道理的 reasonable でリベラルな〈諸人民の法〉をつくりあげることを試みることなく、非リベラルな社会は受け入れ不可能である」ことを前提にすることになるからだと説明している。[328] つまり、はじめから他のすべての社会の代表者もまた自由で平等な市民でなければならないことが前提とされ、自由で平等な市民という想定が満たされない社会からきた代表者もまた、そうした想定によって性格づけられた議論の枠組みの内部で決定することを強いられることは、その結果として生まれてくるはずの国際的正義の概念の政治的性格そのものを危ういものにするというのである。

ポッゲの議論もまた、やはりリベラルなグローバル秩序を、リベラルな価値を共有しない世界に強制することを主張するのであれば、そもそも非リベラルな社会から政治的決断に影響をおよぼす平等なチャンスを奪うことになり、リベラルな政治原則に矛盾する。ポッゲは、ロールズが『政治的リベラリズム』ではひとつの政治共同体において「リベラルな諸制度を強制する」ことを肯定的に、『万民の法』では国際社会において「グローバル秩序を強制すること」を否定的に論じることを批判している。しかし、すべての者に政治的決断に影響をおよぼす平等なチャンスがあたえられるべきだとするなら、ひとつの政治共同体の内部で「リベラルな諸制度を強制する」ことと、国際社会において

「グローバル秩序を強制すること」は、少なくとも後者では、国際的な政治的決断に影響をおよぼす平等なチャンスがかならずしも万人に保証されていないのだから、むしろ区別して論じる必要がある。他方、ポッゲが平等主義的な世界秩序を主張しながら、具体的に提案するのはロールズの「格差原理」にもとづく「グローバル資源税」である点で、マッカーシーの議論とは異なっている。マッカーシーは、グローバルな正義について論じるとき、非リベラルな社会が負うべき義務にしか言及していないが、もしリベラルな社会が非リベラルな社会に対して、国際社会は政治的にリベラルな線に沿ってしか構造化されえないと主張するのであれば、リベラルな社会が負うべき義務についても検討する必要がある。その意味で、たしかに国際社会において非リベラルな社会にリベラルな諸制度をどこまで強制しうるかはかならずしも明らかではないとしても、リベラルな社会の負うべき義務にも言及するポッゲの主張は少なくともマッカーシーの議論よりも公正であり、またロールズ自身も、国際社会においても「諸人民の法」はロールズの平等主義的な「格差原理」を含みうるというポッゲの主張をある程度受け入れている。(329)

ここで問題になっているのは、国際秩序におけるリベラル民主主義のはらむ自由権のアポリアと民主的な政治原則のアポリアとのあいだの関係である。ハーバーマスはもっぱら平等な自由権は民主的な政治原則がなければ保障されないという自由権のアポリアを問題にし、人権の正統化もまた循環的構造をになうべきことを主張するのだが、ロールズはむしろ、とりわけ国際秩序においては民主的な政治原則を強制することはそうした政治原則そのものに矛盾するという、さらに民主的な政治原則は配分的正義がなければ十分には保障されないという、民主的な政治原則のアポリアこそが問われなければならないことを強調するのである。近代のリベラル民主主義は、民主的諸原理とリベラルな諸原理の結びつきからなるが、この結びつきには同時に緊張関係がある。一方において、リベラルな基本権とは、個人権として民主的な共同性のポスト伝統的な形式の可能性の条件であると同時に、ヴェルマーが主張するように、拒絶し、離脱し、新たに開始する権利であるかぎり、共同的な生活様式に対する「アンチ‐共同体的な潜在力」として「逸脱的」な性格をになっている。[330] 他方において、民主的な共同体の政治的統一性と正統性は、民主的諸原理、つまりコミュニケーション的権利と参加権とに結びつくことによって可能になる。脱中心的で多元的な国際社会では、こうしてコミュニティが諸国家のレヴェル、諸国家からなる自律的な諸連合の「国民横断的《トランスナショナル》」な、あるいは「超国民的《スープラナショナル》」なレヴェルでそれぞれ形成される。リベラルな基本権のアポリアと民主主義的な政治原則のアポリアは、この緊張関係から生まれてくるのである。

ロールズは、民主的な参加権はリベラルな基本権のひとつであり、あくまでリベラルな基本権こそが最終的な基準として民主的参加のいかなる形式に対しても上位にありつづけることを強調する。しかし、ロールズはとりわけ民主的な政治原則のアポリアを前提に議論し、「諸人民の法」で保障されるべき諸権利のカタログを、「世界人権宣言」を引用することによって作成しているが、「宣言」の第三条「生命、自由および身体の安全」の権利、第五条「拷問、または残虐な、体面を汚すような待遇や処罰を受けることはない」権利を例とするような第三条から第十八条までの「固有の人権」に限定しながら、なぜそれらの権利に限定されるべきか明確な根拠をしめしていない。さらに、第十九条から第三十条までの権利はとりあげられていないし、「社会保障の権利」(第十二条)や「同一労働同一賃金の権利」（第二十三条）などは、特殊な政治体制を前提しなければならないとされている。[331] ロールズの議論では、「原初状態」における契約がどの権利を人権と考えるべきかについて決定する条件が明らかではないために、当事者はまったく条件づけられないままの内容をふくんだ原理を是認しているように見える。また諸権利の内容は、いかなる諸人民の代表者が「原初状態」における当事者として想定されるべきかに関係するが、すでにいかなる諸人民の代表者を当事者とするかは、諸人民がどのような諸権利を尊重しているかにかかってくるとすれば、「原初状態」における契約はどのようになされるべきか明らかではない。[332] したがって、そこに自由権のアポリアがあるのだが、いずれにせよ諸権利の保障には、なんらかの民主的な決定の手続きが考慮される必要がある。それゆえにハーバーマスは、すべての者が民主的な討議へ平等に参加することのうちに、近代社会の正統性の原理と正義の原理を認め、何がリベラルな基本権として妥当すべきかもまた、民主的な討議を媒介にしてはじめて決定されうると主張するのである。ハーバーマスは、自由権のアポリアを前提に議論をするがゆえに、「人権による正統化」のなかで「世界人権宣言」第二十八条（「何人もこの宣言に掲げられている権利と自由が完全に実現されるような社会的および国際的秩序を享有する権利を有する」）を強調し、あくまで普遍的人権が世界規模のレヴェルで実現することを要請する。さらに、「宣言」にしめされている権利が完全に実現されるなら、地域的に限定された立法化とは無関係に、人権の普遍的で提訴可能な地位を確立することができるであろうという理由から、人権にもとづく国際的な秩序の実現を追求するのである（PK177f.）。しかし、「宣言」の実現をもとめるハーバーマスの議論は、軍事力をもってしても人権の貫徹を主張するという意味で、マッカーシーと同様に民主的な政治原則のアポリアをはらんでいる。また、「世界人権宣言」に掲げられている権利には、休息や休暇の権利などの社会権も含まれているが、それらがどのように実現されるべきか言及していない点で、あたかも実在する社会において実際には解決されていない一連の問題を解決しうるものと仮定している点で、ポッゲが指摘する配分的正義と民主的な政治原則とのあいだのアポリアをもはらんでいる。社会的基本権の問題は、ヴェルマーも強調するように、いかなる社会においても適切に解決されうると主張することはできない。[333] この問題は、先進諸国の裕福な社会では解決可能であるとしても、国際社会における配分的正義の問題、すべての者がリベラルで民主的な基本権がその価値を失わない程度の自律と自尊心を保持しうるために必要な経済的基盤の問題を考慮することなく解決することは不可能だと考えられる。

ロールズもハーバーマスも、基本権の基盤を「公共的理性」にもとめている。公共性と理性は、そこで相互に結びつくことによって平等の自由主義的な権利と民主主義的な権利を構成するのだが、それぞれ二つの異なる原理として理解されている。公共性の原理は、一方において、当事者の参加と発話の権利であることを、他方において、すべての当事者の主張が民主的討議をつうじて適切に表現されることを要求する。理性もまた、一方において、人間の自由が自律的で自発的であることを、他方において、人間の自由がその自律性にもとづいて合法則的に構成されることを要求する。ロールズは、公共的理性において参加と発話の権利を自由の自発性と結びつけることによって、平等の自由主義的な権利を強調する。それに対してハーバーマスは、公共的理性において当事者の主張の民主的討議における適切な表現の要請を自由の自律性にもとづく合法則性の要求と結びつけることによって、平等の民主主義的な権利を強調するのである。ロールズの考え方もハーバーマスの考え方も、それぞれ近代のリベラル民主主義のある側面を表現するものだが、同時にアポリアをはらんでいる。ロールズにとって、いかなる人間もひとつの人格として、他のいかなる人格に対しても平等に自由であるべきなのだが、しかし参加と発話の権利は、民主主義的な実践と制度の体系をつうじてしか権利の具体的な形式を獲得することができない。ハーバーマスにおいても、たしかにすべての当事者の声が可能なかぎり反映されるためには、現実的な民主主義的な討議をつうじて妥当な合意が形成されなければならないが、しかし平等の民主主義的な概念は、政治的共同体に帰属する者とその外部にある者を区別することになる。つまりロールズでは、とくに発話者の権利が尊重されているが、いかにその発話が顕在化されるかその手続きの部分が欠落し、ハーバーマスでは、共同体がいかに正統性を獲得しうるかその民主主義的な手続きが重視されるが、しばしば発話者の権利がその手続きのうちに還元されてしまうのである。したがって、両者がたがいに補い合う必要があるのだが、それは、一方において、当事者の主張の民主的討議における適切な表現の要請を、自由の自発性と、つまり自由の自律性にもとづく合法則性に還元されない自由の理念と結びつけることによって、他方において、参加と発話の権利を自由の自律性にもとづく合法則性の要求と結びつけることによって、なされることになる。前者の結びつきは、ベンハビブがおもに法共同体の内部において「民主的反復」という概念によってテーマ化した問題である。つまり法共同体の内部では、共同体の正統性を保証する名宛人と起草者の同一性という理念が、市民の権利と人間の権利の非同一性のもとに問いなおされ再構築されなければならない。それに対して、後者の結びつきは、とりわけ国際社会において問われ、追求されなければならないテーマにほかならない。国際社会においては名宛人と起草者の同一性が保証されていないがゆえに、民主的な政治原則のアポリアを回避しつつ、なおもリベラル民主主義の可能性を追求するためには、その非同一性が市民の権利と人間の権利との同一性という「潜在的」な権利のもとに問われなければならないのである。

ハーバーマスの人権と世界市民法の構想は、ユートピア的に歴史的な最終目的をめざすものではないにしても、最終的な地位からの「統制的理念」として、最終的に名宛人と起草者が一致するような世界市民の普遍性を、世界市民社会の普遍性を前提とするものにほかならない。しかしわれわれは、ヴェルマーも主張するように、「すでに完成された転換プロセスの歴史的地点」に身をおくことは、またほとんど完全で欠陥のないような民主主義社会の「重なりあう合意」を考えることはできない。[334]「世界市民社会」の理念は、純粋に道徳的なあるいは純粋に経済的な人類の状態への移行であるといった幻想的な理念を主張することはできない。「世界市民法」はむしろ、規範の名宛人と起草者の同一性がかならずしも保証されないところに成立する。したがって、世界市民法は一義的に、決定の影響をこうむるすべての者が平等な民主的権利を保持すべきであることを意味しえないし、リベラルで民主的な社会が他の世界をリベラルで民主的な諸原理にしたがって改革すべきであることをも意味しえない。世界市民権の実現はけっして到達されえないであろうから、われわれは完全には暴力的破壊から安全ではありえない。われわれが他者を彼らのものでない正義を尺度に判断するとき、彼らに不正なことをする可能性もあるという事実は、ヴェルマーが指摘するように、けっして「相対主義的なテーゼ」ではない。「相対主義的なテーゼ」は、まさに自由な「同意」を前提にすることで妥当するのだが、当事者への強制のない「同意」は考えられないからである。[335] ヴェルマーは、シュミットのテーゼを、「政治的なものの概念には、したがってまた民主的な政治の条件には、争いの可能性が、最終的な審級においてもまた暴力的な争いが属している」[336]、という点において正当であると主張している。「カール・シュミットが政治的なものという概念によってリベラルな伝統に敵対するものとしてもちこんだ〈内部〉と〈外部〉のあいだの差異は、リベラルな文化の内部にも――たとえ世界‐市民社会の文化となったとしても――その意味を保持するであろう」[337]。この可能性を一挙に排除しようとすることは、むしろ民主主義社会の基盤をなす人民主権を暴力的に破壊する可能性を意味することになるという点に、民主的な政治原則のアポリアがある。

したがって「世界市民法」は、名宛人と起草者の一致の要請としてではなく、まさに名宛人と起草者が一致しないところに、ひとつの命法として要請される必要がある。エティエンヌ・バリバールは、「人間と市民を等号で結ぶこと」はつねに全体主義へと、「〈絶対政治〉の帝国主義としてしめされるもの」へと陥る危険性があることを認めつつ、しかし、人権の普遍性は、つねに人間と市民の「潜在的 potentiel」な同一性に訴えることによってしか主張することはできないであろうと論じている。バリバールがアーレントを参照しつつ強調するのは、一方において、人権は市民権の前提であり基礎であると同時に、他方において、市民権こそが「もっとも基本的でもっとも基礎的な権利、〈剝きだしの〉生存にかかわる権利をはじめとする人権を概念化し発展させる基盤を形成している」ことにほかならない[338]。バリバールもまた、ヘーゲルの「抽象的普遍」と「具体的普遍」の区別をもちだすのだが、それは「拡張的 extensif」な普遍主義に対して、それを切り崩す「集中的 intensif」な普遍主義をとなえるためである。つまり一方で、そもそも名宛人と起草者は一致しえないのだから、特異性を妥当要求を掲げる主体としてではなく、その共存を秩序において問うことが、他方で、市民と人間の同一性という普遍的理念を正統的な秩序においてではなく、潜在的な権利として問うことが必要だというのである。名宛人と起草者は一致しないがゆえに、秩序はつねに特異なものの共存という性格をになわざるをえない。他方、アーレントが「無国籍者」としての経験において しめしたように、人間の権利はそもそも市民の権利としてしか保障されえないがゆえに、人間と市民の同一性がたえず「潜在的」な権利として要請される必要がある。したがって、「世界市民法」は、ヴェルマーが提案するように「楽園」ではなく、「特権の普遍化」の要請として、[339]あるいは、市民へと還元されえない人間の特異性のうちに内在しながら、たえず市民社会の正統性に対して異議を申し立てる無条件な「歓待の法」として理解されなければならない。デリダは、「古典的形態の統制的 regulatrice 理念」ではなく、「十全たる現前の形態のもとではけっして現前しないまさにそのものを到来させるように命じる、担保された命令の出来事としての民主主義の〈理念〉」について語っている。その理念は、「匿名の特異性のあいだの可算的な、計算可能な、主体としての平等を要求するのとまったく同じくらい、他者の特異性とその無限の他者性への無限の尊重を要求するがゆえに、少なくともつねに履行不可能な」「無限の約束」と、「その約束と対決しなければならないものの、必然的でありながら必然的に妥当しえない、限定された形態」とのあいだに開かれたものにほかならない。[340]それはまた、「声なき者に声をあたえる」というジャック・ランシエールの主張とも関係する。ランシエールは、デリダの他者への「無限の責任」という理念は、現実の政治にとって過剰な要求だと批判しているが、それが他者の無限性を、あるいは無限性がなにか接近すべき消失点を意味しているのではなく、現実の解決はつねに〈一応の〉ものであり絶対的なものではないこと、他者の他者性は還元不可能であることを意味しているると理解するなら、ランシエールの主張とそれほど隔たりはない。ランシエールは、「分け前」をもたない者に「分け前」をあたえるという現実の政治的行為の可能性を強調するのに対して、デリダはそうした「分け前」は、どこまでも〈一応の〉ものにすぎないという政治的行為の不可能性を強調するのである。

民主主義はみずからと一致しえないがゆえに開かれているのであり、世界市民法はその間隙にのみ成立しうる。ムフは、デリダが『友愛のポリティクス』で、完全な友愛は他者との神にも似た正しく有徳な関係をもとめるがゆえに、もはや他者を必要としない「神の自足性 divine autarkia」へといたるがゆえに、友愛を破壊してしまうと、したがって友愛とは、本来的に到達不可能であるがゆえに意味をもつと述べているのを参照し、つぎのように主張する。「完全な民主主義は、実際に自己自身を破壊する。それゆえに民主主義は、到達不可能であるかぎりにおいてのみよいものとして存在する、ひとつの善として理解されるべきなのである[341]」。民主的な政治は、「民主主義的秩序の脆弱さ」を認め、つねに人間関係のうちに存在する潜在的な抗争に目を向けることによってのみ遂行されうる。それゆえに、つねに自由権のアポリアと同時に民主的な政治原則のアポリアを、その限界を問題にしつづけなければならないのである。

4　リスクと人権

ハーバーマスがとなえる「人権政治 Menschenrechtspolitik」の意味は、「権力政治 Machtpolitik」に対抗し、権力関係ではなく人権こそが、政治的行為を道徳的にのみならず、法制度的に方向づけなければならないという点に、「法平和主義」は人権の普遍妥当的な法秩序にもとづき実現されなければならないという点にある。ハーバーマスは、二〇〇一年、「九・一一」直後のインタビュー、さらに二〇〇四年のインタビューにおいて、アフガニスタンとイラクへの軍事介入を批判しつつ、コソヴォへの空爆をあらためて正当化しているが、コソヴォ空爆のさいと同様に、アフガニスタンとイラクへの軍事介入に対してもやはり古典的な国際法からコスモポリタン的な法状態への移行という観点から判断を下そうとしている。アメリカの軍事介入が、コソヴォ紛争で期待されたような警察活動ではなく、ふたたび戦争という形態をとりつつあることに危惧の念を表明するのである。[342]「法平和主義」は国際紛争を、主権国家間の戦争状態を規制する国際法にしたがって制御するだけでなく、人権の普遍妥当への要求のもとに法制化されたコスモポリタン的秩序を形成することで克服しなければならない。

他方、ハーバーマスは、そもそも人権がイデオロギー的装置として機能してきた歴史をも認めている。人権の普遍妥当への要求は、政治闘争の結果として、労働者、女性、ユダヤ人、ロマ、同性愛者、難民といった抑圧された、周辺化された、排除されたグループへと徐々に拡張されてきたとすれば、また、これまで排除されてきた者たちの事実上の不平等な扱いを覆い隠すのにも役立ってきたという意味で、イデオロギー的な機能をもはたしてきたのである。このような観察は、人権がもっぱらイデオロギー的な機能のなかに還元されてしまうのではないかという疑いをしばしば喚起してきた。ハーバーマスは、こうした疑念はハイデガーやシュミットの議論と結びつき、理性批判、権力批判として展開されてきたのだと論じる（Vgl. PK179）。

ハーバーマスによるなら、理性批判は、伝統、世界像、文化はそれぞれ独自のものであり、共約不可能なものであると主張し、ある特定の共同体主義的な位階秩序をもちだすことで義務に対する権利の優位を疑問視し、個人主義的な法秩序が共同体の社会的諸関係に影響をおよぼすのに否定的な反応をしめしてきた。しかし、いかなる社会もグローバル化した経済のなかで実定法を制御媒体として取り入れているかぎり、その法的安定性は予測可能性、帰責可能性、信用保護といった経済的条件に依存せざるをえない。したがって、問題は「人権」が文化的伝統と調和しうるかどうかではなく、政治的、社会的統合の伝統的諸形態が経済的な近代化に適応しうるかどうかにある（Vgl. PK184f.）。また、理性批判はおもに「権威主義的」諸国家によってなされているが、そうした諸国家は、法的基本権や政治的市民権が保護されていないことに対する西欧諸国の批判を、社会的文化的基本権の「優位」によって正当化しようとする。つまり、集団的発展に対する権利に訴えることによって、自由主義的な自由権や政治的参加権の実現を、国民の基本的な物質的要求を平等に満足させうる経済的発展段階に到達するまで引きのばすべく、みずからを権威づけようとする。国民が貧困の状態にあるとき、法のもとの平等や発言の自由は、より良い生活条件を確保することほど重要ではないというのである。たしかに状況を無視して、規範的な議論をすることはできない。しかし、だからといって個人の自由をパターナリスティックなかたちでしかあたえることなく、共同体の繁栄に服させるような「権威主義的な発展モデル」を正当化することはできない。こうした政府は個人の権利ではなく、西欧において古典的なものと見なされている生命や身体に対する権利、個人的な権利保護や平等の扱いをうけるための権利、信仰の自由、連帯の自由、言論の自由のための権利を制限することを許すようなパターナリスティックな支配形態をあくまで保持しようとしているのである（Vgl. PK186）。さらにハーバーマスは、個人主義的な法秩序は家族、隣人、共同体の生活様式の不可侵性を危険に陥れる、という批判に対しても、「個人に提訴しうる主体の権利をあたえる法秩序は、人々を対立へと駆り立て、それゆえに土着の文化による合意の方向づけに反する」といった考え方は、「提訴しうる主体の権利」が、法共同体の「間主観的」に承認された規範からのみ導かれうるものであることを見誤っていると主張する（Vgl. PK187）。むしろ個人の権利は、それぞれ法共同体に帰属することによって、構成員の相互承認に依拠する法共同体というコンテクストのなかでのみ形成されうる。したがって人権は、「生まれながらの権利をになっていわばこの世に生まれおちた、あらゆる社会化以前にあたえられた個人」といった形而上学的な観念から解放されなければならない。「法人格もまた、社会化の過程においてのみ個人化されるのだから、個々の人格の純一性＝不可侵性 Integrität は、同時に、個々人の同一性を保持しうるものにする相互人格的な関係と文化的な伝承への自由な接近によってのみ保護されうるのである」（PK188）。複雑な社会の統合という問題は、基本権を実現する「連帯」という抽象的な形式をつくりだす「正統的な法」をつうじてのみ解決されうるのである。

他方、権力批判は、法の規範的言語にはまさしく政治的自己主張の事実上の権力要求が反映していると、したがって、普遍的な権利要求の背後には、ある特定の集団の個別的な意志が隠されていると批判する。西欧で成立した政治的な正統性が他の諸文化にも受け入れられるのか、人権の普遍的な妥当性への要求の背後には、もっぱら西欧の権力要求が隠されているのではないか、といった疑念がとりわけ西欧の知識人によって表明されてきた。ハーバーマスはこのような批判に対して、みずからの伝統から距離をとり制限されたパースペクティヴを拡張するという、まさに西欧合理主義によって生みだされてきた「脱中心化」の歴史こそが、人権を説明し実現してきたのだと主張している。つまり、人権への批判もまた西欧合理主義のなかで生まれてきたものであり、したがって、いずれにせよそうした批判もまた人権を実現してきた西欧合理主義のなかに包摂されると説明するのである。「たしかに、相互文化的討議においても、われわれは他の文化の代弁者が、人権の妥当性がとりわけヨーロッパの成立してきた連関にどこまでも根ざすものであることをしめすために、ヨーロッパの理性批判や権力批判から借りてきた議論に出会う。しかし、みずからの自己意識を独自の伝統から引き出す西欧の批評家たちは、人権をなにもかもひっくるめて非難しているわけではない。つまり、こんにち他の文化や世界宗教は、社会的近代のさまざまな挑発に、かつてヨーロッパが人権と民主主義的な立憲国家を見いだしてきたときと同じやり方で、曝されているのである」（PK181）。ヨーロッパの人権構想は、個人主義的な主観的権利の実現と、宗教的宇宙的な世界像から解放され世俗化された政治的支配という二重の側面をもっている。西欧の歴史はすでに十八世紀以来、純然たる権力をどのようにして正統的な法をつうじて「手なづけ domestizieren」うるかを習得してきたのである。したがって、国連こそが「人権政治」の中心的な機関となるべきなのだが、実際にはその行為は、民主主義的な「世界市民法」において正当化された法の強制という性格を獲得するにまでいたっていない。しかし、完全に制度化された世界市民的状態が、あたかもすでに達成されているかのように振る舞わなければならないことはディレンマであるからといって、人権にかかわる犠牲者を国家権力の手先に譲り渡さなければならないということにはならない。国家権力の誤った使用によって、大量殺戮が生じるような場合には、民主主義的な「隣人」が国際法で正当化された「緊急権」に訴えることは許されなければならない。古典的な権力政治から世界市民的な状況への移行は、たとえ実際には武力闘争による犠牲をともなうとしても、それを超えて、共同で克服されるべき「学習過程」として理解されるべきだというのである。

ハーバーマスもまた、「人権」という構想は、かつてヨーロッパが諸宗派の分裂から生じた政治的争いを克服するために形成されてきたものであることを、ヨーロッパ諸国にも宗教的対立の歴史があったことを、また現代においても社会的不平等、差別、貧困の「構造的暴力」があることを認める。しかし、ヨーロッパでは世俗化をつうじて、宗派的に分裂した諸宗教は、他の宗教と共有された言説空間を形成すべく反省するように強いられるようになり、そのおかげで一般に政治的決定において暴力や権力の行使が断念され、宗教的寛容、宗教と国家権力の分離が達成されるにいたったのである（Vgl. GW17f., 一三—一四）。諸文化の対立は、こんにち人々が異なる文化的伝統にもかかわらず、共生の規範のもとに統合されなければならない世界社会という枠組みのなかで生じている。一方において世界観における多元主義が、ヨーロッパがかつて経験したのと同様に、伝統の強い社会の内部でも生じている。宗教的な真理要求をめぐる争いもまた、公的に承認された世俗的な知の内部で、同一の普遍的な言説空間の内部でなされなければならないという意識が知識人層のなかに芽生えている。伝統的な世界像は、かつてキリスト教が宗教の分裂のなかで経験したように、ロールズが「反省的になった倫理的世界理解と自己理解」として記述している「理性的で包括的な教義」へと変貌しつつある。同等の権限をあたえられた共存の諸規則についての了解が可能なところでのみ、「不合意」は許容されうるものと理解されるのである（Vgl. PK191f.）。他方においてハーバーマスもまた、西欧的な正統化の類型をかならずしも唯一で最良のものだと考えているわけではない。さまざまな文化的起源をもった参加者たちのあいだでの人権をめぐる討議の内実は、了解志向的な討議の暗黙の「先行仮定」のうちに含まれている。すなわち、文化的背景とはべつに、すべての関与者の合意は、相互承認、パースペクティヴの相互交換、みずからの伝統をも他者の視線から観察し学ぶ姿勢といった、コミュニケーション参加者たちのあいだのシンメトリーな関係をなによりも必要とするのである。このような基盤のもとに、人権の偏狭な解釈と適用のみならず、特殊な利害関心を普遍主義的に覆い隠す人権の道具化をも批判することができる（Vgl. PK192）。

またださらこそ、われわれは一方で、日常の言語ゲームにおいて相互に暗黙裡のうちに承認された妥当要求をつうじて行為を調整しなければならないのであり、他方で、「コミュニケーションの障害」、誤解と無理解、不誠実と欺瞞から生じてくる争いが暴力を生みだすとすれば、まさにそうした「コミュニケーションの障害」から、何がまちがっていたのか、何が修正されなければならないのかを知ることができるのである（Vgl. GW22f., 一九—二〇）。国際関係においては、たしかに暴力の制御媒体としての法の機能は弱く、相互文化的な関係においては、法はせいぜい人権に関する世界会議のような相互了解のための形式的な制度的枠組みをあたえることしかできないかもしれない。しかし、コミュニケーション的な日常実践のなかで信頼関係が形成されるようになるとき、相互了解はみずからの政治文化ばかりでなく他の文化圏の政治文化へも浸透していくはずである。ハーバーマスはこの点で、「対話モデル」がヨーロッパ中心主義的な偏見にもとづくものではないか、という「脱構築主義的」な執拗な疑いの念に対して、「他の意味作用 Bedeutung からなる宇宙とは共約不可能な、みずからのうちに閉じられた意味作用からなる宇宙という理念は、非整合的な概念である」と主張し反論する（Vgl. GW24, 二三）。対話において話し手と受け手は相互にみずからのパースペクティヴを拡張し、発話状況に不可欠な「対称性」に関係することで、共通の解釈地平が共同で生みだされるようになり、「間主観的」に共有された解釈が獲得されるようになる。ハーバーマスは、相互的なパースペクティヴの交換という「対称性」を獲得するには、「よき意図」と「明白な暴力の不在」という条件が必要となるばかりでなく、歪曲をまぬがれた、潜在的な権力関係から自由なコミュニケーション的状況の構造が必要なのだが、そうした状況は実現不可能である以上、結果にはつねに疑いの念がかけられることを認めている。しかしハーバーマスは、そうした歪曲されたコミュニケーションが生じる要因を「有限な精神の不可避な可謬性」に、解釈の「盲目性」に認め、そうした「盲目性」を「より強いものへの暴力的な同化という消しがたい痕跡」として説明するのである。そのかぎりで、「コミュニケーションはいつも両義的であり、まさしく潜在的な暴力の表現でもある」という嫌疑がかけられるのだが、

「そこに暴力〈以外なにも〉認め〈ない〉とすれば、本質を見誤っている」と反論し、さらに「相互了解というテロス――とこの目標へとわれわれを方向づけること――にのみ、暴力を新たな形態のうちに再生産させることなくそれを克服する批判力が宿っている」と主張するのである（Vgl. GW25, 二四）。

しかし、たしかにあくまで相互了解、コミュニケーションをつうじて問題を解決するしか方法はないというハーバーマスの主張は正しいとしても、ハーバーマス自身も認めているようにコミュニケーション的行為そのものにも暴力がつきまとうことを否定することはできない。人権の普遍的な妥当への要求の背後には西欧の権力要求が隠されているのではないか、という批判もまた、西欧合理主義の自己批判の伝統から生みだされたものだということが正しいとしても、だからといって批判の内容がそれによって相殺されるというわけではないし、みずからの権力要求に自覚的であることが、実際に行使されている権力を帳消しにするわけではない。ハーバーマスはコミュニケーション的行為の「反事実的 kontrafaktisch」な性格を強調するが、またそこにはアドルノがつねに事実性という概念によって注意を喚起してきた「非同一性」の性格が、ハーバーマスがしばしばもちいる「反事実的」という分析哲学の用語にならうなら「反妥当的 kontragültig」と呼びうるような性格があることをも認めなければならない。問題は、ハーバーマスがコミュニケーション的行為に内在する暴力を認めつつ、しかしそうした暴力を「歪曲された暴力」として、「より強いものへの暴力的な同化」としてもっぱらイデオロギー批判的にしか理解しようとしていない点にある。むしろ、相互了解のもとに形成された合意であっても、「有限な精神の不可避な可謬性」にもとづく権力関係を内在させているのであり、相互了解のもとに解決された問題と同時に、そこでたえず新たに再生産されるそうした権力関係を見いだし修正していくことにこそ、まさに理性批判、権力批判の課題がある。

そもそもハーバーマスが、ヨーロッパ中心主義に対する「脱構築的」な疑いが、「他の意味作用からなる宇宙とは共約不可能な、みずからのうちに閉じられた意味作用からなる宇宙という理念」を表明していると批判するのは、他方で、「脱構築」に「連帯」へのメシア的な期待を読みとろうともしている点から見ても奇妙である。ハーバーマスによるなら、デリダの「脱構築」とはルカーチからみずからのコミュニケーション理論へといたるヴェーバーの合理化理論と社会理論の結びつきを解消しようとするものにほかならない。デリダにとって問題は、「主権的権力との解消しえないほど密接に結びついた法の概念の異種混合性 Heterogenität」(NR285)にある。他方、ハーバーマスは、デリダによる正義の「脱構築」を、アドルノと同様に、「無規定なメシア的な期待のパースペクティヴ」から記述されたものであり、「ラディカル・デモクラシー的伝統の約束への想起」がデリダにインスピレーションをあたえているのだとも説明している。「すなわち、デリダにとってこの想起こそが、普遍的で、すべての関係をつらぬく連帯への控えめな期待の源泉でありつづけている」(NR286)。そもそもデリダは、たしかに異なる意味作用からなる共約不可能な宇宙が存在する可能性を否定しはしないかもしれないが、異なる意味作用からなる宇宙は相互に共約不可能であるとはけっして主張しはしないだろう。むしろ、デリダの議論は、いかなる宇宙であれ閉じたものではありえず、つねに自己自身と共約不可能な意味作用を含んでいるということにある。またデリダは、民主主義の可能性について、さらに他者への応答について語りはしても、けっしてユートピアや連帯についてポジティヴに語ることはないし、そうした期待はどこまでもアポリアとしてしか論じてはいない。つまり、ハーバーマスが近代化の過程と普遍的な連帯の可能性との関係をポジティヴに論じようとするのに対して、デリダはその関係のアポリアを強調し、まさにそれゆえに他者への応答の可能性について語るのである。したがって、たとえばクリストフ・メンケが正義の「脱構築」を反ユートピア的に解釈するのに対して、ハーバーマスはそれはデリダの意図とは異なっていると、「リベラリズムの興味深い、独自のポストモダン的解釈」を展開しているのだと批判しているが、メンケは、まさに社会的平等の実現をアポリアとして、「不可能なもの」の可能性として、それゆえにつねに自己批判的認識をつうじて獲得されるべきものとして論じているのである。(343) ハーバーマスによるなら、メンケの主張は、「平等な倫理的自由のリベラルな根本理念を規定するのに民主的な手続きや政治的な市民参加は本質的な役割をはたすことはない」というものであり、したがって、「平等な自由の構想のうちにある自己矛盾を立証するという試みこそが、理性批判的である」というものである（Vgl. NR286）。「なおもそのように反省された平等の扱いは、個々の人格の個人的関心を正当に評価するものではない。〈なぜなら、平等の実現はもろもろの義務に個人の正当な評価という見解からすると（つねに）矛盾しうるからである〉」（NR286）。メンケにしたがうなら、平等はなにをもって平等とするかその規定から生じうる「排除」の可能性を無視して実現することはできない。規定の論拠が誤りうることを計算に入れ、可謬論的な意識のもとに平等の規定によってもたらされる苦悩の経験を顧慮することが、つねに苦悩の経験を正当に評価する政治的実践が不可欠なのである。メンケは、「リベラルな平等の規定」をたんに「認識論的」な可謬主義の観点からのみ理解してはならないと主張するのだが、それはその帰結と根拠とに関係する。ハーバーマスもまた、可謬論的な帰結については認めている。平等の規定は、直接的に「政治的帰結」をになうものであり、どのような平等の規定であれ、「排除 Ausgrenzung のある特定の行為の正当化」に関係し、同時に「他者に対して苦悩を意味する態度の正当化」に関係する。提案され実現された平等の規定が誤りうることは、「排除によってもたらされる苦悩が、正当に評価されえていない」ことを意味する。それゆえに誤りうることの可能性は、必然的に「リベラルな平等の規定と貫徹の政治的プロセス」のうちに影響をおよぼすのである。[344] 他方ハーバーマスは、リベラルな平等の規定がいかなる地位をになっているかその根拠をめぐるメンケの議論に対して、可謬主義を超えるものであり誤りであると批判する。ハーバーマスは、「国家市民」の政治的実践における可謬性とそこから帰結する「排除」と「差別」が、「理念そのもののうちに位置づけられるとされる概念上の〈不可能性の条件〉」から説明されうるとは思えないと主張するのである（Vgl. NR294）。メンケはハーバーマスの批判に対して、「リベラルな平等という理念の規定は、概念上の諸根拠から、まさにわれわれが自分のものにした成功した生活のそのつどの教義と構想の意味論的な源泉によってその根拠を解釈するという過程をへて生じるのだ[345]」と説明する。メンケによるなら、善の教義や構想とは無関係なリベラルな「自由の規定」というものは存在しない。ハーバーマスの批判は、平等の実践をめぐって正義の問いと善の問いを厳密に区別しようとすることからくる。しかし、いかなる平等の実践もその正と善とを厳密に区別しようとするなら、それが普遍的に受け入れられたとしても永続的に保証されうるものではない、という可謬論的な前提にむしろ反することになる。[346]

ハーバーマスが、コミュニケーションは両義的であり潜在的な暴力の表現でもあるという主張に対して、「そこに暴力〈以外なにも〉認め〈ない〉とすれば、本質を見誤っている」と批判するのもまた、そもそも権力批判がコミュニケーションに両義的な暴力の存在以外なにも認めないような議論しか展開していないと想定しているとすれば、かなり限定された奇妙な批判である。フーコーは、権力はかならずしも支配－従属関係やイデオロギー的な抑圧関係のなかでのみ行使されるのではなく、法的諸規則や制度のなかでその機能的効果として、局所的な領域、末端の領域で行使されると主張しているが、エルンスト・トゥーゲントハットもまた、そもそもコミュニケーションとは、認知的な問題であるより、意志にかかわる問題であり、論議の形態は参加と権力均衡から導かれると主張している。それゆえに、同意を要求しようとするとき、「関与しているすべての人々の意志の自律に対する道徳的に義務づけられた尊敬」(347)こそが不可欠であることを強調するのである。それに対してハーバーマスは、「不偏不党」という理念は「権力の均衡」という理念には還元できないと批判する。ハーバーマスは、トゥーゲントハットが妥当要求と権力要求とを同一視することによって、「提案者と反対者が根拠をもって争いうる規範の妥当性の次元と、事実上効力をもっている規範の社会的妥当の次元とを混同している」と、また「正当な規範と正当でない規範とを区別する」というみずからの意図を不可能なものにしてしまっていると批判するのに対して（Vgl. MkH84, 一一九）、トゥーゲントハットは、たしかにわれわれは合意が合理的であることを、できるなら理性的な論議にもとづく合意であることを望むのだが、しかし最終的に決定的なのは「事実上の合意」であり、その合意が合理的ではなかったからといって無視することはできないことを強調する。われわれは実際に、不合理だと思いつつも、またみずから論議によって承認したものでなくとも、多くの慣習的な規範にしたがっている。ハーバーマスは、それでも当為妥当の自律的な意味がなければ、規範はどこまでもけっして合理的なものとはなりえないと、実際には「事実上の合意」からは、けっして権力関係による影響を払拭できないとしても、「反事実的」に規範の妥当性を問うことができるはずだと主張する。他方トゥーゲントハットの主張は、規範的に妥当性をもちうることが、すなわち規範が妥当要求、誠実性要求、真理性要求にこたえるべく導かれたものであったとしても、それがかならずしも道徳的な要求を満たしているとは確信できないということにある。合理的な根拠づけの可能性にあくまで訴えなければならないからといって、「事実上の合意」が生まれてくる状況を無視するわけにはいかない。すべての関与者による合意とは、それがたとえ「反事実的」にすべての人々がみずからの妥当要求を確証している状況をいうのだとしても、それは実際にはさまざまな権力関係を払拭できるわけではない。すべての利害関心を認知的に把握することは不可能であろうし、ある時点ではまったく不偏不党的な解決であったと考えられていた合意が、あとからそこに潜在的に権力関係が働いていたことが判明することも、あるいはその後の経過が遡及的に潜在的な権力関係が生じていることを発見するということもありうる。トゥーゲントハットによるなら、「コミュニケーション的（実際的‐語用論的）」な「事実上の合意」において問題になっているのは、理性の行為ではなく、意志の行為であり、「集団的な決断＝決定（選択）」の行為である。トゥーゲントハットが問題にするのは、「根拠づけ」あるいは「正当化」の問題ではなく、「権力への参加の問題」、「何が正当なものとして許されるのか、何が許されないのかを決断＝決定」する権力への参加の問題にほかならない。(348) ハーバーマスもまた、参加権を「権利の体系」の循環的構造を構成する第一の条件として要請し、またそこでなされる「事実上の合意」の意味と誤りうるという可謬論的な可能性をも認めるのだが、「権利の体系」の循環的構造が前提とせざるをえない参加権の「非同一的」な構造とその機能的効果を問わないのである。

しかし、とりわけハーバーマスの討議理論が、理性批判と権力批判を正当に評価しようとしないがゆえに危ういものにしているのは、その人権概念にほかならない。ハーバーマスは、ヨーロッパ社会では世俗化をつうじて、討議の言説空間を形成すべく反省するように強いられることによって、政治的決定において暴力や権力の行使が断念され、異なる文化的伝統にもかかわらず、共生の規範のもとに統合されなければならないという意識が形成されていったのだと論じる。人権の討議理論的な内実もまた、了解志向的な討議の暗黙の先行仮定のうちに、すなわち、相互承認、パースペクティヴの相互交換、みずからの伝統をも他者の視線から観察し学ぶ姿勢といった、コミュニケーション参加者たちのあいだのシンメトリーな関係のうちに含まれていると理解している。このような基盤のもとに、特殊な利害関心を普遍主義的に覆い隠す人権の道具化をも回避できるというのだが、そのさい、同等の権限をあたえられた共存の諸規則についての了解が可能なところでのみ、「不合意」は許容されることになる。しかし、まさに「不合意」を共存の諸規則へと包摂しようとする了解志向的な行為こそが、ハーバーマスの人権の概念に危うい性格をあたえている。

そもそも討議理論では、「不合意」は「リスク」と見なされる。ハーバーマスにとって問題は、「事実性と妥当性とのあいだの緊張関係」によって脅かされている合意形成のプロセスから、社会的秩序がどのように形成されるべきかにある。暴力によらない社会秩序の形成は、いかにさまざまな行為者の行為プランが結合しあうようにたがいに方向づけることができるか、行為や意図の偶然的な要因から対立し合っている選択の可能性を調整し、どのようにして秩序ある社会をつくりあげることができるか、にかかっている。相互行為の形成によって解決されなければならない偶然性は、コミュニケーション的行為においては、「了解のメカニズムそのものに組み込まれている、つねに現前する不合意のリスクDissensrisiko」（FG37, 上三八）というかたちをとる。暴力のない行為期待の安定化は、相互行為が否といえることにもとづく合理的な「合意」のもとに動機づけられている。それゆえに、コミュニケーション的行為における「不合意」は、行為の方向づけという視点からするなら、了解志向的な言語使用について社会的統合を不確定なものにするがゆえに、リスクと見なされるのである。ハーバーマスによるなら、そうした「経験や矛盾、偶然性や批判による継続的な不安定化」は、日常実践をつうじて、確固たる「合意された解釈モデル、公正さLoyalität、技能Fertigkeit」を形成することによって打破されなければならない。

かつて行為期待の安定化は、否認しえない権威要求をともなうアルカイックな制度のもとに保持されていた。社会的統合は、呪術的・儀礼的に浄化された規範的合意と、事実性と妥当性が融合したアンビヴァレントな感情に支配された権威によって形成されていた。そこではコミュニケーションが儀礼的に制限されることによって、記述的、評価的、表現的な内実の権威的妥当は、さまざまな問題化から保護され、「事実的」な妥当性をあたえられるのである（Vgl. FG40, 上四二）。他方、近代社会においては、妥当性こそが事実的なものの力を保持することになる。世俗化された社会では、アルカイックな相互行為からは、もはや安定的な社会秩序が形成されえなくなると、社会的統合の負担は、行為者の相互了解にますます依存し、社会はコミュニケーション的行為のうえに統合されねばならなくなる。相互了解のプロセスをつうじて行為の方向づけと同時に相互行為のネットワークが形成されるとき、

「間主観的」に共有された「信念 Überzeugung」が社会的統合の媒体を形成し、また同時に、コミュニケーション的行為のための背景的地平をなす生活世界が「信念」をつうじて再構築されることになる。行為者が妥当だと理解するものが生活世界を形成する「信念」として共有されるのである。したがって、その「信念」に問題があれば、「根拠」をつうじてのみ修正されうる。「根拠」は、批判可能な妥当要求を「請け戻し確証する」ようにうながすべく、その合理的に動機づけられた力を言語的な言明の意味と妥当性の次元との内的な関係に負っている。したがって「根拠」は、言語と言語使用のあいだの事実性と妥当性との緊張関係をつうじて、「信念」を動揺させたり確固たるものにすることによって、社会的統合に不安定化と安定化をもたらすことになる。可謬的な妥当性に依存する社会的な行動期待は、根拠づけられた不合意による不安定化のつねに現前する危険に曝され、それを回避するべく安定化を達成するのである（Vgl. FG54f., 上五五）。

批判可能な妥当要求に対する肯定否定の態度表明による「不合意のリスク」は、社会の進化にしたがって拡大する。社会の複雑性が増大し、生活形式の多元化や生活史の個体化が拡大し、生活世界の背景をなすさまざまな「信念」の部分的な重なりや集中を希薄化させていくとき、その脱魔術化の度合いにしたがって、コミュニケーション的行為は、狭く限定された制度的な結びつきから解放され、利害関心に導かれた、個人のレヴェルで行為を方向づける領域へと解き放たれることになる。それゆえに、ますます諸個人に「間主観的」に承認された規範的な妥当要求を基盤にしてのみ可能となるような義務を課すことによって、社会的統合力を発展させせなければならなくなる。さまざまな妥当要求にしたがって方向づけられた行為を支配する社会集団の統合力は、そこに潜む「不合意のリスク」を妥当性の次元そのものにおいて支配することで回復されなければならない。規範や価値がコミュニケーション的に流動化し、根拠を動機づけることができることではじめて、価値、規範、了解のもとに遂行される社会的統合は、コミュニケーション的行為者自身の手に帰するのだから、近代の複雑な社会条件においては、コミュニケーション的行為そのものから生まれる「不合意のリスク」は、いずれにせよ、リスクを高めることによって、すなわち討議を持続することによって制御するしかない（Vgl. FG42f., 上四二―四四）。ハーバーマスはそこで、まさに実定化こそが、「脱制限化」されたコミュニケーションを否定することなく、個々人を社会統合的な負担から解放することを可能にするのだと説明するのである。一方において、法貫徹が諸制度をつうじて保障されることによって、呪術的な権威による期待の安定化に対する「機能的な等価物」があたえられる。かつて世界像にもとづく諸制度によって、行動を制御する「信念」がコミュニケーションの制限によって固定化されたとすれば、近代法は、規範の遵守のための動機は自由に任せ、「信念」を制裁によって補完することによって遵守を強制するのである（Vgl. FG56, 上五六）。他方において、正統化のプロセスが、原則的にすべての規範と価値を批判的な検証にさらすコミュニケーションの「脱制限化」が、法システムの一部となる。このような法システムにおいては、「異議申し立ての持続するリスク das Dauerrisiko des Widerspruchs」は、「仮説的」に設定された理性的な討議をつうじて、政治的な意見形成や意志形成のための原動力となる（Vgl. FG57, 上五六―五七）。

ハーバーマスは、「みずからの偶然的諸要素を自覚するようになった近代は、手続き的理性、すなわち、自己自身に対して訴追する prozessierend 理性に依拠する」ことになったのだと、「理性批判は理性自身の産物だ」と論じる（Vgl. FG11, 上一一）。しかしそれゆえに、現在もっとも危機に瀕しているのもまた、「法的構造のうちに保存された、再生を必要とする社会的連帯」（FG12, 上一二）なのだという。言語行為によって、間主観的な承認にもとづく批判可能な妥当要求が掲げられるのだが、その提案が行為を方向づける力をもつのは、発話者が妥当要求を掲げるとき、掲げられた要求を必要とあれば十分な根拠をもって「請け戻し確証する」という保証を十分にあたえられるかどうかにかかっている。十分な根拠をもって「請け戻し確証する」ことによって、「不合意」のもたらすリスクは回避され、社会的秩序は安定化するのである。「不合意」は、たしかに新たに社会改革をうながす動機としてもとらえられているが、またリスクとして社会の不安定化の要因とも見なされる。それゆえに、「不合意のリスク」は、あらかじめ背景的合意からなる生活世界のコンテクストのなかに、あるいは法的妥当の事実性のうちに埋め込まれるか、理性的な政治的意見形成や意志形成の生産力へと転化されることによって克服されなければならない。したがって、ハーバーマスは人権をコミュニケーション的行為にもとづく近代的な正統化の手続きの問題として理解しようとするのだが、そのとき「不合意」は「リスク」ととらえられるがゆえに、人権にもとづく政治もまた「リスク」との関係のなかに位置づけられることになる。ハーバーマスが「人権政治」にもとめているのは、人権が合意の手続きの正統性のもとに制御されることにほかならない。むしろ「不合意」においてこそ、妥当要求を掲げる者たちの特異性が可視化されるはずなのだが、そもそも討議理論は、相互行為のシンメトリーな関係のなかで、すべての当事者の妥当要求が考慮に入れられ、問題が不偏不党的に解決されうる状況を想定することによって、この特異性を不可視なものにしてしまう傾向をもっている。さらに「不合意」が制御されるべき「リスク」と見なされるなら、さまざまな「不合意」と結びついたデモスは制御され管理されるべきものとして対象化されることになる。人権がそうした討議理論にもとづいて根拠づけられるとするなら、「人権政治」はデモスの管理という性格をおびることにもなる。

ハーバーマスは、一方において政治共同体の正統性が「反省的‐再帰的」性格をになっていることを強調し、他方において、人権の内実がコミュニケーション的行為の間主観的な手続き的な「先行仮定」から導かれることを主張する。ハーバーマスは、われわれがわれわれの相互行為によって生起する予測不可能な結果に左右される「リスク」をコミュニケーション的行為によって制御し、それによってコミュニケーション的行為が合意形成によって正統性を生産する手続きに社会的統合力をもとめる。しかしその結果、人権の理念は正統性という理念へと従属させられ、「人権政治」は「リスク」回避のための政策という側面をもつことにもなる。むしろ人権は人間の生のその特異性の承認として、正統性とはまったく異なる原理として要請される必要が、人権は正統性を構成する根拠をしめすと同時に、正統性には還元しえない原理として理解される必要があるのではないか。

終　章

二〇〇三年五月三十一日の「フランクフルター・アルゲマイネ」紙に、ハーバーマスとデリダは、ハーバーマスのテクストにデリダが共同で署名するというかたちで、イラク戦争とアメリカに追随するヨーロッパを批判するアピール文を発表している。デリダはそこで、「いかなるヨーロッパ中心主義をも超えた新たなヨーロッパの政治責任の規定」、「国際法とその諸機関、とりわけ国連のもつ意味の再確認と効果的な変革への呼びかけ」、「国家権力の再編成の新たな構想と新たな実践」といった点について、二人の見解は「交じり合い」、「触れ合っている」と述べている（Vgl. GW43, 五二）。二人のあいだの過去の論争を考えるなら、この出来事は画期的なものとも受け取られているが、しかし、デリダ自身が議論の出発点や立論は異なっていることを付言しているように、実際にこの時期に「九・一一」をめぐってなされた二人のインタビューでは、「国際法の諸機関の未来」と「ヨーロッパにとっての新たな課題」を問う姿勢は一致しているとしても、国際法のあり方、国際機関の役割、コスモポリタニズムについての議論はかなり異なっている。とりわけ、ハーバーマスが「九・一一」を、もっぱら古典的な国際法から世界市民法への移行に敵対する原理主義的なテロ行為として理解するのに対して、デリダは、冷戦とその終焉から「抑圧」の悪循環として生まれた「自己免疫 auto-immunitaire 過程《プロセス》」として論じている。デリダはテロ行為を、主権国家の内部から、テロリズムに対する戦いという行為そのものから、「世界化 mondialisation」の可能性から生じてきたものとして説明するのである。

第一に「九・一一」のテロ行為は、デリダによるなら、冷戦の終焉から生まれた「自己免疫的な自殺行為」にほかならない。そのテロ行為は、冷戦後、政治的にも経済的にも軍事的にも全世界秩序の保証人ないし守護者の役割をはたしていると、「力と法との、最大の力と法の言説とのあいだの仮定上の究極的統一」[349]であると考えられている、主権国家のなかの主権国家アメリカへの攻撃であった。デリダは、まさにこの「法の力」の地盤への攻撃があたかも内側からやってきたかのように、アメリカ合衆国の政治的戦略のなかで準備され、訓練され、その知の道具だてによって実行されたかのように見えるという点で、全世界秩序の「自己免疫的な自殺行為」であると説明するのである。この攻撃は、アメリカ資本の戦略的、軍事的、行政的な中心への攻撃であると同時に、世界資本の経済的な中心への攻撃だというのである。第二にその脅威は、脅威の怪物性が「テロリズムに対する戦い」という行為そのものによって再生産され、「自己免疫的なものそれ自身の倒錯的効果」として生みだされているという意味で、「自己免疫的」である。つまり、その行為は報復の連鎖を生みだし、「みずからが根絶すると主張する悪の諸原因を再生させるべく作用する」のである。[350]デリダは、チョムスキーによる人道的介入に対するさまざまな批判を参照しつつ、とりわけ国家によるテロリズムが隠蔽されてしまうことを問題にする。支配的権力は、「国民的あるいは世界的舞台で、所与の状況においてみずからに都合のよい呼称 appellation や解釈を強制し、正統化し、合法化し」ようとしてきたのである。[351]ペンタゴンは、「その脆弱さ vulnérabilité を曝し、みずからをそこから守りたいと思っている攻撃に可能なかぎり最大の反響をあたえることによって」みずから「利益」を得ることになったという意味で、その行為もまた「自己免疫的倒錯」だというのである。[352]第三に、この脅威によって脅かされているのは、世界秩序、「世界と世界化の可能性そのもの」を維持すると考えられているものであるとすれば、「世界の、世界的なものそのものの現実存在」が、この自己免疫的論理によって危険に曝されていることになる。[353]いかなる出来事であれ、出来事は「外傷をあたえるもの」を含んでいる。出来事は、「現前性 présence」ないし「過去 passé」、「一回限り否定しがたく経過した passé ものが生起する＝場をしめること l'avoir-lieu」と結びついていると同時に、「起こる恐れのあることの先触れ的な徴候」として、未来に対して、とりわけ「未来に対する恐怖によって開かれて ouverte」もいる。[354]それゆえに、未来こそが「出来事の自己所有化の不可能性」を規定しているのである。つまり、出来事の時間性は、「来たるべき現前不可能なもの」に由来する。「九・一一」による外傷的核は、過去の攻撃にあるのではなく、「現前不可能な未来」に、「いつかそのうち主権的国民国家の首脳部を脅かす可能性を秘めた攻撃の開かれた脅威」にある。この脅威は、「絶対的に予見不可能で計算不可能な無名の勢力」からもたらされ、もはや恐怖による均衡はありえないという意味で、冷戦よりも悪いものであるというのである。[355]

デリダが「九・一一」のテロ行為を、このように世界秩序の「自己免疫過程」という観点から理解するのに対して、ハーバーマスは国際法の立憲化、国際機関の役割とヨーロッパの課題、コスモポリタニズムを自己修正的な「学習過程」という観点から解釈しようとしている。二人の議論の根本的な相違は、ハーバーマスが正義の概念を正統性の概念と一致させようとするのに対して、デリダはあくまでそれらの概念が一致しえないものであることをしめそうとするところにある。それはまた、法の正統性に対して、人権の理念をどのように位置づけるかという問題でもある。

(1) ハーバーマスは、国際関係を権力関係によってとらえあくまで経済的・政治的権力の反映にすぎないと主張する左翼的あるいは右翼的ホッブズ主義者を批判する。ホッブズ主義的な前提では、法平和主義も幻想と見なされてしまうが、ハーバーマスは、「国際法の立憲化」というカントのプロジェクトは、「幻想なき理想主義」であることを強調するのである (Vgl. GW105, 一四九―一五〇)。国連憲章は、各国の法体系よりも国際法が優位にあることを規定しているが、ハーバーマスは「国際法の立憲化」が必要であることを主張する。国連憲章は、国際的な規則違反を確定し罰することのできる手続きを規定しているのだから、もはや正しい戦争や正しくない戦争ではなく、合法的な戦争と非合法的な戦争、国際法によって正当化された戦争と正当化されていない戦争しかないはずである。国連憲章によるなら、国連は平和と国際安全保障の維持および個人の人権保護を世界規模で実現することを任務としているが、その任務を果たすためには、規則違反をする勢力や国家に対して圧倒的に優位な制裁力をもっていることが条件となる (Vgl. GW100f., 一四三―一四四)。したがって、制裁的な意味をもつ戦争行為を、国際法の権威にもとづく警察活動へと変換しなければならないが、そのためにはそうした問題を裁くための公正な裁判所と警察機関もまた必要になる。そのさい、完全なる立憲化に到達するためには、克服されるべきさまざまな抵抗や反動が存在するとしても、世界市民法を機能させるためには、挑発的な戦闘行為や犯罪集団による人権侵害などに対する「共通の憤り」や、民族浄化やジェノサイドに対する「共通の戦慄」さえあればよいと、ハーバーマスは説明する。すなわち、ハーバーマスにとって、コミュニケーション的連帯のもとに共有される「正義感覚」こそが法の正統性を構成するはずのものなのである。

デリダもまた、国連が「実効的な介入力」[356]をにない、その決定を実行に移すために、もはや富裕で強大な国民国家に依存しないですむような体制が構築されることを望んでいる。しかしデリダは、国際的な法機関と裁判所という構想が、ユートピア的であるばかりでなく、こうした法と力の一致は、国民国家を超えた普遍的な主権を再構築しなければならないという意味で、アポリアでもあることを強調する。デリダはカントと同様に、国際機関と国際法の役割について言及するとき、超国家的な世界政府、世界国家といったものは否定しつつ、「来たるべき民主主義《デモクラシー》」についてつぎのように述べている。「〈来たるべき民主主義〉とは、いつの日か〈現前的〉になるであろう未来の民主主義を意味するのではない。民主主義はけっして現在形において実在しないし、現前化可能 présentable ではなく、カントの意味における統制的理念でもない。そうではなく、そこには不可能なもの l'impossible があり、その約束を、脅威へと堕落してしまう危険に曝され、つねにそうした危険に曝されざるをえない約束を、民主主義は記しているのである」[357]。民主主義には不可能なものがあり、この不可能なものが不可能でありつづけるのは、「デモスのアポリア」にその理由があるのだという。デモスとは、一方において、「理性的計算の普遍性、法の前での市民の平等の普遍性、契約を伴おうと伴うまいと共にあることの社会的絆 lien」であり、他方において、「いかなる〈主体〉にも先行し、誰であれ計算不可能な特異性 singularite のことであり、いかなる市民性をも、いかなる〈国家〉をも、さらにいかなる〈人民 peuple〉をも、〈人間的 humain〉存在者のような存在者として定義された現行の国家さえも超えた、尊重されるべき秘密による社会的な脱‐絆 déliaison の可能性」である。[358] したがってデリダは、デモスが「連帯」の可能性と特異性というたがいに還元しえない二つの性格をになうがゆえに、あくまで正義、つまり人権の問題は、正統性の問題には還元しえないものであると論じるのである。

(2) ハーバーマスは、実際には国連の活動はさまざまな権力関係に左右されてきたとすれば、いずれにせよ国連の諸機関には変革が必要であると説く。第一に、国連の加盟国のなかにはリベラルな国家から独裁国家にいたるまでさまざまな国家が存在する以上、まず拒否権の再検討の必要性を指摘すると同時に、「民主主義的な諸国家のになう正統性の優位」(GW106, 一五一)を主張している。第二に、世界機構が軍事力を保持していないためにその行為能力が限定されていて、問題解決のためにそのつど有力な加盟国の支援に頼らざるをえないこと、さらに国連がそれぞれの政府の主権に依存し、それぞれの国民の意志にしたがわざるをえないことに最大の問題があると指摘し、こうした問題に対処するためには、国連が平和維持と人権保護を実現するための軍事力を準備する必要があると主張するのである (Vgl. GW106f., 一五二)。第三に、ハーバーマスはこうして、世界機構の役割を平和の確保とグローバルな人権の貫徹という最重要な機能に限定した「世界政府なき世界内政治」を構築することと、経済・環境・交通・健康などのさまざまな活動は中間的レヴェルの機関や交渉システムへと委ねられるべきことを主張する。こうした「グローバルな多層的システム」の分業のもとでなら、国連の活動も民主的で正統的なものとして認められると同時に実効的なものとなるであろうというのである。このように国際法が進化することによって、市民はもはや国家だけでなく国際法の主体となり、必要とあれば世界市民として、自国の政府に対して権利要求することも可能になる（Vgl. GW107f., 一五二―一五三）。ハーバーマスは、「西欧に対する正当な批判は、その基準を西欧の二〇〇〇年にわたる自己批判の討議から借用したものである」（GW109, 一五五―一五六）というかねてからの主張を繰り返しつつ、人々を「平等に扱う Gleichbehandlung」という法とその手続きに内在する平等主義的な普遍主義の理念は、ときに抑圧や排除のために使用され、イデオロギー的な機能を果たしはするが、しかし同時に、イデオロギー批判としての機能をもになっていて、それゆえに世界中のさまざまな対抗運動・解放運動が、人権という理念に訴えるのだと主張するのである（Vgl. GW105, 一五〇）。

デリダもまた、「ヨーロッパの新しい形象」について、つまりヨーロッパは「啓蒙 Lumières」の時代に政治的なものと神学的なもの、あるいは政治的なものと宗教的なものとの関係について新たな経験をすることになるのだが、宗教的教義に関して、宗教や信仰ではなく宗教的教義が政治的なものに対してもつ権威に関して、ヨーロッパの政治空間のなかに記された、アラブ世界にもイスラム世界にも極東にも見いだすことのできない「絶対的に独創的な刻印」について言及する[359]。デリダは『信仰と知[360]』で、カントこそが『たんなる理性の限界内における宗教』のなかで「知ることを望み、したがって信仰と知との差異を無視する」ことにもなる「教条的 dogmatisch 信仰」に対して、「反省的 reflektierend 信仰」をとなえたのだと論じているが、インタビューでも同様の議論を繰り返している。「反省的信仰」は、「行為を命じ、知を行為に従属させ、知を行為から分離する」のであり、そこでは

「人間自身が何をなさねばならないかを知ること」が問題になる。[361] こうして、われわれの議論の空間そのものが開示されるのであり、「いかなる歴史的啓示にも依存せず、したがって純粋実践理性の合理性に合致しているがゆえに、知を超えた善意志をも優先する」「反省的信仰」のもとに政治的空間が開かれるのである。[362] つまり、道徳的に行動するということは、「ようするに、あたかも神は存在せず、もはやわれわれの救済に関与しないかのように行為しなければならない」ということを、「あたかも神がわれわれを見捨てたかのように行為すること」を意味する。[363] しかしデリダは、この「反省的信仰」は、まさにカントによってテクストの「付録」に付されたように、「啓蒙」の時代の余白に記されたものであり、どこまでも不完全なものであり、つねに「自己免疫的な代償」をはらう可能性を秘めたものであることを強調している。知から分離された行為は、すべての遂行的なものの証言によって保証される。この証言による保証は、他者のまえでその遂行可能性に責任をもつようにうながす。この遂行的要請によって、慣習や制度、法や憲法体制が構築されるのだが、その行為が同時に経済的・資本主義的な合理性をも支えてもいるがゆえに、「自己免疫過程」をつうじて自己破壊的な反動という代償を払う危険性をもはらんでいる。ハーバーマスは理性をあくまで解放の原理として記述しようとするのだが、デリダは理性を本来的に「自己免疫的」な論理をはらんでいるものとして記述するのである。[364]

(3) たしかにハーバーマスもまた、古典的国際法から、カントが世界市民状態として期待したものへの移行状態がはらむ両義性を認めている (Vgl. GW26, 二五)。一方において、国連やさまざまな国際的諸機関のもとで、侵略戦争、ジェノサイド、人道に対する罪が暴かれ、ハーグ法廷で具体的に人権を侵害する行為が審理されるといった点で、また国連安全保障理事会のもとでさまざまな政治的決定がなされるといった点で、「国際共同体」という理念は実現しつつある。他方において、世界的な諸機構は大国の協力なしには機能しえないのが現実であり、スレブレニツァの悲劇を見ても、コソヴォ空爆で安全保障理事会の決定なしにNATOが軍事行動を起こさざるをえなかったことからしても、「国際共同体の正統ではあるが脆弱な権威と、軍事的能力はもつが自己の利害関心を追及する国民国家」とのあいだに「決定的な権力の落差」があるのも事実である（Vgl. GW26f., 二五―二七）。「為されるべきことSollenと為されうることKönnen、正当性Rechtと権力Machtの不一致」が、国際関係を「古典的な権力政治」、「地域的な同盟相手への配慮」、「コスモポリタン的法体制への萌芽」の混合状態へと陥らせているが、そこにまた「自由な行動へのあらゆる規範的制限に対する超大国の不信の念」が生まれる要因があり、それによって西側陣営の内部での、アングロサクソン諸国と大陸諸国との不一致が助長されるのである（Vgl. GW27f., 二七）。しかし、こうした不一致もまた、それぞれの地域的な同盟が「国民横断的《トランスナショナル》」な協定を結び、ますます緊密な「国民横断的《トランスナショナル》」な機構を構築することによってのみ解消されうる。とりわけハーバーマスは、「市民が相互に平等な権利を認めあう」社会を形成する憲法の「原則や規範の独特な反省性Reflexivität」（GW29, 三〇）を強調する。憲法それ自身のうちにすでに、憲法解釈をめぐる争いを裁定するための制度と手続きが規定されているが、憲法はこの手続きをも超えて、市民的不服従をも許容し、越境行為の「憲法適合的」な条件をも引き出してくることができるのである（Vgl. GW30, 三〇）。したがって、民主的な憲法は、反体制派の抵抗にも寛容に対応することが可能なのだが、しかしそうした規則違反の抵抗もまた、憲法の精神と文言から正当化されうるものでなければならないし、その戦いは多数派に再考をうながすような非暴力的な訴えという性格をもつ手段によってなされるものでなければならない。こうして平等な市民権の実現という民主的なプロジェクトは、少数派の抵抗を糧にして遂行されるのである。「すなわち、すべての者に対する平等な尊重と相互的な顧慮という意味での相互承認を要求する、理性道徳の平等主義的な個人主義だけが、厳密な意味で〈普遍主義的〉なのである。包括的な、したがってすべての者に開かれた道徳共同体の構成員資格 Mitgliedschaft は、連帯と非‐差別的な包括を約束するだけでなく、同時にすべての者の個人性と他者性への平等な権利を意味するのである」(GW30, 三二)。法と道徳の普遍主義的な討議は、その普遍性の背後には特殊な利害関心が隠されている可能性があるのだから、イデオロギー的に乱用されることもありうる。しかし、法と道徳の討議には、自己修正的な「学習過程」という独特な「自己言及性」がそなわっている。ハーバーマスは、法と道徳の普遍主義的な討議がこうした二つの特性をもつことを強調することで、普遍主義的な基準の「一面的で選択的な適用」を批判しようとするとき、すでにこの普遍主義的な基準を前提とせざるをえないように、「普遍主義的討議をイデオロギー的隠蔽のために利用しようとすることを脱構築的に暴きだそうとするとき、かならずこの普遍主義的な討議そのものによって提示された批判的な視点に立ち戻っていることがわかる」と説明し、「道徳的、法的普遍主義は、その誤った実践はみずからの基準をもとにしてのみ批判されうるという意味で凌駕しえないものなのだ」と主張するのである (Vgl. GW31, 三二)。

他方、デリダはコスモポリタニズムについて、それが市民権に、「世界市民権」になんらかのかたちでアクセスできるのであれば讃えられるべきものであるが、そこにはつねに「国民国家」という限界があり、また「世界国家」についても留保すべき問題があると論じる。「古いギリシア＝キリスト教的コスモポリタンの理念」の彼方にこそ、「（国民国家の）国際性 l'internationalité すなわち市民権を超えて拡張される、普遍的な同盟ないし連帯の予兆」を見なければならない。[365] したがって、一方において、「国際的暴力（〈テロリズム〉の暴力や軍備の拡散と同様に、市場や世界資本の集中）に対する庇護 protection として、〈国家〉形態（国民国家の主権）が、つまり民主的な市民権が果たす積極的で有益な役割」と、他方において、「その主権が神学的遺産でありつづける国家、国境を管理し、国境を非市民に対して閉ざし、暴力を独占する国家の、否定的あるいは制限的効果」のあいだでどのように決定すればよいのか、というアポリアにたえず連れ戻されるのである。[366] 国家とは、このように「自己保護的」であると同時に「自己破壊的」であるという意味で、自己免疫的な「薬《パルマ》＝毒《コン》」にほかならない。そうであるがゆえに、デリダは「公共空間の構造、民主主義や神権政治の解釈とそれらが国際法と取り結ぶ関係の解釈、国民国家とその主権の概念、市民権の概念、民主主義に仕えると同時に脅かしてもいるメディアによる公共空間の変容」といったものにおける「変異」を分析しなければならないのだと主張するのである。[367]

こうしてハーバーマスが「共通の憤り」にもとづく国際社会の「立憲化」を主張するのに対して、デリダは民主主義のアポリア、デモスのアポリアを、ハーバーマスが啓蒙の理念にもとづく国際社会の構築をとなえるのに対して、デリダは啓蒙の両義性、理性のアポリアを、ハーバーマスがコスモポリタニズムにおける自己修正的な「学習過程」の意義を強調するのに対して、コスモポリタニズムはつねに国家の「薬《パルマ》＝毒《コン》」的な両義性との関係において考察されるべきことを主張するのである。

ハーバーマスとデリダの主張は、民主主義とは、「異議をとなえることとの可能性、自分自身を批判し無際限に改良する可能性を受け入れる唯一の概念」であり、その体制は、「自己自身の改良可能性perfectibilité、したがって自己自身の歴史性を引き受ける唯一の体制」である、という点で一致している。[368]また、古典的なコスモポリタニズムは、世界国家のような国家主権の形態を前提としているが、そうした形態は、「政治的‐神学的」概念の世俗化した形態にほかならないがゆえに受け入れることはできない、という点でも一致している。他方、ハーバーマスは、民主主義は討議に内在する諸規則にしたがって構築されうることを、また世界市民法はいまだ実現されてはいないが実現されるべき「未完のプロジェクト」として構想されるべきことを主張するがゆえに、民主主義には「その体制が決定される土台なき土台であるアポリアないし決定不可能性l'indécidabilité」が潜んでいるという、それゆえに国際社会は「自己免疫過程」のなかにあるというデリダの主張を否認するのである。たとえば、デリダは、原理主義がアラブとイスラム世界に対するアメリカとヨーロッパの政策から生まれてきたものであり、同時に、原理主義そのものが権力と資金の世界的なネットワークの一部であると説明するのに対して、ハーバーマスもまた、原理主義が近代になってはじめて登場してきたことを認めるのだが、その原因をもっぱら「世俗化」の過程に、つまり「伝統的な生活様式の崩壊による苦悩」にあると説明する。[369]つまり、ハーバーマスは原理主義を、世俗化への抵抗として、つまり近代化の過程で克服されるべきもの、そしてまさに近代化によって克服されうるものとして理解するのである。しかし、むしろアメリカやヨーロッパの政策こそが、原理主義を世俗化への抵抗として、あるいはハーバーマス自身認めているユダヤ教にもキリスト教にも存在する世俗化への抵抗を、とりわけイスラム教において過激なものとして出現させているのではないか。デリダにしたがうなら、そもそも「合意」は、結果的にその決定の遡及性・両義性・不確定性をともなうものである。ハーバーマスは、（1）正統性は「合意」の行為遂行的な相互行為によって形成されることを主張しながら、正統性の根拠は「合意」というコミュニケーション的行為の討議的な「先行仮定」によって構成されると主張することによって、正統性の根拠が「合意」の事実上の行為遂行的な相互行為の結果として生まれてくることを、（2）また「合意」が可謬的であることを認めながら、その結果はかならずしも「合意」において期待していた結果をもたらすとはかぎらないこと、したがって、「合意」はデリダが主張するように意図せざる結果として、必然的に「自己免疫過程」をともなうことを、（3）さらに「グローバルな多層的システム」をとなえ、グローバル社会においてわれわれはどこで「合意」されたかわからない決定の影響をうけつつその行為の責任を負わなければならないことを認めながら、民主主義とはまさにこの不確定性のなかで可能なかぎり責任あるやり方で応答する体制として理解しなければならないことを、否認するのである。ハーバーマスはこうして、討議における論拠の先行性、過去をつねに弁証法的に克服されたものとして提示する包摂的な時間性、発達した社会とそうでない社会の不均衡な関係性、をつくりだす「先行仮定」、「学習過程」、「啓蒙」といった概念に訴えることによって、「合意」の「自己免疫過程」を、その遡及性・両義性・不確定性を否定するのである。

デリダは、民主主義を「来たるべきもの」として、コスモポリタニズムの、「市民権 citoyenneté」の限界を超えるものとして理解し、またカントの「世界市民法」の理念を、実現されるべき「未完のプロジェクト」ではなく、「たえず永遠平和へと接近していくための条件」として説明している。デモスは、市民へと普遍化されることによってその権利を獲得すると同時に、普遍化されえない特異性をになうものとして、いかなるリベラルで民主的な体制においてもつねに過剰なものでありつづける。まさにデモスのアポリアゆえに、「民主主義《デモクラシー》」はつねに「来たるべき」ものであり、不可能なもの、「自己免疫的」なものなのである。したがって、一方において「〈来たるべき〉民主主義」とは、未来において到達されるべきなにものかではなく、たえず現在においてありうるかもしれない可能性のなかで、「特異な存在者たち（誰か）が、いまだ市民権によって規定されることがなくとも、すなわちある国家の法的〈主体〉という、国民国家のさらに連邦や世界国家の合法的な構成員という条件によって規定されることがなくとも、〈共生する〉ことを可能にするもの」でなければならない。他方において、「世界市民法」の理念とは、この無条件なものをある条件のなかに「再び-書き込む」べく市民権を拡張していくための条件として理解されなければならない。[370] したがって、リベラル民主主義に対するハーバーマスの期待をまじめにとらえるなら、理性とはその意に反して、リベラルで民主的な社会のうちにつねに前提とされるべきものとして存在するのではなく、むしろ「来たるべき民主主義」の「しるし」として、判読され、賭けられ、期待されなければならないものとして理解されるべきなのである。

注

1　Vgl. FG632ff. 下二七二―二九八；Honneth, Axel: Universalismus als moralische Falle? Bedingungen und Grenzen einer Politik der Menschenrechte, Merkur, Heft 9-10. 1994, S. 867-883.

2　百瀬宏・植田隆子『欧州安全保障協力会議（CSCE）1975―92』日本国際問題研究所、一九九二年を参照。

3　Vgl. Habermas, Jürgen: Die Zukunft der menschlichen Natur. Auf dem Weg zu einer liberalen Eugenik? Frankfurt a. M. (Suhrkamp) 2001, S. 47.（『人間の将来とバイオエシックス』三島憲一訳、法政大学出版局、二〇〇四年）また、市野川容孝「死への自由？　メディカル・リベラリズム批判」（『現代思想』一九九四年四月号、青土社）、『身体／生命』（岩波書店、二〇〇〇年）、さらに、盛永審一郎「『人間の尊厳』と『生命の尊厳』――『ドイツ胚保護法』をてがかりに」、尾崎恭一「ヒト胚研究と人間の尊厳――ヒト胚の尊厳性について」、山本達「ヒトゲノム解析・遺伝子医療での人間の尊厳という問題」（『理想』二〇〇二年三月号、理想社）を参照。

4　テクストは、「ツァイト」紙（Die Zeit, 16. 9. 1999）に掲載され、その後、ズーアカンプから出版される。Sloterdijk, Peter: Regeln für den Menschenpark. Frankfurt am Main 1999.（『「人間園」の規則――ハイデッガーの「ヒューマニズム書簡」に対する返書』仲正昌樹訳、御茶の水書房、二〇〇〇年）

5　Mohr, Reinhard: Züchter des Übermenschen, in: Der Spiegel, 36/1999.

6　Assheuer, Thomas: Das Zarathustra-Projekt. Der Philosoph Peter Sloterdijk fordert eine gentechnische Revision der Menschheit, in: Die Zeit, 2. 9. 1999; Was ist deutsch? Sloterdijk und die geistigen Grundlagen der Republik, in: Die Zeit, 30. 9. 1999. 詳しくは、モーアののちにアスホイアーが「ツァイト」紙に掲載したスローターダイクへの批判に対して、スローターダイクが反論したことが発端で論争がはじまっている。

7　Sloterdijk, Peter: Die kritische Theorie ist tot, in: Die Zeit, 9. 9. 1999.

8　Tugendhat, Ernst: Es gibt keine gene für die Moral, in: Die Zeit, 23. 9. 1999.

9 Frank, Manfred: Geschweife und Geschwefel, in: Die Zeit, 23. 9. 1999.

10 Sloterdijk, Peter: Sehr geehrter Assheuer, in: Die Zeit, 9. 9. 1999.

11 たとえば、『「人間園」の規則』のアレックス・デミロヴィッチの解説・論考を参照。

12 Sloterdijk, Peter: Sehr geehrter Habermas, in: Die Zeit, 9. 9. 1999.

13 Vgl. Frank, Manfred: Was ist Neostrukturalismus? Frankfurt a. M. (Suhrkamp) 1983. しかし、そもそもロマン派を扱ったフランクの教授資格論文は、その文体にいたるまでサルトルとハイデガーの顕著な影響のもとに書かれている。Vgl. Frank, Manfred: Das Problem "Zeit" in der deutschen Romantik. Zeitbewußtsein und Bewußtsein von Zeitlichkeit in der Frühromantischen Philosophie und in Tiecks Dichtung, Paderborn/München/Wien/Zürich, 1990 (2., überarbeitete Auflage von 1972 [Winkler-Verlag, München]).

14 ハーバーマスからの返答は、ようやく一年後、二〇〇〇年九月にチューリヒで、さらに二〇〇一年の六月にマールブルク大学で行なわれた講演のなかでなされている。それらの講演のテクストは、『人間的自然の未来――リベラルな優生学の途上で?』(邦訳『人間の将来とバイオエシックス』注3参照)というタイトルで出版されている。ハーバーマスはテクストで、遺伝子工学をリベラリズムとコミュニタリアニズムの観点から検討するとともに、ヒト胚研究をめぐる「人間の尊厳」の問題を、「対話的関係の構築の可能性」という討議理論的立場から条件づけようとしている。またそこで、「いくらか現実から逃避した知識人」が、幸いなことにそれほど影響力はないようだが、「自然主義へと転じたポスト・ヒューマニズムの残りかすから未来を読もうとし」、「ドイツ的なイデオロギーのうんざりするほどよく知られたモチーフ」(S. 43, 四一)を繰り返していると、暗にスローターダイクを批判している。

15 Habermas, Jürgen: Bestialität und Humanität. Ein Krieg an der Grenze zwischen Recht und Moral (Die Zeit, 29. 4. 1999), in:Der Kosovo Krieg und das Völkerrecht, hrsg. v. Reinhard Merkel, Frankfurt a. M. 2000. この論考が掲載された直後に、ペーター・ハントケが「南ドイツ新聞」にハーバーマスを批判する記事を載せている。Vgl. Handke, Peter: Moral ist ein anderes Wort für Willkür, in: Süddeutsche Zeitung, 15. 5. 1999. またそれに対して、

ハーバーマスは、いくつかの点でハントケの批判に対して反論しつつ、しかし、「あれから、投入された軍事手段の合目的性と適切性が問題となったからには、緑の党が条件つきの空爆停止を要求するのは理性的であると考える」と前言を修正する発言をしている。Vgl. Habermas, Jürgen: Zweifellos. Eine Antwort auf Peter Handke, in: Süddeutsche Zeitung, 18. 5. 1999.

16　Schmitt, Carl: Glossarium. Aufzeichnungen der Jahre 1947-1951. Berlin (Duncker & Humblot) 1991, S. 259. また、ハーバーマスの批判については、Habermas, Jürgen: Kants Idee des ewigen Friedens - aus dem historischen Abstand von 200 Jahren（EA192ff., 一九〇—二三一）を参照。ハーバーマスは、この個所について、シュミットが「人間性、残虐性」という「軽蔑すべき定式」に、一見するとホルクハイマーに由来するかとも思える曖昧な注釈をくわえていると述べている。

17　Habermas, Bestialität und Humanität, S. 52.

18　Ebd., S. 53.

19　一般に、人権にかかわる政策全般を意味する「人権政策 Menschenrechtspolitik」という用語を、ハーバーマスは「権力政治 Machtpolitik」と対立する概念として、つまり権力にもとづく政治ではなく人権にもとづく政治という意味でもちいていることから、ここでは「人権政治」と訳すことにする。

20　Sloterdijk, Peter: Regeln für den Menschenpark. Frankfurt am Main 1999, S. 30, 訳五二頁。

21　Ebd., S. 31, 訳五三頁。

22　Ebd., S. 39, 訳六三頁。

23　Ebd., S. 46f, 訳七二頁。

24　Ebd., S. 56, 訳八三頁。

25　Vgl. Habermas, Kants Idee des ewigen Friedens-aus dem historischen Abstand von 200 Jahren（EA192ff., 一九〇—二三一）。また、Habermas, Staatsbürgerschaft und nationale Identität（FG632ff., 下二七二—二九八）; ders:

Die Normalität einer Berliner Republik, Frankfurt a. M. (Suhrkamp) 1995. を参照。

26 Schmitt, Carl: Der Begriff des Politischen. Text von 1932 mit einem Vorwort und drei Corollarien, Berlin (Duncker & Humblot), 1963.（『政治的なものの概念』田中浩他訳、未來社、一九八八年）

27 Ebd., S. 55, 訳六三頁。

28 Schmitt, Das Zeitalter der Neutralisierungen und Entpolitisierungen, in: Der Begriff des Politischen, S. 94.

29 Vgl. Schmitt, Carl: Die Wendung zum diskriminierenden Kriegsbegriff. Nachdruck der Ausgabe von 1938. Berlin (Duncker & Humblot), 1988.

30 Schmitt, Carl: Der Begriff des Politischen, S. 27, 訳一六頁。

31 Vgl. Schmitt: Die Wendung zum diskriminierenden Kriegsbegriff.

32 Schmitt: Glossarium, S. 229.

33 Ebd., S. 265.

34 Ebd., S. 282.

35 Blanke, Thomas: Theorie und Praxis. Der Philosoph im Handgemenge, in: Das Interesse der Vernunft. Rückblicke auf das Werk von Jürgen Habermas seit "Erkenntnis und Interesse", hrsg. v. Stefan Müller-Doohm, Frankfurt a. M. (Suhrkamp) 2000, S. 496ff. ブランケはまた、はたして武力による攻撃以外に選択肢はなかったのか、そもそもこのようなやり方で地上戦にまで発展し軍事介入の目的が見失われるような事態にでもなれば、むしろ「国家間の関係の法制化を貫徹するというプロジェクト」は何十年も後退することになっていたのではないか、と問いかけている。ブランケは、オルデンブルク大学の教授（労働法、憲法、法理論、法哲学、法社会学）、法学雑誌『批判法学』の編集に携わり、ハーバーマスの討議理論に関する論文も発表している。

36 Vgl. ebd., S. 509.

37 Vgl. ebd., S. 510f.

38 Vgl. ebd., S. 518. ブランケはむしろ、そのような行動は厳格に「例外事例」であるべきであり、最終的にはふたたび国際的な安全保障や国際法の体系に結びつけられなければならないし、安全保障理事会の民主主義的な正統性と危機的事態における政治行為の可能性を改善するために役立てられなければならないと主張し、とくにそのような貢献ができるかどうかに、ドイツ政府がまさに戦争の混乱のなかで平和的な政治を行ないうるかがかかっていることを強調する。

39 ハーバーマスは、意味論的「基礎づけ」、また唯一絶対の究極的な根拠をもとめるいわゆる「基礎づけ主義 foundationalism」を否定することからそれと区別するために、またドイツ語圏の訳語の慣例にしたがって「根拠 Grund」との関係から、ここでは Begründung を「根拠づけ」と訳す。討議理論において問われるのは、「論議 Argumentation」において「根拠」をしめし議論することの「形式的」な意味である。

40 ハーバーマスは、「ある規範が間主観的に承認されているという社会的事実」と「ある規範が承認するに値するということ」とを区別しなければならないと述べているが（Vgl.MkH71, 一〇二）、Geltung という語は、文脈によって事実上妥当していることと、根拠づけ可能であり妥当性をもつことの二つの意味でもちいられている。Vgl. Tobias Lieber: Diskursive Vernunft und formelle Gleichheit, Tübingen 2007, S.16. 他方 Geltung はまた、妥当性をもつという規範の内容的な性格と規範が妥当する事態との両方をあらわしているものと考えられる。ここでは、おもに規範の内容的な性格をしめす場合には Gültigkeit と同義なので「妥当性」と、おもに規範が妥当する事態をしめす場合には「妥当」という訳語をもちいた。

41 ハーバーマスは、アレクシーの提案する論議の前提のカタログを参照している。もともとのアレクシーのカタログでは、これらは「基本規則」と「理性規則」という二つのカテゴリーに分けられて提示されていたのに対して、ハーバーマスは、論理的・意味論的レヴェル、手続き的レヴェル、プロセスのレヴェルという三つのレヴェルに整理しなおしている。Vgl. Alexy, Robert: Theorie der juristischen Argumentation. Die Theorie des rationalen Diskurses als Theorie der juristischen Begründung, Frankfurt a. M. 1996 (Erste Auflage 1983, überarbeitete Auflage von 1978),

S. 234-242.

42　Vgl. Apel, Karl-Otto; Transformation der Philosophie. Das Apriori der Kommunikationsgemeinschaft. Frankfurt a. M. 1988 (Erste Aufgabe 1973).（カール＝オットー・アーペル『哲学の変換』磯江景孜他訳、二玄社、一九八六年）

43　Günther, Klaus: Der Sinn für Angemessenheit. Anwendungsdiskurse in Moral und Recht. Frankfurt a. M. 1988. ちなみに、このテキストのタイトルは、ドゥウォーキンの『権利論』のなかの「適正さ（適切性）の感覚 sense of appropriateness」という語に由来すると考えられる。Vgl. Günther, Der Sinn für Angemessenheit, S. 346.; Dworkin, Ronald: Taking Rights Seriously, Cambridge/Massachusetts (Harvard University Press) 1999, p. 40. ギュンターは、ヨハン・ヴォルフガング・ゲーテ大学（フランクフルト）教授（法理論、刑法、刑事訴訟法）。なお Sinn は、「正義感（覚）Gerechtigkeitssinn（sense of justice）」と同様に、「常識（共通感覚）common sense」の sense と同じ意味で使われていると考えられることから、Geltungssinn の訳語は「妥当感覚」とした。また、ハーバーマスの議論については、EzD138ff.（訳一六二―一六七頁）、FG264ff.（訳上二五四―二五六頁）を参照。

44　Ebd., S. 53. ギュンターは、規範の普遍的遵守を問題にするとき、「弱いヴァージョンの（U）」と、「強いヴァージョンの（U）」「すべての個々の特別な状況においてある普遍的な規範を遵守したときすべての個々人の利害関心に対しておよぼされる結果と副次的効果が、あらゆる者たちによって受け入れられうるとき、その規範は妥当であり、いかなる場合においても適切である」を、区別して論じるのである。

45　Ebd., S. 64.

46　また、「整合性理論」については、ギュンターの議論を参照。Günther, Klaus: Ein normativer Begriff der Kohärenz. Für eine Theorie der juristischen Argumentation, Rechtstheorie 20, Berlin 1989, S. 163-190.

47　一般に「手続き的権利 Verfahrensrechte」は、さまざまな「手続き法 Verfahrensrecht」で認められた「手続き的権利」を意味する用語だが、ハーバーマスはここではもう少し一般的な意味でもちいていると考えられる。なお、ハーバーマスは「手続き的権利」ということばをひとつの概念として頻繁にもちいているわけではないが、いずれにせよ権利を「手続き的」なものとして理解していることから、ここではひとつの概念として使用することにする。

48 Vgl. Wellmer, Albrecht: Ethik und Dialog. Elemente des moralischen Urteils bei Kant und in der Diskursethik, Frankfurt a. M. 1986, S. 151f.

49 Ebd., S. 152.

50 Ebd., S. 158.

51 Ebd., S. 157.

52 Ebd., S. 155. アクセル・ホネットの議論にもまた、ハーバーマスと同様の問題があるように思われる。ホネットの「承認をめぐる闘争」も、「自律」を前提としているからであり、承認は承認に値する者にのみあたえられるべきことを主張するからである。Vgl. Honneth, Axel: Kampf um Anerkennung. Zur moralischen Grammatik sozialer Konflikte, Frankfurt a. M. 1992.（アクセル・ホネット『承認をめぐる闘争』山本啓他訳、法政大学出版局）

53 Wellmer, a. a. O. S. 156.

54 Dworkin, Ronald: Taking Rights Seriously, Cambridge/Massachusetts (Harvard University Press), 1978, p. 273.（ロナルド・ドゥウォーキン『権利論』、『権利論Ⅱ』小林公他訳、木鐸社）

55 Vgl. Alexy, Robert: Theorie der juristischen Argumentation. Die Theorie des rationalen Diskurses als Theorie der juristischen Begründung, Frankfurt a. M. 1983, S. 261ff, S. 349ff. を参照。ここでは、アレクシーの「特殊ケース・テーゼ」のみを問題にする。アレクシーの法と道徳との関係については、酒匂一郎「法と道徳との関連」九州大学法政研究五九巻三・四号（一九九三年）四三三頁以下、また渡辺康行「討議理論における人権の基礎づけについて」憲法理論研究会編『憲法五〇年の人権と憲法裁判』（敬文堂、一九九七年）一五三頁以下、「憲法学における『ルール』と『原理』区分論の意義——R・アレクシーをめぐる論争を素材として」（樋口陽一他編『日本憲法学の創造力（上）・栗城壽夫先生古希記念』信山社、二〇〇三年）一頁以下を参照。

56 Vgl. Günther, Klaus: Ein normativer Begriff der Kohärenz für eine Theorie der juristischen Argumentation, Rechtstheorie 20, 1989.

57 Vgl. Alexy, Theorie der juristischen Argumentation, S. 349f.

58 Ebd. S. 350.

59 Vgl. ebd., S. 352.

60 Vgl. ebd., S. 273ff., S. 283ff., S. 288ff., S. 307ff., S. 341ff., S. 352ff.

61 Vgl. ebd., S. 355.

62 Ebd., S. 358.

63 Vgl. ebd., S. 356.

64 Vgl. ebd., S. 357.

65 Vgl. Günther, Ein normativer Begriff der Kohärenz, S. 186f. ギュンターによるなら、アレクシー自身、普遍的実践的討議では「問題になっている規範的言明 schlechthin」が理性的でなければならないのに対して、法的論議においてはまさに「妥当する法秩序という枠組みのなかで」（Alexy, Theorie der juristischen Argumentation, S. 272）のみ理性的に根拠づけられうるというとき、この危険性を認めているのだという。というのも、「そのもの」ということばには、普遍的実践的討議ではまさしくすべての関与者にとって承認に値するという意味がこめられているからである。

66 Ebd., S. 187.

67 Ebd., S. 188.

68 Ebd., S. 189.

69 Vgl. ebd., S. 188.

70 Vgl. ebd., S. 190.

71 ここでは、道徳と法を「行為システム」論的な観点からではなく、行為遂行論的な観点から問題にしたい。ハーバーマスの法理論の「行為システム論」的なアプローチに関しては、仲正昌樹『〈法〉と〈法外なもの〉』御茶の水書房、Bolz, Norbert; Weltkommunikation, München (Fink) 2001、を参照。

72 ヴェルマーもまた、法を道徳から、妥当の範囲が限定されている、外的な制裁と結びついている、実践に対して構成的である、といった点で区別されることを主張している。Vgl. Wellmer, Ethik und Dialog Elemente des moralischen, S. 114ff.

73 村上淳一、ハンス・ペーター・マルチュケ『ドイツ法入門』（有斐閣、一九九七年）、塩津徹『現代ドイツ憲法史——ワイマール憲法からボン基本法へ』（成文堂、二〇〇三年）を参照。

74 Vgl. Hesse, Konrad: Gründzüge des Verfassungsrechts der Bundesrepublik Deutschland, Heidelberg 1999.（コンラート・ヘッセ『西ドイツ憲法綱要』阿部照哉他訳、日本評論社、一九八三年）。また、エルンスト・ヴォルフガング・ベッケンフェルデ「基本法制定四〇周年を経た基本権解釈の現在」『現代国家と憲法・自由・民主制』（初宿正典編訳、風行社、一九九九年）を参照。

75 インゲボルク・マウスによるなら、ハーバーマスはこの私法の主観性は「事物支配 Sachherrschaft」にかかわっているが、間主観性こそが事物支配との関連で主体間の権利関係にかかわると考えている点で、ルカーチの物象化論、マルクス主義的法理論にしたがっている。すなわち、「法関係は直接的に権利主体と物件とのあいだにではなく、物件との関係において主体間そのもののあいだにのみ存立しうる」、と主張しているというのである。Vgl. Maus, Ingeborg: Freiheitsrechte und Volkssouveränität. Zu Jürgen Habermas' Rekonstruktion des Systems der Rechte, Rechtstheorie 26. 1995, S. 515.

76 Vgl. Alexy, Robert: Grundrechte und Demokratie in Jürgen Habermas' prozeduralem Rechtsparadigma, in; O. Behrends, R. Dreier: Gerechtigkeit und Geschichte, Göttingen 1996.

77 Blanke, Thomas: Sanfte Nötigung, in: Kritische Justiz 27. 1994, S. 460.

78 Vgl. ebd., S. 457.

79 Ebd., S. 461.
80 Vgl. ebd., S. 458.
81 Vgl. ebd., S. 453.
82 Günther, Klaus: Diskurstheorie des Rechts oder liberales Naturrecht in diskurstheoretischem Gewande?, in: Kritische Justiz 27. 1994.
83 Ebd., S. 478.
84 Vgl. ebd., S. 478f.
85 Vgl. ebd., S. 479.
86 Vgl. ebd., S. 489f.
87 Ebd., S. 482.
88 Vgl. ebd., S. 486.
89 Vgl. ebd., S. 487.
90 Kupka, Thomas: Jürgen Habermas' diskurstheoretische Reformulierung des klassischen Vernunftrechts, in: Kritische Justiz 27. 1994, S. 466f.
91 Vgl. ebd., S. 468.
92 Vgl. ebd., S. 468f.
93 Vgl. a. a. O., S. 480.
94 Vgl. ebd., S. 480f.
95 Ebd., S. 481.
96 Vgl. ebd., S. 482.
97 Vgl. ebd., S. 483.

98　Ebd., S. 484.

99　Vgl. ebd., S. 485.

100　Ebd. S. 485.

101　Vgl. ebd., S. 486.

102　Vgl. ebd., S. 470.

103　Ebd., S.471.

104　Vgl. Ronald Dworkin, Jürgen Habermas, Klaus Günther: Regiert das Recht die Politik?, in: Philosophie Heute, hrsg. v. Ulrich Boehm, Frankfurt a. M./New York 1997, S. 158f. ハーバーマスとドゥウォーキンは、一九九四年、ビーレフェルト大学の「学際的研究センター」主催で開催されたコロキウムで、民主主義という政治体制と権利との関係をめぐって議論をかわしているが、そこで問題となった論点のひとつにほかならない。

105　Vgl. Maus, Ingeborg: Zur Aufklärung der Demokratietheorie. Rechts- und demokratietheoretische Überlegungen im Anschluß an Kant, Frankfurt a. M. 1994, S. 159, S. 254.（インゲボルク・マウス『啓蒙の民主制理論』浜田義文他訳、法政大学出版局、一九九九年、訳一三五頁、二一九頁）

106　Vgl. Menke, Christoph/Pollmann, Arnd: Philosophie der Menschenrechte, Frankfrut a. M. 2007, S. 167-S. 186; Bommarius, Christian: Das Grundgesetz. Eine Biographie, Berlin 2009, S. 174f.; Feldkamp, Michael F.: Der Parlamentarischer Rat 1948-1949, Göttingen 2008, S. 72f.; Eschenburg, Theodor: Jahre der Besatzung 1945-49, in: Geschichte der Bundesrepublik Deutschland, Bd. 1, hrsg. v. Karl Dieter Bracher, Stuttgart 1983, S. 482. また、ハンナ・アーレント『全体主義の起源』（大島通義他訳、みすず書房、一九八一年）第二巻、第五章参照。Vgl. Arendt, Hannah: Elemente und Ursprünge totaler Herrschaft, München/Zürich, 1996, S. 559ff.

107　Vgl. Weber, Jürgen: Parlamentarischer Rat. Das Ringen um eine demokratische Verfassung, in: Geschichte der Bundesrepublik Deutschland 3, hrsg. v. Jürgen Weber, München/Wien/Zürich 1982, S. 32f.

108 Vgl. Weber, Parlamentarischer Rat, S. 33.

109 Vgl. Niclauß, Karlheinz: Der Weg zum Grundgesetz, München/Wien/Zürich 1998, S. 120ff. また、石田憲「敗戦と憲法——日独伊三国における憲法制定の比較（1）（2）」（千葉大学法学論集第十九巻第2号、第3号、二〇〇四年）参照。

110 Vgl. Alexy, Robert: Grundrechte und Demokratie in Jürgen Habermas's prozeduralem Rechtsparadigma, in: Gerechtigkeit und Geschichte. Beiträge eines Symposions zum 65. Geburtstag von Malte Dießelhorst, hrsg. v. O. Behrends/R. Dreier, Göttingen 1996, S. 88.

111 ハーバーマスは、「同根源的 gleichursprünglich」という概念を、おそらくはハイデガーから借用している。そもそも、ハーバーマスの「公共性」、「権利の体系」等の概念は、ハイデガーの「現存在 Dasein」と類似した論理構造をもっている。Vgl. Heidegger, Martin: Sein und Zeit, Tübingen 1979, S. 13ff. ハーバーマスにおけるハイデガーの影響については、たとえば以下を参照。Pinzani, Alessandro: Jürgen Habermas, München 2007.

112 Alexy, Robert: Recht, Vernunft, Diskurs. Studien zur Rechts-philosophie, Frankfurt a. M. 1995; ders; Grundrechte und Demokratie in Jürgen Habermas's prozeduralem Rechtsparadigma.

113 Vgl. Alexy, Theorie der Grundrechte, S. 138; Maus, Zur Aufklärung der Demokratietheorie, S. 305ff., 訳二六八—二七〇頁。渡辺康行「憲法学における『ルール』と『原理』区分論の意義」樋口陽一他編『日独憲法学の創造力（上）』（信山社、二〇〇三年）参照。

114 Vgl. Dworkin, Ronald: Taking Rights Seriously, Cambridge/Massachusetts (Harvard University Press), 1978.

115 Vgl. Böckenfölde, Ernst-Wolfgang: Grundrechte als Grundsatznormen. Zur gegenwärtigen Lage der Grundrechtsdogmatik, in: Staat, Verfassung, Demokratie, Frankfurt a. M. 1991.

116 Alexy, Robert: Theorie der Grundrechte, Frankfurt a. M. 1994 (Nomos Verlagsgesellschaft 1985).

117 Ebd., S. 133.

118　Alexy, Robert: Theorie der Grundrechte; ders: *Zur Struktur der Rechtsprinzipien*, in: B. Schilcher/P. Koller/B. -C. Funk (Hg.), Regeln, Prinzipien und Elemente im System des Rechts, Wien 2000, S. 31-52. また、渡辺康行、前掲論文を参照。

119　Vgl. Alexy, Theorie der Grundrechte, S. 75f.

120　Vgl. ebd., S. 77ff.

121　Vgl. ebd., S. 81.

122　Vgl. Dworkin, Ronald: *Law's Empire,* Cambridge/Massachusetts (Harvard University Press), 1986.（ロナルド・ドゥウォーキン『法の帝国』小林公訳、未來社、一九九五年）参照。

123　Alexy, a. a. O., S. 87f.

124　Vgl. ebd., S. 105ff.

125　Vgl. ebd., S. 137.

126　Ebd., S. 142.

127　Vgl. ebd., S. 142f.

128　Vgl. ebd., S. 144.

129　Vgl. ebd., S. 157.

130　Vgl. Alexy, Robert, Recht, Vernunft, Diskurs, S. 167f.

131　Habermas, Jürgen: Replik auf Beiträge zu einem Symposion der Cardozo Law School, in: Die Einbeziehung des Anderen. Studien zur politischen Theorie, Frankfurt a. M. 1996, S. 368.

132　Alexy, Zur Struktur der Rechtsprinzipien, S. 48ff.

133　Vgl. ebd., S. 50.

134　Habermas, a. a. O., S. 370.

135　Vgl. Alexy, Grundrechte und Demokratie, S. 82.
136　Ebd., S. 82.
137　Vgl. ebd., S. 83.
138　Vgl. ebd., S. 84.
139　Vgl. ebd., S. 85f.
140　Ebd., S.87f.
141　マウスもまた、自由主義的基本権論に対して民主主義的基本権論を擁護している。Vgl. Maus, Ingeborg: Menschenrechte als Ermächtigungsnormen internationaler Politik oder: der zerstörte Zusammenhang von Menschenrechten und Demokratie, in: Recht auf Menschenrechte. Menschenrechte, Demokratie und internationale Politik, hrsg. v. Hauke Brunkhorst, Wolfgang R. Köhler und Matthias Lutz-Bachmann, Frankfurt a. M. 1999, S. 280. 基本法は戦後、人民主権が人権を危うくするという見解のもとに、人民主権の原理に対抗する武器として投入されてきた。マウスは、基本権がもはや国家装置を拘束するものとして理解されるのではなく、司法へとそのつど社会状況を顧慮し基本権を擁護し具体化する機能が引き渡されてしまっていることを、人民の基本権が連邦憲法裁判所をつうじて人民に対して保護されるべきものと見なされていることを批判するのである。つまり、まさに基本権の優位を主張することが、基本権の没落と結びつき、人民主権の原理を実現しようとすることによって形成されてきた基本権は、国家権力を制限するという意図を失い、「権限付与 Ermächtigung」の規範として機能することになったというのである（S. 282f.）。司法と行政が「超実定法的」論議の地位を簒奪し、もはや自由権は国家装置をコントロールするのではなく、国家装置によってコントロールされる。マウスは、基本権が、連邦裁判所をつうじてそのつど新たな状況に応じて規定され、ペーター・ヘーベルレが主張するように、個々の紛争事例において「新たに発生する」という結果にまでいたっていると主張するのである。
142　Habermas, Replik auf Beiträge zu einem Symposion der Cardozo Law School, S. 369.

143 Vgl. Alexy, Grundrechte und Demokratie, S. 88. 他方、マウスは、ドゥウォーキンが「諸原理をなおも個人的権利の保証として理解し、公共財と関係し立法権の権限領域に属する〈諸政策 policies〉から区別した」のに対して、アレクシーが「個人的権利と公共財とを諸原理の等価な対象として統合することによって、いっそう憲法裁判権に譲歩している」ことを批判しているが、たしかにこの点に関するマウスの批判は正当であるといえる（Vgl. Maus, Zur Aufklärung der Demokratietheorie, S. 315f.）。そもそも憲法は、その超実定的性格のためにより高い地位をになっているのだが、近代法の正統化モデルが「再帰的 reflexiv」構造をもっているということは、「正統化の諸根拠が、そのつど決定手続きにあらかじめ含まれていなければならない」ということを意味する。したがって、憲法裁判所は、「憲法解釈の方法もまた、なお憲法に一致していなければならない」という原則にしたがわなければならないにもかかわらず、しかし実際には、その「衡量」による判決の諸根拠をみずから生みだしていることを、マウスは問題にするのである（S. 320）。国家権力に対してその憲法上の制限を規定し、個別ケースにおける恣意を制限する必要があるのだが、自由権をめぐる諸原理の衝突が議論されるときにはそれほど問題はないとしても、公共財が諸原理として認められるとすれば自由権を脅かす可能性があるというのである。しかし、そもそもマウスの主張は、普遍的自由権をすべての実定法の状態を基礎づけるアプリオリな諸原理として、「立法に対抗する諸権利」ではなく、「立法への民主的な参加権」を構築する原理として根拠づけることにある（S. 298f.）。つまり、市民の自由権は、国家によって承認されあたえられる権限なのではなく、もっぱら人民だけが立法者に対する自由権を行使できるのであり、自由の諸領域は、「前実定的で、先在的 präexistent な自由の使用への権利を実定法をつうじて承認すること」をつうじて市民自身によって確定され獲得されるというのである（S. 300f.）。アレクシーの主張もまた、自由権は実定的であると同時に、「超実定的」権利として、国家機関の干渉に対して私的領域を防御する「前国家的法原理」として理解されなければならないということにある。したがって、公共財が原理としての機能をはたすのは、あくまでそれが自由権の保障を目的とする場合にかぎられると理解されるなら、アレクシーの主張はかならずしもマウスの主張と相容れないものではない。

144 Vgl. Alexy, Robert: Diskurstheorie und Menschenrechte, in: Recht, Vernunft, Diskurs. Studien zur

Rechtsphilosophie, Frankfurt a. M. 1995; ders: Menschenrechte ohne Metaphysik?, Deutsche Zeitschrift für Philosophie 52 2004.

145 Vgl. Alexy, Diskurstheorie und Menschenrechte, S. 151.

146 Alexy, Menschenrechte ohne Metaphysik?, S. 24.

147 そもそもカントは、定言命法をさまざまなかたちで表現しているが、それらは道徳規則の普遍妥当性と目的としての人格の承認という二つの要請に分類できると考えられる。前者は、「みずからの格率が普遍的法則となることを、その格率によって同時に欲しうるような格率にしたがってのみ行為せよ」(S. 51) という定式化に、後者は、「みずからの自身の人格ならびに他のすべてのひとの人格に例外なく存する人間性を、いつでもまたいかなる場合にも同時に目的として使用し、けっしてたんなる手段として使用してはならない」(S. 61) という定式化にしめされている。ハーバーマスの討議原理(「すべての可能的な関与者が合理的な討議への参加者として同意しうるであろう行為規範こそが、妥当である」)は、前者を討議理論的に書き換えたものにほかならない。Vgl. Kant, Immanuel: Grundlegung zur Metaphysik der Sitten, in: Werkausgabe Band VII, hrsg. v. Wilhelm Weischedel 1991.(カント『人倫の形而上学の基礎づけ』野田又夫訳、世界の名著『カント』、中央公論社、一九七九年)

148 Vgl. Alexy, Diskurstheorie und Menschenrechte, S. 153.

149 Vgl. ebd., S. 158f.

150 Vgl. ebd., S. 159f.

151 Vgl. Alexy, Robert: Menschenrechte ohne Metaphysik?, S. 21.

152 Vgl. ebd., S. 15-24

153 Vgl. ebd., S. 24.

154 Alexy, Diskurstheorie und Menschenrechte, S. 163.

155 Vgl. ebd., S. 164.

156 Larmore, Charles: Die Wurzeln radikaler Demokratie, Deutsche Zeitschrift für Philosophie 41-2, Berlin 1993.
157 Ebd., S. 327.
158 Ebd.
159 Vgl. Maus, Ingeborg: Freiheitsrechte und Volkssouveränität. Zur Jürgen Habermas' Rekontruktion des Systems der Rechte, Rechtstheorie 26, Berlin 1995, S. 547f.
160 Vgl. ebd., S. 547.
161 Vgl. ebd., S. 548.
162 Albrecht Wellmer: Menschenrechte und Demokratie, in; Philosophie der Menschenrechte, hrsg. von Stefan Gosepath und Georg Lohmann, Frankfurt am Main 1998.
163 Ebd., S. 274.
164 Vgl. ebd., S. 274f.
165 Vgl. ebd., S. 275f.
166 Vgl. Larmore, a. a. O., S. 325.
167 Vgl. Maus, a. a. O., S. 550. なお、ギュンターは、討議理論が人権を人民主権へと従属させてしまっているのではないか、討議理論はいずれにせよ決断という契機を回避しえないのではないか、また消極的自由への主観的な権利を保証しえないのではないか、といった批判に対して反論を試みている。ギュンターの議論の論点は、ハーバーマスの討議原理（「すべての可能的な関与者が合理的な討議への参加者として同意しうるであろう行為規範こそが、妥当である」）は人権の原理を含んでいるということにある。しかし、ちょうどカントが定言命法を、道徳規則の普遍妥当性と目的としての人格の承認という二種類の要請のうちに定式化せざるをえなかったことからすると（注147参照）、人権が討議原理の要請のうちに表現されうるとは思われない。Vgl. Günter, Klaus: Liberale und diskurstheoretische Deutungen und Menschenrechte, in: Rechtsphilosophie im 21. Jahrhundert, hrsg. v. Winfried Brugger, Ulfrid Neumann und

Stephan Kirste, Frankfurt am Main 2008, S. 338-359.

168 Habermas, Jürgen: Bestialität und Humanität. Ein Krieg an der Grenze zwischen Recht und Moral, in: Die Zeit, 29. 4. 1999, in: Der Kosovo Krieg und das Völkerrecht, hrsg. v. Reinhard Merkel, Frankfurt a. M. 2000, S. 51ff.

169 Vgl. ebd., S. 54f.

170 Vgl. ebd., S. 61f.

171 ノーム・チョムスキー『アメリカの「人道的」軍事主義　コソボの教訓』（益岡賢他訳、現代企画室、二〇〇二年）、『新世代は一線を画す　コソボ、東ティモール、西欧的スタンダード』（角田史幸他訳、こぶし書房、二〇〇三年）参照。

172 最上敏樹『人道的介入―正義の武力行使はあるのか』（岩波書店、二〇〇一年）参照。

173 土佐弘之は、人道的介入が、自国の安全保障を確保するための難民の封じ込めという政策につながることへの注意を喚起している。土佐弘之『安全保障という逆説』（青土社、二〇〇三年）参照。

174 Vgl. Habermas, Jürgen: Kants Idee des ewigen Friedens-aus dem historischen Abstand von 200 Jahren, in: Die Einbeziehung des Anderen. Studien zur politischen Theorie, Frankfurt a. M. (Suhrkamp) 1996; ders: Zur Legitimation durch Menschenrechte, in: Die postnationale Konstellation Theorie, Frankfurt a. M. (Suhrkamp), 1998.

175 Kant, Immanuel: Zum ewigen Frieden. Ein philosophischer Entwurf, Werkausgabe Bd. 11, Frankfurt a. M. 1964.（カント『永遠平和のために』宇都宮芳明訳、岩波書店、一九八五年）

176 「カントの永遠平和の理念」では peremptorisch となっているが、dilatorisch あるいは vorläufig の誤りか。ルッツ―バッハマンとボーマンが編集した『法による平和』に収められたテクストでは vorläufig となっている。Vgl. Frieden durch Recht, hrsg. v. Mattias Lutz-Bachmann/James Bohman, Frankfurt a. M. 1996, S. 9.

177 Vgl. Kant, a. a. O., S. 200. 訳二〇頁。

178　Vgl. Nussbaum, Martha C.: Kant und stoisches Weltbürgertum; Lutz-Bachmann, Matthias: Kants Friedensidee und das rechtsphilosophische Konzept einer Weltrepublik, in: Frieden durch Recht. Kants Friedensidee und das Problem einer neuen Welt ordnung, hrsg. von Mattias Lutz-Bachmann/James Bohman: Frieden Frankfurt a. M. 1996.（ジェームズ・ボーマン、マティアス・ルッツ－バッハマン編『カントと永遠平和』紺野茂樹他訳、未來社、二〇〇六年）

179　Vgl. Bohman, James: Internationale Regime und demokratische Governance. Gleicher Einfluß auf globale Institution, in; Weltstaat oder Staatenwelt?, hrsg. v. Mattias Lutz-Bachmann/James Bohman, Frankfurt a. M. 2002, S. 76.

180　Held, David: *Democracy and the Global Order. From the Modern State to Cosmopolitan Governance,* Cambridge 1995, pp. 229-230（デヴィッド・ヘルド『デモクラシーと世界秩序』佐々木寛他訳、NTT出版、二〇〇二年、訳二六二頁）; id.: Cosmopolitan Democracy and the Global Order. A New Agenda, in: *Perpetual Peace. Essays on Kant's Cosmopolitan Ideal,* ed. James Bohman and Matthias Lutz-Bachmann, Massachusetts Institute of Thechnology 1997.

181　Cf. Held, *ibid.,* pp. 230-231. 訳二六三頁。

182　Cf. Held, Cosmopolitan Democracy and the Global Order, pp. 240-241（『カントと永遠平和』所収、訳二四二—二四四頁）; Held, David and Anthony McGrew: *Globalization/Anti-Globalization,* Cambridge 2002, pp. 66-72.

183　Cf. Held, ibid., p. 243, 訳二四五頁。

184　Ibid., p. 249, 訳二五三頁。

185　ベイツやポッゲはそうした観点から、ロールズの配分的正義を世界社会へと適用しようとする。Vgl. Beiz, Charles R.: *Political Theorie and International Relations,* Princeton [1979] 1999; Pogge, Thomas W.: Cosmopolitanism and Souvereignty. *The Journal of Ethics.* 103 1992, pp. 48-75. また、トマス・ポッゲ「現実的な世

界の正義」(「思想」二〇〇七年一月号、岩波書店、九七―一二三頁)を参照。

186 Höffe, Otfried: Globalität statt Globalismus. Über eine subsidiäre und föderale Weltrepublik, in; Weltstaat oder Staatenwelt?, hrsg. v. Mattias Lutz-Bachmann/James Bohman, Frankfurt a. M. 2002, S. 14f. Vgl. Höllfe, Otfried: Demokratie im Zeitalter der Globalisierung, München 1999.

187 Höffe, Globalität statt Globalismus, S. 14.

188 Vgl. Höffe, Demokratie im Zeitalter der Globalisierung, S. 296f.

189 Höffe, Globalität statt Globalismus, S. 18.

190 Vgl. ebd., S. 21; ders, Demokratie im Zeitalter der Globalisierung, S. 335f.

191 Lutz-Bachmann, Matthias: Kants Friedensidee und das rechtsphilosophische Konzept einer Weltrepublik, in: Frieden durch Recht, Frankfurt am Main 1993, S. 25ff.(マティアス・ルッツ―バッハマン「カントの平和理念と世界共和国の法哲学的構想」舟場保之訳、『カントと永遠平和』、訳八一―一〇六頁)

192 Vgl. ebd., S. 41. 訳九八頁。

193 Ebd., S. 42. 訳一〇〇頁。

194 Ebd., S. 43f. 訳一〇二頁。

195 Ebd., S. 44. 訳一〇二頁。

196 Habermas, Jürgen: Hat die Konstitutionalisierung des Völkerrechts noch eine Chance?, in; Der gespaltene Westen, Frankfurt a. M. 2004. ハーバーマスがここで問うのは、合衆国によって「パクス・アメリカーナ」の名のもとに展開されている世界秩序に対して、国際関係の法制化は、たとえ倫理的な意図にもとづくものであれ超大国の側から規定された世界政治によって補完されるべきなのか(GW115, 一六三)、という問題である。つまり、政治権力が法によって規範的に制御されているのは主権国家においてのみであるとすれば、国際社会でそもそも正義は可能か、国際社会で法はなおも、「平和と国際的安全を保持し、民主主義と人権を世界的に浸透させるという確固たる目的を実現するために、ふさわしい媒体なのか」(GW115, 一六三)、すなわち、民主主義と人権を世界的に浸透させるという目的が、「包括的ではあるが、弱々しく選択的な決定しかなしえない世界機関による法制的に確立された手続きにしたがって」実現されるべきなのか、「善意の覇権国の単独行動主義的な秩序構築的政治 Ordnungspolitik にしたがって」実現されるべきなのか、を問題にしている。

197 Vgl. Maus, Ingeborg: Vom Nationalstaat zum Globalstaat oder: der Niedergang der Demokratie, in; Weltstaat oder Staatenwelt? hrsg. v. Matthias Lutz-Bachmann/James Bohman, Frankfurt a. M. 2002, S. 251ff.

198 Vgl. Menke, Christoph/Pollmann, Arnd: Philosophie der Menschenrechte, Frankfrut a. M. 2007, S. 186-215.

199 柴田寿子「ヨーロッパにおける社会的連帯と補完性原理――EU時代における公共性の再構築と多元的福祉社会の思想」斎藤純一編『福祉国家・社会的連帯の理由』(ミネルヴァ書房、二〇〇四年)、遠藤乾「ポスト主権の政治思想――ヨーロッパ連合における補完性原理の可能性」「思想」二〇〇三年一月号参照。

200 Vgl. Habermas, Jürgen/Derrida, Jacques: Philosophie in Zeiten des Terrors, Berlin/Wien 2004; Habermas, Jürgen: Wege aus der Weltunordnung. Ein Interview mit Jürgen Habermas, Blätter für deutsche und internationale Politik 1 2004, S. 27-45(「『世界無秩序』克服への道」瀬尾育生訳、「世界」二〇〇四年四月号参照)。ここでの引用は、以下のテクストから。Habermas, Jürgen: Der gespaltene Westen, Frankfurt a. M. 2004.

201 Vgl. Kant, Zum ewigen Frieden, S. 201. 訳二二頁。

202 Ebd., S. 197. 訳一五頁。

203 Vgl. ebd., S. 197. 訳一五頁。

204 Ebd., S. 197f. 訳一七頁。

205 Kant, Immanuel: Metaphysik der Sitten, in: Werkausgabe Band VIII, hrsg. v. Wilhelm Weischedel 1991, S. 470.(『人倫の形而上学』加藤新平他訳、『世界の名著　カント』所収、中央公論社、訳四九二頁)

206 Kant, Zum ewigen Frieden, S. 200. 訳二〇頁。Vgl. Kant, Metaphsik der Sitten, S. 470f. 訳四九二―四九三頁。

207 Kant, Zum ewigen Frieden, S. 203. 訳二一七頁。
208 Vgl. ebd., S. 204. 訳二一八頁。
209 Vgl. ebd., S. 204. 訳二一九頁。
210 Vgl. ebd., S. 204. 訳二二〇頁。
211 Vgl. Maus, Vom Nationalstaat zum Globalstaat, S. 248.
212 Kant, Zum ewigen Frieden, S. 207. 訳二二四頁。
213 Ebd., S. 207f. 訳二二五頁。
214 Vgl. ebd., S. 206. 訳二二四頁。
215 Ebd., S. 206f. 訳二二四頁。
216 Vgl. ebd., S. 207. 訳二二四頁。
217 Vgl. ebd., S. 205. 訳二二二頁。
218 Vgl. Maus, a. a. O., S. 252f.
219 Kant, Zum ewigen Frieden, S. 208. 訳二二八頁。
220 Ebd., S. 209. 訳二二八頁。
221 Kant, Über den Gemeinspruch. Das mag in der Theorie richtig sein, taugt aber nicht für die Praxis, Werkausgabe Bd. 11, Frankfurt a. M. 1964, S. 171.（カント「理論と実践」北尾宏之訳、『カント全集』一八巻所収、理想社、一九九七年、訳二二二頁）
222 Vgl. ebd., S. 169f. 訳二一九頁。
223 Vgl. Kant, Zum ewigen Frieden, S. 209. 訳二二八頁。
224 Ebd., S. 208. 訳二二八頁。
225 Ebd., S. 211. 訳四二頁。

226 Vgl. ebd., S. 211. 訳四二頁。
227 Ebd., S. 212f. 訳四五頁。
228 Ebd., S. 211. 訳四三頁。
229 Ebd., S. 211f. 訳四三頁。
230 Brandt, Reinhard: Das Problem der Erlaubnisgesetze im Spätwerk Kants, in: Immanuel Kant. Zum ewigen Frieden, hrsg. v. Otfried Höffe, Berlin 2004, S. 85.
231 Kant, a. a. O., S. 234. 訳八二頁。
232 Vgl. Lutz-Bachmann, Kants Friedensidee und das rechtsphilosophische Konzept einer Weltrepublik, S. 32f.
233 たとえば、ロールズの「原初状態」について論じたドゥウォーキンの論文を参照。Cf. Dworkin, Ronald: *Taking Rights Seriously*, Cambridge/Massachusetts (Harvard University Press), 1978.（ロナルド・ドゥウォーキン『権利論』木下毅他訳、一九八六年、『権利論Ⅱ』小林公他訳、木鐸社、二〇〇一年）
234 Vgl. Kant, Metaphysik der Sitten, S. 434. 訳四五三頁。
235 Vgl. Kant, Über den Gemeinspruch, S. 153. 訳一九七頁。
236 Maus, Ingeborg: Zur Aufklärung der Demokratie, S. 55. 訳三九頁。
237 Vgl. Kant, Zum ewigen Frieden, S. 197. 訳一五頁。
238 Vgl. ebd., S. 204. 訳二九頁。
239 Ebd., S. 213. 訳四七頁。
240 Vgl. Lutz-Bachmann, a. a. O., S. 44. 訳一〇二頁。
241 Vgl. Maus, Ingeborg: Vom Nationalstaat zum Globalstaat, S. 233.
242 Vgl. Kant, Zum ewigen Frieden, S. 213. 訳四七頁。
243 Ebd., S. 213f. 訳四七—四八頁。

244 Vgl. ebd., S. 214. 訳四八頁。

245 Ebd., S. 216f. 訳五三頁。

246 Benhabib, Seyla: *The Rights of Others. Aliens, Residents and Citizens*, Cambridge 2004.（セイラ・ベンハビブ『他者の権利』向山恭一訳、法政大学出版局、二〇〇六年）また、鵜飼哲『抵抗への招待』（みすず書房、一九九七年）参照。

247 Cf. Lock, John: *Two Treatises of Government*, Cambridge, edited with an introduction and notes by Peter Laslett 2005, pp. 285-302.（ジョン・ロック『市民政府論』鵜飼信成訳、岩波書店、一九六八年、訳三一―五一頁）また、編者の概論およびベンハビブの議論を参照。

248 Cf. Benhabib, *op. cit.*, p. 34. 訳二〇七頁。

249 *Ibid.*, p. 34. 訳三二頁。

250 Kant, Metaphysik der Sitten, S. 355. 訳三七二頁。

251 Vgl. Kant, Zum ewigen Frieden, S. 201f. 訳一三―一五頁。

252 Benhabib, *op. cit.*, p. 39. 訳三八頁。

253 Cf. *ibid.*, p. 40. 訳三七頁。

254 Cf. *ibid.*, p. 26. 訳二五頁。

255 Cf. *ibid.* 訳二五頁。

256 Derrida, Jacques: *De l'hospitalité*, Paris, Calmann-Lévy, 1997, pp. 61-69.（ジャック・デリダ『歓待について』廣瀬浩司訳、産業図書、一九九二年、訳八九―九四頁）

257 Cf. *ibid.*, p. 27. 訳六三頁。

258 Cf. *ibid.*, pp. 71-77. 訳九七―一〇二頁。

259 Vgl. Maus, Vom Nationalstaat zum Globalstaat, S. 233.

260 Cf. Derrida, Jacques: “Auto-immunités, suicides réels et symboliques”, *Le ‘concept’ du 11 septembre,* Paris, Galilée, 2003, pp. 189-190.（ユルゲン・ハーバーマス、ジャック・デリダ、ジョヴァンナ・ボッラドリ『テロルの時代と哲学の使命』藤本一勇訳、岩波書店、二〇〇四年、訳二〇二頁）

261 Vgl. Maus, a. a. O., S. 244f.

262 Vgl. Habermas, Bestialität und Humanität, S. 59f.

263 Vgl. ebd., S. 62f.

264 Vgl. Brock, Lothar: Staaten und Menschenrecht, in; Weltstaat oder Staatenwelt?, hrsg. v. Mattias Lutz-Bachmann/James Bohman, Frankfurt a. M. 2002, S. 203. ロタール・ブロックは、ハーバーマスが、最後の手段、近さの基準、可謬性への感受性、例外的行為という四つの条件のもとにコソヴォへの人道的介入を正当化しようとしていると説明している。ブロックは、ヨハン・ヴォルフガング・ゲーテ大学（フランクフルト）教授（政治学）。

265 Vgl. Habermas, a. a. O., S. 63f.

266 Vgl. ebd., S. 61.

267 Vgl. ebd., S. 62.

268 Beck, Ulrich: Über den postnationalen Krieg, in; Der Kosovo Krieg und das Völkerrecht, hrsg. v. Reinhard Merkel, Frankfurt a. M. 2000, S. 232ff.『コソヴォと国際法』は、冒頭に、コソヴォ空爆の正当化には慎重であるべきことを主張する国際法学者ブルーノ・ジンマの論文と、ハーバーマスの論文「残虐性と人間性」を掲載し、社会学者のウルリヒ・ベック、オットフリート・ヘッフェ、ヴォルフガング・ケルスティング、刑法学者・法哲学者ラインハルト・メルケル等がコソヴォ空爆に対して、あるいはコソヴォ空爆の正当化に対して批判的な議論を展開している。その後も、現在にいたるまで、コソヴォ空爆の正当性をめぐってさまざまな議論がなされている。Vgl. Meggle, George (hrsg.): Humanitäre Interventionsethik, Paderborn, 2004.

269 Ebd., S. 236.

270 Ebd., S. 240f.
271 Kersting, Wolfgang: Bewaffnete Intervention als Menschenrechtsschutz? Philosophische Überlegungen zu einem kaum lösbaren Problem, in; Der Kosovo Krieg und das Völkerrecht, S. 222. ケルスティングは、キール大学教授（哲学）、専門はホッブズやカント、最近は法哲学や法社会学に関する論文を発表している。
272 Vgl. Brock, a. a. O., S. 203.
273 Ebd., S. 220.
274 Vgl. Maus, Vom Nationalstaat zum Globalstaat, S. 245.
275 Vgl. ebd., S. 246. コソボ空爆当時、外相であったヨシュカ・フィッシャーもまた、一九九一年にドイツがいち早くクロアチアの独立を承認したことは誤りだったと認めている。Vgl. "Serbien gehört zu Europa", Ein Zeit-gespräch mit Außenminister Joschka Fischer über den Balkankrieg, in: Die Zeit, 15. 4. 1999.
276 Wellmer, Albrecht: Menschenrechte und Demokratie, in; Philosophie der Menschenrechte, hrsg. von Stefan Gosepath und Georg Lohmann, Frankfurt am Main 1998, S. 267.
277 Cf. Benhabib, *op. cit.*, S. 15. 訳一三頁。
278 Cf. *ibid.*, pp. 171-212. 訳一五七—一九五頁。
279 Cf. *ibid.*, p. 19. 訳一七頁。
280 Cf. *ibid.*, p. 21. 訳一八—一九頁。
281 Cf. Benhabib, Seyla: Hospitality, Sovereignty, and Democratic Iterations, in; id., *Another Cosmopolitanism,* Oxford, edited by Robert Post, 2006, p. 158.
282 Cf. Benhabib, *The Rights of Others,* pp. 18-19（訳一七—一八頁）; id., Hospitality, Sovereignty, and Democratic Iterations, pp. 157-158.
283 Cf. Benhabib, *The Rights of Others,* pp. 183-198（訳一六九—一八二頁）; id., Hospitality, Sovereignty, and

Democratic Iterations, pp. 159-160.

284　Cf. Benhabib, *Hospitality, Sovereignty, and Democratic Iterations*, pp. 161-163.

285　ボニー・ホーニッグは、ベンハビブの「民主的反復」という議論が魅力的であることを認めつつ、それが主体的な実践と発展を前提にしていることを、そこでは主体の正統性が強調され難民や移民がつねに特殊性としてとらえられていることを、その「回顧的」視点が難民や移民の文脈依存的な関係を不可視なものにしてしまうことを問題にしている。ホーニッグによるなら、ベンハビブの「民主的反復」によって変化するのは、「主体」とその普遍主義的なカテゴリーとの関係であり、カテゴリーそのものでも、実在するカテゴリーへの「包含」や「承認」を異邦人が請願する実践的な権利要求の範例でもない。法的ないし「法‐政治的」なものと、倫理的ないし道徳的な利害関心とを媒介するというベンハビブの戦略は、そこに「媒介」の普遍主義ではなく、「包含」の普遍主義を認めるゆえに疑わしい。「民主的反復」は、「新たに出現する諸権利によってしめされる開かれた未来ではなく、包含の論理につながる規範的な妥当性」をめざすものであり（p. 110）、それゆえに、それはまた「包含の論理」にもとづく「直線的で進歩的な時間性」を想定している。ベンハビブは、「普遍的人権が最終的に民主的な特殊性を克服するであろうことをすでに知っている（あるいは期待する）人間の回顧的 backward-looking 視点」（p. 112）をとっているのである。ベンハビブがもっぱら進歩的時間性を前提とし、「包含」の論理につながる規範的な妥当性をめざすばかりで、新たな諸権利によってしめされる未来を構想していないという、あるいは異邦人の特殊性はもっぱら克服されるべきものと想定しているというホーニッグの批判は、ベンハビブが、イスラムの少女たちに下された司法的判断の妥当性に対して疑念を表明し、また彼女たちの新たな諸権利を獲得すべく「法生成的政治」をとなえ、市民資格の再構成を政治体制そのものの再構築をも含むものとして主張していることを考えるなら、かならずしも正当なものとはいえない。しかし、ベンハビブもまた、その議論が主体中心の実践と発展、法‐政治的な正統性、「回顧的」視点から構成されていることはみずから認めてもいる。ベンハビブは、ホーニッグの議論は「具体的普遍」ではなく、否定弁証法に依拠していると、また「イデオロギー批判の方法を実践し、いかなる普遍性もある特殊性との差異によって苦しめられていると同時に、特殊性と差異を抑圧していることをしめ」そうとしていると批判し、自分は「道徳的、法的普遍主義の伝統の内在的批判に取り組んでいる」のだと反論している（S. 162）。難民や移民を庇護しその「市民権」を擁護することは、ホーニッグにとって「政治的なものの純粋な場」としてしめされるべきものであり、国家によって先取されるべきものではないとすれば、ベンハビブにとって「討議理論的アプローチ」にしたがい、「主権的な政治体制の内部で道徳的に容認されうる包括と排除の実践と見なされうるものに、重要な限界を設けるべき」なのである（Vgl. Benhabib, *The Rights of Others*, p. 14, 一三）。ベンハビブとホーニッグの議論の相違は、構成員資格に内在する構成的ディレンマを、ハーバーマスの討議理論にしたがい、正統性のもとにたえず克服されるべきものとして理解するか、デリダの脱構築の議論にしたがい、正統性に対するたえざる異議申し立てとして理解するかにある。これらの議論は、難民や移民のように諸権利の抑圧が比較的可視化されている対象を問題にするか、フェミニズムのように市民社会のなかにつねに存在する不可視の抑圧関係の可視化を問題にするかにかかっている。一方が、あくまで構成員資格の構成的ディレンマは討議理論的に解決されるべきであり、国家やその諸制度、法やその装置こそが民主的反復と解放的政治の場となるべきだと考えているとすれば、他方は、そうした構成的ディレンマは、国家や諸制度、法やその装置によってつねに覆い隠されてきたのであり、「闘技的」な政治のもとで可視化されなければならないと主張するのである。Vgl. Hoing, Bonnie: Another Cosmopolitanism? Law and Politics in the Europe, in: Benhabib, *Another Cosmopotitanism*, Oxford University Press, 2006.

286　Cf. Mouffe, Chantal: *The Democratic Paradox*, London/New York (Verso) 2000.（シャンタル・ムフ『民主主義の逆説』葛西弘隆訳、以文社）

287　*Ibid.*, pp. 48. 訳七六頁。

288　Cf. *ibid.*, p. 137. 訳二〇六―二〇七頁。

289　*Ibid.*, p. 49. 訳七六頁。

290　Vgl. Wellmer, Bedingungen einer demokratischen Kultur. Zur Debatte zwischen ‘Liberalen’ und ‘Kommunitaristen’, in; ders: Endspiele. Die unversöhnliche Moderne, Frankfurt am Main 1993, S. 68.

291 Wellmer, Menschenrechte und Demokratie, S. 290.

292 ハーバーマスの「コミュニケーション的自由」の概念は、アーレントが『全体主義の起源』のなかで「諸権利をもつ権利」という概念について、「ひとが行為と意見にもとづいて判断が下される関連システムのなかで生きる」権利であると説明しているが、アーレントの議論に由来するものと考えられる。Vgl. Arendt, Hannah: Elemente und Ursprünge totaler Herrschaft. Antisemitismus, Imperialismus, totale Herrschaft, München 1986, S. 614.（ハナ・アーレント『全体主義の起源2　帝国主義』大島通義他訳、一九七二年、訳二八一頁）

293 Günther, Klaus: Diskurstheorie des Rechts oder liberales Naturrecht in diskurstheoretischem Gewande?, in: Kritische Justiz 27. 1994, S. 476.

294 Vgl. ebd., S. 477.

295 Ebd., S. 472.

296 Vgl. Wellmer, Albrecht: Freiheitsmodelle in der modernen Welt, in; ders.: Endspiele. Die unversöhnliche Moderne, Frankfurt am Main 1993, S. 39.

297 Vgl. a. a. O., S. 474.

298 Ebd., S. 475.

299 Vgl. ebd., S. 475f.

300 Vgl. ebd., S. 473.

301 Wellmer, Freiheitsmodelle in der modernen Welt, S. 44.

302 Ebd., S. 48f.

303 Ebd., S. 51.

304 Vgl. ebd., S. 47.

305 Ebd., S. 49.

306 Ebd., S. 47.

307 Vgl. ebd., S. 53.

308 Vgl. Arendt, Hannah: On Revolution, Penguin Books 2006, pp. 19-20.（ハンナ・アーレント『革命について』志水速雄訳、筑摩書房、一九九五年、訳三九―四〇頁）また、仲正昌樹『〈法〉と〈法外なもの〉――ベンヤミン、アーレント、デリダをつなぐポスト・モダンの正義論へ』（御茶の水書房、二〇〇一年）二二八頁以下、齋藤純一『自由』（岩波書店、二〇〇五年）四六頁以下参照。

309 Rancière, Jacques: *La Mésentente. Politique et Philosophie*, Paris 1995.（『不和あるいは了解なき了解――政治の哲学は可能か』松葉祥一他訳、インスクリプト、二〇〇五年）

310 Arendt, *op. cit.*, p. 59. 訳一〇五頁。

311 *Ibid.*, p. 88. 訳一四六頁.

312 *Ibid.*, p. 83. 訳一三八頁。

313 *Ibid.*, pp. 61-62. 訳一〇八頁。

314 Cf. Rawls, John: *The Law of Peoples*, Cambridge/Massachusetts 1999, pp. 82-86.（ジョン・ロールズ『万民の法』中山竜一訳、岩波書店、二〇〇六年、訳一一八―一二六頁）邦訳は「万民 peoples」だが、peoples が複数形であることがここでの論点でもあるので、本論ではタイトル以外、「諸人民」と訳すことにする。

315 Cf. McCarthy, Thomas: "On the Idea of a Reasonable Law of Peoples", *Perpetual Peace. Essays on Kant's Cosmopolitan Ideal*, ed. James Bohman and Matthias Lutz-Bachmann, Massachusetts Institute of Thechnology 1997.（ジェームズ・ボーマン、マティアス・ルッツ－バッハマン編『カントと永遠平和』）ポッゲとマッカーシーの批判は、一九九三年、オックスフォード大学でアムネスティ・インターナショナル主催のもとに行なわれた講演「諸人民の法」に対してなされている。Rawls, John: The Law of Peoples, in: *On Human Rights*, edited by Stephen Shute and Susan Hurley, New York 1993.

316 Cf. McCarthy, op. cit., p. 209. 訳二〇二頁。

317 Cf. Pogge, W. Thomas: An Egalitarian Law of Peoples, *Philosophy and Public Affairs*, 23 1994, p. 217. ポッゲによるなら、ロールズに対するポッゲの批判は、ロールズの『政治的リベラリズム』にもとづいている。

318 Cf. Pogge, ibid., S. 196.

319 Cf. McCarthy, op. cit., p. 211. 訳二〇六頁。

320 Ibid., p. 215. 訳二一一頁。

321 Cf. ibid., p. 216. 訳二一二頁。

322 Cf. Pogge, op. cit., pp. 196-197.

323 Cf. ibid., pp. 216-217.

324 Cf. ibid., p. 217; cf. Rawls, John: *Political Liberalism,* New York (Columbia University Press) 1993, pp. 146-47.

325 Pogge, op. cit., p. 217.

326 Ibid., p. 217.

327 Ibid., p. 218.

328 Cf. Rawls, *The Law of Peoples,* pp. 82-83. 訳一一九頁。

329 Cf. *ibid.,* pp. 115-116. 訳一六九頁。ロールズは、アムネスティ・インターナショナルの講演ののちに刊行する『万民の法』のなかで、ポッゲの批判にこたえている。

330 Vgl. Wellmer, Bedingungen einer demokratischen Kultur, S. 64.

331 Cf. Rawls, *op. cit.,* p. 80. 訳一一五―一一六頁、二八九頁。

332 Vgl. Ferrara, Alessandro: Two Notions of Humanity and the Grounding of Human Rights, in; Klein, Eckart/Menke, Christoph: Menschheit und Menschenrechte. Probleme der Universalisierung und Institutionalisierung,

Berlin 2002, S. 172ff.

333 Vgl. Wellmer, Albrecht: Bedingungen einer demokratischen Kultur, S. 70f.

334 Vgl. Wellmer, Albrecht: Menschenrechte und Demokratie, S. 286.

335 Vgl. ebd., S. 287.

336 Ebd., S. 291.

337 Ebd., S. 289.

338 Vgl. Balibar, Étienne: "Droits de l'homme" et "droits du citoyen". La dialectique moderne de l' égalité, in; *Les frontières de la démocratie*, Paris 1992, p. 125; id., *Nous, citoyenes d'Europe? Les frontières, l'État, le peuple*, Paris 2001, p. 187. エティエンヌ・バリバール『ヨーロッパ市民とは誰か――境界・国家・民衆』（松葉祥一他訳、平凡社、二〇〇八年）二二四頁参照。

339 Vgl. Wellmer, Bedingungen einer demokratischen Kultur, S. 79.

340 Vgl. Derrida, Jacques: *Spectres de Marx*, Paris, Galilée, 1993, p. 111.（ジャック・デリダ『マルクスの亡霊たち』増田一夫訳、藤原書店、二〇〇七年、訳一五〇―一五一頁）

341 Mouffe, *The Democratic Paradox*, p. 137. 訳二〇七頁。

342 Vgl. Habermas, Jürgen/Derrida, Jacques: Philosophie in Zeiten des Terrors, Berlin/Wien 2004; Habermas, Jürgen: Wege aus der Weltunordnung. Ein Interview mit Jürgen Habermas, Blätter für deutsche und internationale Politik 1 2004, S. 27-45（「『世界無秩序』克服への道」瀬尾育生訳、「世界」二〇〇四年四月号参照）ここでの引用は、GW85-110（『引き裂かれた西洋』訳一一九―一五七頁）から。

343 Vgl. Menke, Christoph: Spiegelungen der Gleichheit. Politische Philosophie nach Adorno und Derrida, Frankfurt a. M. 2004, S. 261ff.

344 Vgl. ebd., S. 262.

345 Ebd., S. 262.
346 Vgl. ebd., S. 263.
347 Tugendhat, Ernst: Probleme der Ethik, Stuttgart (Reclam) 1984, S. 123.
348 Vgl. ebd., S. 123f.
349 Derrida, Auto-immunités, p. 145. 訳一四二頁。
350 Cf. ibid., p. 152. 訳一五一頁。
351 Cf. ibid., p. 159. 訳一五九—一六〇頁。
352 Cf. ibid., p. 163. 訳一六五頁。
353 Cf. ibid., p. 151. 訳一四九頁。
354 Cf. ibid., p. 148. 訳一四五頁。
355 Cf. ibid., pp. 150-151. 訳一四八頁。
356 Ibid., 170. 訳一七五頁。
357 Ibid., pp. 177-178. 訳一八四—一八五頁。
358 Cf. ibid., p. 178. 訳一八五頁。
359 Cf. ibid., p. 173. 訳一七九頁。
360 Derrida, Jacques: *Foi et Savoir*, Paris, Le Seuil, 1996.
361 Cf. *ibid.*, p. 20.
362 Cf. *ibid.*, p. 20.
363 Cf. *ibid.*, p. 22.
364 Cf. *ibid.*, pp. 67-71.
365 Cf. Derrida, Auto-immunités, p. 182. 訳一九一頁。

366 Cf. ibid., p. 182. 訳一九一頁。
367 Cf. ibid., pp. 184-185. 訳一九四頁。
368 Cf. ibid., p. 178. 訳一八六頁。
369 Vgl. Habermas, Jürgen: Glauben und Wissen, Frankfurt a. M. 2001, S. 10f.
370 Vgl. Derrida, Auto-immunités, pp. 189-190. 訳二〇一―二〇二頁。

あとがき

カール・シュミットは、一九二八年に『独裁』と『ライヒ大統領の独裁』を、二九年に『憲法の番人』、さらにヒトラーが政権を獲得する前年、三二年には『合法性と正統性』（邦訳『合法性と正当性』）を発表する。シュミットはまだこの時点ではナチズムの擁護者ではないし、むしろ共産党とともにナチズムこそをみずからの政治的な敵と見なしている。また、一連の著作でヴァイマール憲法を徹底的に批判しているが、その批判は、ヴァイマール憲法の形式性と矛盾がライヒ大統領の諸権限を無制限なものにし、ヴァイマール共和国を混乱に陥れているという点にある。シュミットは、民主主義的多数原理からは、代表の議決にもとづく「制定法 Gesetz」の、その中性的、価値自由的、機能主義的な形式性からは、実質的な政治的決定はなされえないことを、また大統領が基本権の停止をも含めて非常権限を行使できることを規定した第四八条にこそ政治体制を崩壊させかねないヴァイマール憲法の矛盾点があることを主張するのである。したがってその議論は、権威主義的、反議会主義的、反民主主義的、反自由主義的であるとはいえ、その後、ナチ体制にその擁護者として精力的に関与し、デマゴーグ的で醜悪な著作や論考を公表するにいたる時期と比較するなら、いまだ憲法理論と国法学の批判的な論考にとどまっていたといえる。しかしハーバーマスは、シュミットのナチズムへの迎合がたんに偶然的なものではなく、それ以前の論考と密接な関係があることを主張するのである。シュミットがそもそも「合法性 Legalität」が「正統性 Legitimität」の最終的な根拠になってしまっていることを批判するのに対して、ハーバーマスは『事実性と妥当性』（一九九二年）のなかで、むしろ「正統性」は「合法性」から逆説的に形成されるものであることを討議理論的に論証しようとする。「正統性」は、ハーバーマスにとって当初より重要なテーマであり、『史的唯物論の再構成』（一九七六年）ではつぎのように定義している。「正統性とは、政治秩序と結びついた要求が、正当で正しいと承認されうる十全な論拠をおのれ自身でもっている、ということを意味する。正統的な秩序は承認されてしかるべきである。正統性は、ある政治秩序が承認されてしかるべきことを意味する」（RhK271）。したがって、「合法性」が討議理論的に根拠づけられた「権利の体系」から展開されうるなら、政治共同体が政治的判断をくだすための「正統性」はおのずと「合法性」から帰結するはずだというのである。たしかに、シュミットの政治的な転身は正当化しうるものではないし、また「正統性」の根拠をなにか実体的な権威にもとめようとするかねてからのシュミットの権威主義的、反民主主義的論考にも問題があるといえる。したがって、シュミットが「正統性」をなにか実体的な権威によって基礎づけようとするのに対して、ハーバーマスが「正統性」を討議理論的にあくまで民主主義原理にもとづいて根拠づけようとする点は正当であり、その意図は理解できる。しかし、ハーバーマスは「人権」をも討議理論的に根拠づけられた政治的な「正統性」のもとに包摂しようとするのだが、はたして「人権」は討議理論的に根拠づけることができるのだろうか、また「人権」は政治的な「正統性」の問題として議論することに問題はないのだろうか。ハーバーマスが論じる政治的な正統性、討議理論、人権との関係が本書のテーマである。

本書は、紀要『千葉大学法学論集』に、二〇〇三年三月から二〇〇八年十二月にかけて六回に分けて掲載した論文「ハーバーマスのディスクルス倫理学と九〇年代ドイツの人権政治」の冒頭の一部と後半部分を中心にまとめたものである。当初、冷戦崩壊後、一九九〇年代に限定して、ハーバーマスの討議理論とドイツの政治文化について論じようと考えていた。しかし、論じていくうちにはじめの計画とはだいぶ変わってしまった。その理由は、おもに世界状況の変化とともに、ドイツの政治文化をめぐる状況が変化したこと、それとともにハーバーマス自身が議論を変化させていったことにある。

そもそもベンヤミン、アドルノとその周辺の思想家たちについて考えつつ、ハーバーマスよりもむしろフーコー、ドゥルーズ、デリダを先に読みはじめていたこともあって、『理論と実践』、『公共性の構造転換』はべつとして、とりわけ『コミュニケーション的行為の理論』以降、ハーバーマスの議論には当初より強い違和感を感じていた。いずれその点をはっきりさせようと思いつつ、もともと専門は人文科学であるということもあり、はじめはコミュニケーション論として論じることを考えていたのだが、現在、社会科学系の学部に所属していることから、ハーバーマスのコソヴォ空爆への発言を端緒に、ハーバーマスの討議理論について検討してみたいと考えた。そのさい法理論など著者の専門を超えた領域にも、ある程度、踏み込んで議論せざるをえなかった。その点——またそうした点にかぎらず——不十分な部分も多々あるかと思う。ご批判、ご教示いただければ幸いである。

本書を執筆するにあたり、千葉大学法経学部の先生方からいただいたご批判やご助言に感謝の意を表したい。とりわけ、すでに退官された岩田昌征先生とは、大学のキャンパスや行き帰りの電車のなかでユーゴスラヴィアについて議論させていただいたこと、また嶋津格先生には、さまざまな機会にアメリカのリベラリズムについてお話を伺うことができた——カントの『人倫の形而上学』のゼミにも参加させていただいた——ことに感謝申し上げたい。

最後に、ほとんどあてもなく書き始めた本書に出版の機会をあたえてくださった、未來社の西谷能英社長、和久津寛英さんに、深く感謝したい。

二〇〇九年九月二十九日

内村博信

著者略歴

内村博信（うちむらひろのぶ）
一九五八年生。東京大学大学院人文科学研究科博士課程中退。現在、千葉大学法経学部教授。専攻はドイツ文化・思想。共著に『感覚変容のディアレクティク』（共著、平凡社、一九九二年）ほか。論文に「欧州憲法条約とハーバーマスの政治哲学」（科学研究費補助金研究成果報告書「EUと東アジアにおける超国家的・地域間的市民社会形成の比較理論研究」、二〇〇七年）、「近代における〈悲劇的なもの〉とその規範的内実」（日本独文学会学会誌「ドイツ文学」第四巻五号、二〇〇五年）、「ヴァルター・ベンヤミンの言語理論と歴史哲学」（「千葉大学社会文化科学研究」第七号、二〇〇三年）、「ヴァルター・ベンヤミンにおける芸術批評と歴史哲学」（同第六号、二〇〇二年）ほか。訳書に、『ベンヤミン・コレクション2』（共訳、筑摩書房、一九九六年）ほか。

討議と人権——ハーバーマスの討議理論における正統性の問題

発行——二〇〇九年十一月十日　初版第一刷発行

定価——本体三八〇〇円＋税

著　者——内村博信

発行者——西谷能英

発行所——株式会社　未來社
東京都文京区小石川三—七—二
電話　〇三—三八一四—五五二一
http://www.miraisha.co.jp/
email:info@miraisha.co.jp
振替〇〇一七〇—三—八七三八五

印刷・製本——萩原印刷

ISBN978-4-624-01180-2 C0010